Elisabeth Dießl & Veronika Halmbacher

Das Kranzerlbuch

Natürlich schmücken mit Kränzen, Sträußen und Gestecken

Servus

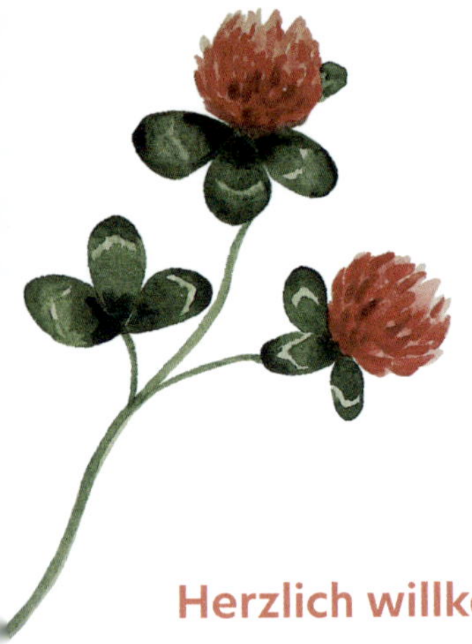

Inhalt

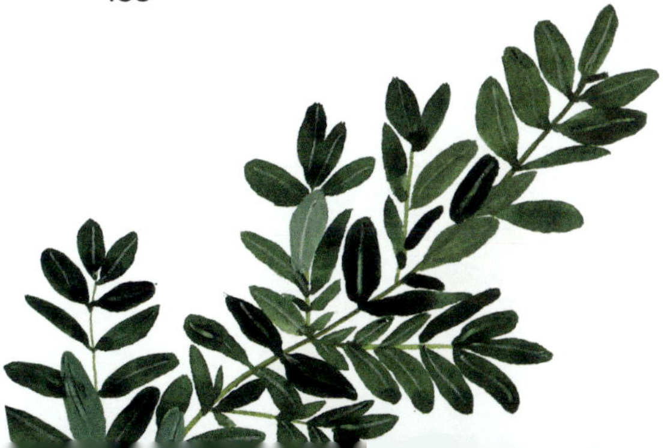

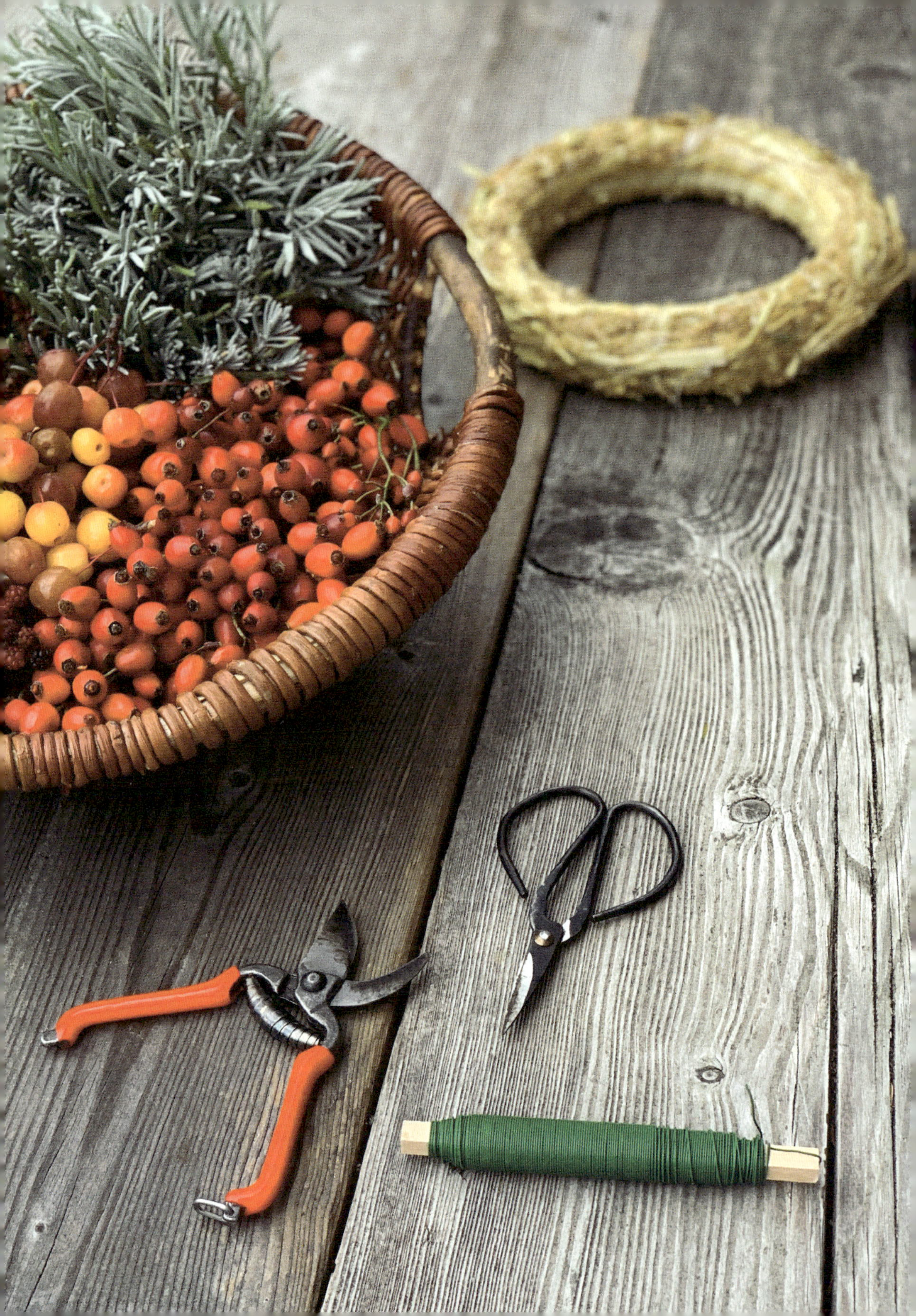

Herzlich willkommen

in unserem mit viel Liebe erstellten Kranzerlbuch

In diesem Buch findet ihr Anregungen für Kränze, Sträuße und Gestecke aus Naturmaterialien – Inspirationen, um nach draußen zu gehen, die Natur zu entdecken und mit ihr zu experimentieren. Seid versichert: Selbst gemachte Naturdekoration wird für euch und eure Mitmenschen immer wieder zum zauberhaften Blickfang werden und viele Seelen zum Leuchten bringen.

Gerade in unserer schnelllebigen Zeit ist das Selbermachen besonders erfrischend und bereichernd. Es befreit den Kopf, macht Spaß und schenkt eine kleine Auszeit vom Alltag. Ihr werdet begeistert sein, wenn ihr seht, was ihr mit euren Händen zaubern könnt, und werdet dadurch bestimmt einen ganz anderen Bezug zum Dekorieren bekommen. Auch Feiertage und wichtige Lebensereignisse können dadurch bewusster und achtsamer wahrgenommen werden.

Nicht zuletzt ist so ein Blumenarrangement ein wunderbares Geschenk. Denn wer freut sich nicht über einen Strauß, Kranz oder ein Gesteck? Wenn das Präsent dann noch selbst gemacht ist, mit Sicherheit umso mehr. Auch versteckte Botschaften lassen sich damit übermitteln. Früher war die Sprache der Kräuter und Blumen noch weitverbreitet und es war gang und gäbe, sein Anliegen durch Blumen zum Ausdruck zu bringen.

Rund um den Jahreskreis war Naturdekoration mit all ihrer Mystik und Symbolik ein bedeutender Teil von Brauchtümern und Ritualen.

Wir versuchen, die Blumensprache wieder etwas besser zu verstehen, und freuen uns, euch einfache Anleitungen und die ein oder andere Weisheit mitzugeben.

Von Herzen viel Freude
mit unserem Buch!

Eure Elisabeth Dießl
und Vroni Halmbacher
– *die Kranzlerinnen* –

Der Ursprung des Kranzerlbindens

Man glaubt es kaum, aber das Binden von Kränzen ist ein uralter Brauch: Im alten Ägypten galt der Kranz als Abbild der Sonne, die verehrt und angebetet wurde. Da der Kranz keinen Anfang und kein Ende hat, symbolisierte er auch die ewige Wiederkehr. Ähnlich war es im antiken Griechenland und bei den Römern: Als Bestandteil des Totenkults symbolisierte der Kranz die Unsterblichkeit und das Weiterleben im Totenreich. Damals gab es sogar einen eigenen, hoch angesehenen Beruf für das »Kranz winden«.

Der Kranz dient seit jeher als Symbol des Sieges. Schon in der Antike wurde den Siegern von Sportveranstaltungen ein Kranz überreicht – meist aus Lorbeeren. Eine besondere Anerkennung, denn Lorbeeren signalisieren Ehre und Auszeichnung. Der Lorbeerkranz steht als bürgerliche Errungenschaft, die verdient werden kann, im Gegensatz zur königlichen oder kaiserlichen Krone. Heutzutage hat die Medaille den Kranz abgelöst. Doch die tiefen Wurzeln dieses Brauches kommen nach wie vor zum Tragen: So wurde den Siegern beispielsweise bei den Olympischen Spielen 1936 in Berlin und 2004 in Athen zusätzlich zur Medaille ein Naturkranz überreicht.

Im Christentum begleiten Kränze das ganze Leben – sowohl im persönlichen Lebenslauf als auch im Jahreskreis. Sie verweisen auf das ewige Leben und die Unendlichkeit, die runde Form steht für Vollkommenheit. Als Zeichen des Neubeginns legt man vielen Kindern zur Taufe ein zartes Kranzerl um den Kopf oder um die Taufkerze, zur Erstkommunion tragen viele Mädchen einen Blütenkranz, und zur Hochzeit schmückt ein Haarkranz die Braut. Wie könnte es anders sein, dass den Toten zum Abschied noch ein Blumenkranz mit ins Grab gelegt wird.

Sieht man sich in alten Gebäuden etwas genauer um und betrachtet Bilder aus vergangenen Zeiten, wird häufig recht rasch bemerkbar, wie »umkranzt« wir seit jeher sind. Auch heute noch zieren Kränze Eingangstüren und Brautfrisuren – aber ihrer Bedeutung sind sich viele Menschen nicht mehr bewusst. Doch dabei spricht jeder Kranz eine ganz eigene Sprache. Je nachdem, welche Pflanzen darin eingebunden sind, werden damit deutliche Botschaften überbracht, etwa »Bleib draußen« oder »Sei herzlich willkommen«.

Die Ursprünge dieser blumigen Botschaften reichen zurück in Zeiten, in denen Heirat eine politische und wahre Liebe eine geheime Angelegenheit war. Um das, was nicht ausgesprochen werden durfte, dennoch zu vermitteln, mussten eben Blumen wie Margeriten oder Rosen herhalten. Die Rose symbolisiert »Ich liebe dich«, die Margerite hingegen: »Ich bin unentschlossen.« Auch die Farbe spielt eine erhebliche Rolle. So steht Rot für Liebe, Violett für Lust und Innigkeit und Blau für die Hoffnung. Die Farbe Gelb bedeutete für die Liebe nichts Gutes, sondern: »Lass uns Freunde bleiben.«

Eng verwoben mit den Ursprüngen des Kranzbindens ist das Sammeln von Naturgütern – und das geht zurück bis zu den Anfängen der Menschheitsgeschichte. Gesammelt wurde hauptsächlich zum Nahrungserwerb, aber auch Feuersteine, Eisen, Gold, Muscheln und Bernsteine wurden gesucht. Aus dieser Zeit stammt der Begriff »Jäger und Sammler« – damals eine lebensnotwendige Kombination. Mit zunehmendem Wohlstand und der fortschreitenden Industrialisierung wurde das Sammeln vom Kaufen abgelöst. Heute steht uns so gut wie alles im Überfluss zur Verfügung. Gesammelt wird höchstens noch um des Sammelns willen, etwa Briefmarken, Münzen und Erinnerungen in Form von Fotos oder Briefen.

Doch sammeln wir nicht auch im Alltag mehr als gedacht? Sammeln wir nicht auch Möbel und Dekoration für ein schönes Zuhause?

Das Sammeln von Naturschätzen ist in unserem »Alles ist käuflich«-Zeitalter beinahe verloren gegangen. Doch lasst euch von uns sagen: Es rentiert sich auch heute noch. Die Natur hat Kunstwerke zu bieten, die ihr keiner so schnell nachmacht. Sie ist wild, ungestüm, unberechenbar, und vor allem: nicht erwerb-, sondern nur erlebbar.

Also nichts wie raus mit euch, und das zu jeder Jahreszeit. Das Glück, selbst gepflückte Schönheiten nach Hause zu tragen, ist zeitlos und besonders. Lasst uns gemeinsam den Gang zur Quelle wagen und die Natur in unsere Häuser verpflanzen.

Die fünf W des Kranzerlbindens

WARUM SAMMELN UND SCHMÜCKEN WIR?

Wie vielleicht einige aus unserem ersten Buch *Unser heimisches Superfood. Im Alpenraum sammeln und selber zubereiten* wissen, sind wir leidenschaftliche Sammlerinnen und Genießerinnen. Alle essbaren Naturschätze landen früher oder später auf dem Tisch. Da die Natur jedoch auch so viel Schönes zu bieten hat, das nicht unbedingt in die Küche gehört, sammeln wir ebenso leidenschaftlich gern für den Augenschmaus. Was das Sammeln und Schmücken der eigenen vier Wände mit uns macht? Es schenkt uns das pure Glück, den Lauf des Jahreskreises hautnah mitzuerleben und jedes Jahr aufs Neue das Wachsen, Erblühen und Vergehen zu beobachten. Antworten auf die Frage nach dem Warum gibt es also zur Genüge.

Und dann sind da ja auch noch die jährlichen Bräuche, die wir nicht missen möchten. Das Wort »Brauch« kommt von »brauchen«, und das sagt eigentlich schon alles: Festgelegte Bräuche und wiederkehrende Rituale geben uns Halt und unserem Jahresrad Ordnung und Struktur. Nicht zuletzt sind sie Teil unserer kulturellen Identität. Ihr werdet sehen, sobald ihr erst einmal angesteckt seid, geht es euch bestimmt genauso.

Und noch einen Grund möchten wir euch nicht vorenthalten: Wusstet ihr, dass kreatives Arbeiten mit den Händen gut für den Kopf ist? Das ist sogar wissenschaftlich nachgewiesen. Den Alltag für ein paar Stunden hinter sich zu lassen und sich voller Hingabe einer Sache zu widmen, füllt leere Energietanks wieder auf. In unserer Multitasking-Gesellschaft ist das ein gesunder Gegenpol zum sonst so durchgetakteten Tagesablauf. Und wenn so ganz nebenbei auch noch ein schönes Dekostück für unser Zuhause oder ein ganz persönliches Geschenk dabei rauskommt, ist das doch mehr als wundervoll.

WIE SAMMELN WIR?

»Der Wald ist ein besonderes Wesen, von unbeschränkter Güte und Zuneigung, das keine Forderungen stellt und großzügig die Erzeugnisse seines Lebenswerks weitergibt.« Wie dieses schöne Zitat von Siddharta Gautama beschreibt, gibt uns der Wald um des Gebens willen. Dieser Großzügigkeit sollte mit Respekt begegnet werden. Wenn wir uns in der Natur bewegen, befinden wir uns meist auf Gemeinschaftseigentum – wir sind dort also nicht allein, sondern umgeben von Pflanzen, Tieren und Menschen.

Wo immer wir uns bewegen, gehen wir sorgsam mit der Natur um und geben Acht, weder den Pflanzen noch der Tierwelt oder unseren Mitmenschen zu viel wegzunehmen. Nachhaltigkeit wird bei uns großgeschrieben: Wir gehen sorgsam mit Ressourcen um, ernten das, was Saison hat, und nur so viel davon, wie wir benötigen. Auch angefallenes Schnittgut wird verbraucht. Wir nehmen maximal so viel, wie wir in einer Hand halten können, und zertrampeln keine fremden Wiesen.

Im eigenen Garten könnt ihr natürlich sammeln und ernten, wie es euch gefällt, doch für die freie Natur gibt es ein paar Regeln, die unbedingt einzuhalten sind. Ganz grundsätzlich gilt: Alles, was sich im Wald befindet, gehört dem Waldbesitzer. Alles, was man den Besitzern des Waldes wegnimmt – ganz egal, ob Privatperson oder Kommune –, ist streng genommen Diebstahl. Allerdings gibt es die sogenannte Handstraußregel, die besagt, dass man in geringen Mengen und für den persönlichen Bedarf wilde Blumen, Farne, Moose, Zweige, Früchte etc. mitnehmen darf. Natürlich dürfen keine geschützten Pflanzen gesammelt und auch kein Betretungsverbot übergangen werden.

WANN SCHMÜCKEN WIR?

Wir schmücken unser Zuhause, wann immer die Natur uns etwas dafür zu schenken hat, also fast das ganze Jahr über. Wir nutzen das, was da ist – mal mehr, mal weniger. An den saisonalen Hochfeiertagen erblüht unser Zuhause immer besonders und erhält spezielle Beachtung. Denn das Schmücken des Hauses ist unsere persönliche Art, uns auf die Hochfeiertage vorzubereiten und uns auf sie einzustimmen.

WO SCHMÜCKEN WIR?

Mit Naturschätzen schmücken wir unser ganzes Zuhause. Innen erhält der Eingangs- und Wohnbereich besonderes Augenmerk, außen erfreuen wir uns vor allem am Hauseingang, am Balkon und in gemütlichen Sitzecken an selbst gemachten Grüßen.

WIE SCHMÜCKEN WIR?

Ihr werdet sehen, die Schätze der Natur sind so unterschiedlich, wie sie selbst es ist. Je nachdem, was draußen gerade verfügbar ist, entscheidet sich auch, was wir daraus machen. In diesem Buch dreht sich alles um unsere Lieblingsdeko: Kränze, Sträuße und Gestecke. Schritt für Schritt erklären wir euch, wie auch ihr diese binden und euch selbst oder anderen eine Freude damit bereiten könnt. Die Pflanzen, mit denen wir arbeiten, listen wir bei jedem unserer Kränze auf. Aber selbstverständlich gibt es in der Natur nicht immer alles, was man vielleicht gerade zu benötigen meint.

Seid hier einfach kreativ, lasst das ein oder andere weg oder sucht einen Ersatz dafür. In den örtlichen Gärtnereien und auf Wochenmärkten gibt es mit Sicherheit die eine oder andere hübsche Pflanze zu kaufen. Bitte achtet beim Kauf aber unbedingt auf Regionalität und Saisonalität. Und solltet ihr Reste übrig haben, verarbeitet sie einfach weiter oder steckt sie in eine Vase.

Wenn ihr erst einmal die Grundlagen des Kranzbindens verinnerlicht habt, sind eurer Fantasie kaum Grenzen gesetzt, und ihr werdet mit den unterschiedlichsten Farben und Formen bestimmt ganz großartige Eigenkreationen entwerfen. Mal wird euer Kunstwerk robust und ausdauernd sein, mal zart und kurzlebig. In jedem Fall aber werdet ihr Glücksgefühle verspüren, wenn ihr die verschiedenen Farben, Formen, Materialien und Düfte nach Hause bringt.

Das Zubehör

Wie in jeder Werkstatt macht das Arbeiten mehr Spaß, wenn man sich mit guten Helferlein umgibt. Unsere Hände sind zwar unschlagbar und können viele Werkzeuge ersetzen, doch wollen wir unsere Fingerchen nicht zu sehr strapazieren und haben zu Hause stets folgende Utensilien griffbereit:

- → **Papierschere** – hat sowieso jeder zu Hause
- → **Gartenschere** klein und groß – für alles, was die Papierschere nicht schafft
- → **Cuttermesser** – immer schön vom Körper weg
- → **Scharfes Messer** mit glatter Klinge – spitzt die Blumen an
- → **Kranzrohlinge** aus Weiden, Stroh und Draht in verschiedenen Größen – immer gut, sie auf Vorrat zu Hause zu haben, selbst gemacht oder gekauft
- → **Draht** – dick und dünn, je nachdem, was er halten muss
- → **Garn, Faden, Schnur** – Allzweckwaffen in verschiedenen Farben und Stärken, die nie ausgehen dürfen

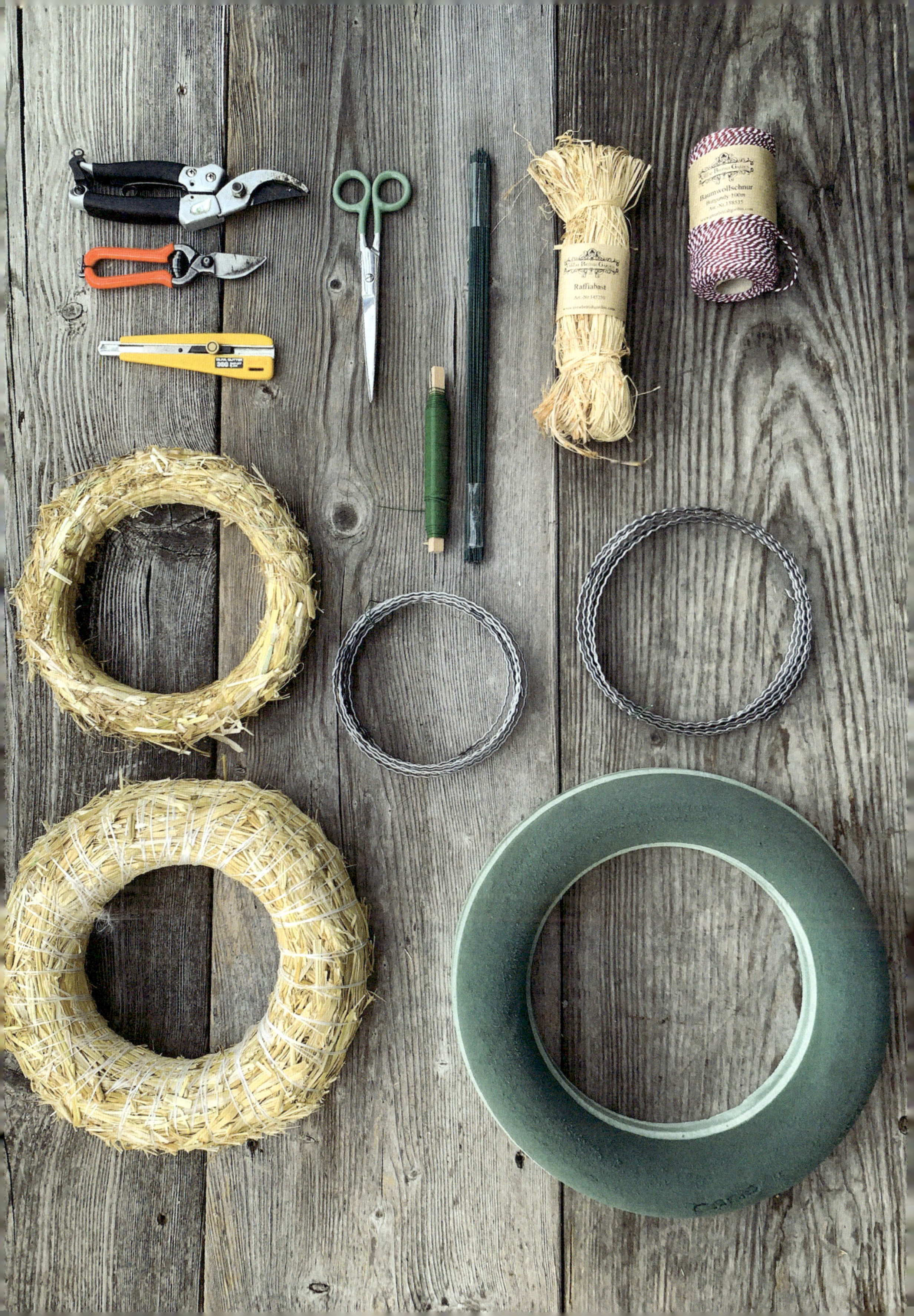
Raffiabast
Baumwollschnur
Burgundy 100m
Art.-Nr. 138535

Die Technik

Je nach Kranz kommen verschiedene Macharten zum Einsatz. Im Laufe des Buches zeigen wir euch verschiedene Techniken, mit denen ihr für jegliche Kränze, Sträuße und Gestecke gerüstet seid. Hier die wichtigsten im Überblick:

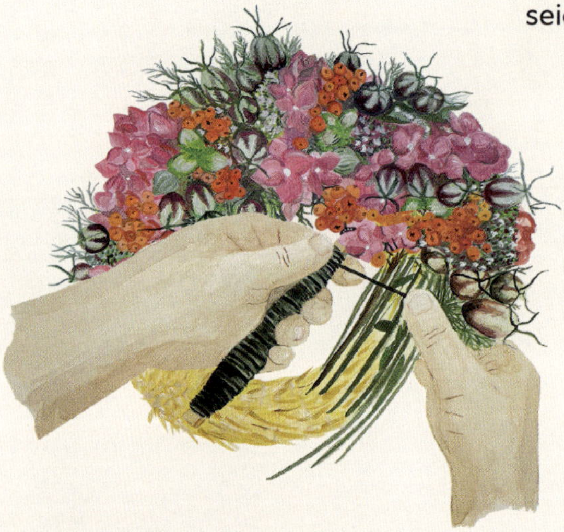

KRANZ BINDEN

Die Hauptart, einen Kranz zu erstellen. Das Pflanzenmaterial wird dabei mithilfe von Draht an einem Rohling befestigt.

→ **Anleitung auf Seite 98**

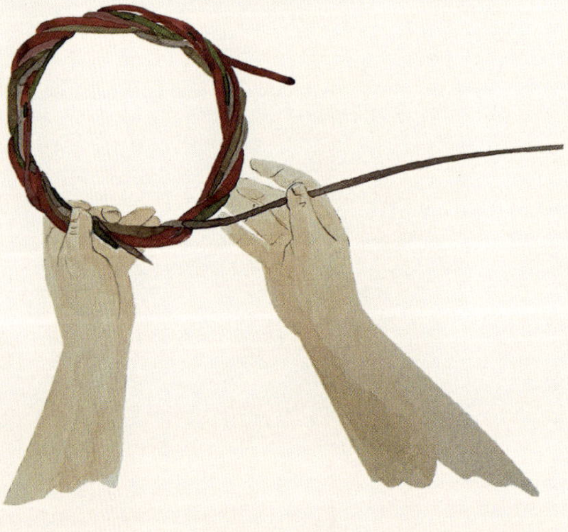

KRANZ WINDEN

Vom Winden spricht man, wenn biegsame Pflanzen ineinandergeschlungen und so zu einem Kranz geformt werden. Das Ergebnis ist ein recht stabiler Kranz, der als natürlicher Rohling benutzt wird und nur sich selbst zum Halten benötigt.

→ **Anleitung auf Seite 38**

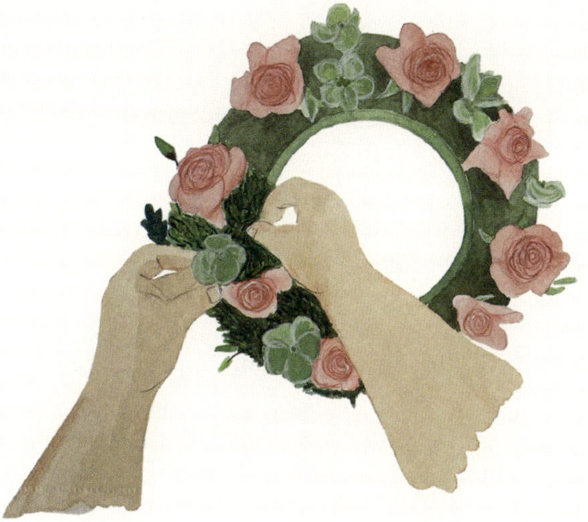

KRANZ STECKEN

Ein Gesteck funktioniert sehr einfach. Dabei werden die Stiele des Pflanzenmaterials in einen gut gewässerten Steckschwamm gesteckt, den ihr in sämtlichen Formen und Größen im Gartenmarkt bekommt.

→ **Anleitung auf Seite 170**

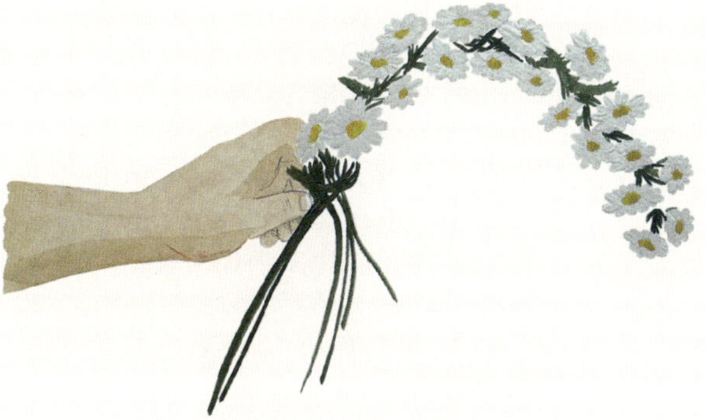

KRANZ FLECHTEN

Geflochten wird mit den bekannten drei Strängen, wie bei einer Haarfrisur oder einem Hefezopf.

→ **Anleitung auf Seite 66**

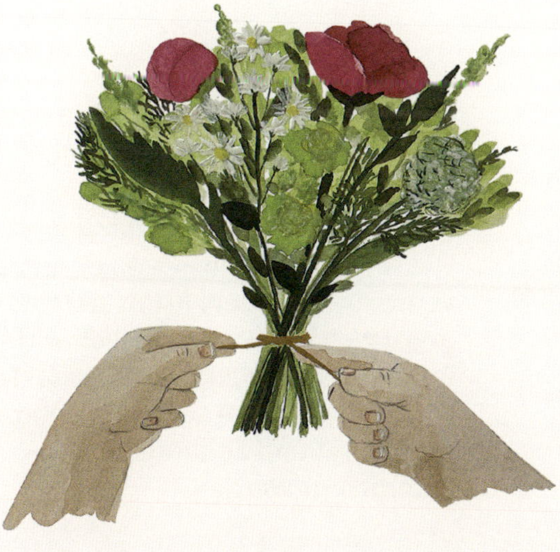

STRAUSS BINDEN

Einen klassischen Blumenstrauß zu binden, scheint einfach – will aber doch gelernt sein, um am Ende zu einem harmonischen Gesamtergebnis zu gelangen.

→ **Anleitung auf Seite 54**

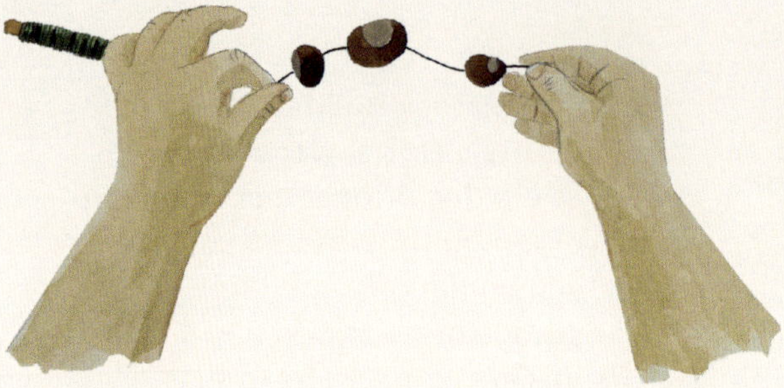

NATURMATERIALIEN AUFFÄDELN

Stellt euch eine Perlenkette vor – genauso funktioniert's. Auf ein Stück Draht werden beispielsweise Kastanien oder Hagebutten der Reihe nach aufgenommen. Manchen Materialien müssen vorher durchbohrt werden, bevor sie aufgefädelt werden können.

→ Anleitung auf Seite 116

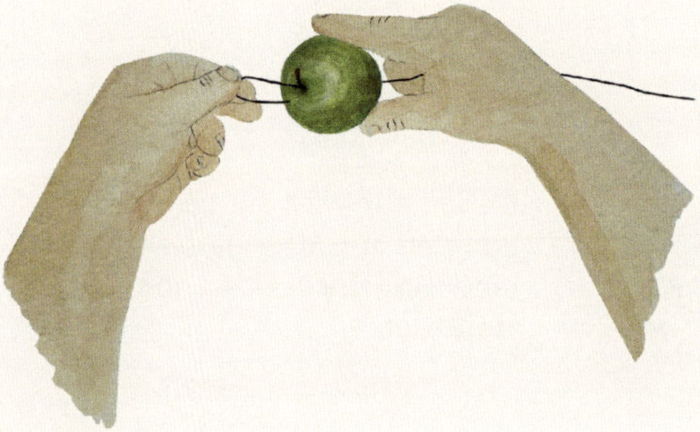

NATURMATERIALIEN ANDRAHTEN

Eine Befestigungsmethode von Naturmaterialien wie beispielsweise Tannenzapfen oder Äpfel. Bei Zapfen wird ein Stück Draht rund um den unteren Teil der Pflanze gewickelt und die beiden Enden verdrillt, also fest verdreht. Mithilfe der Drahtenden werden die Materialien dann am Kranz befestigt. Als Ausnahmefall werden Äpfel durchstochen.

→ Anleitung auf Seite 106

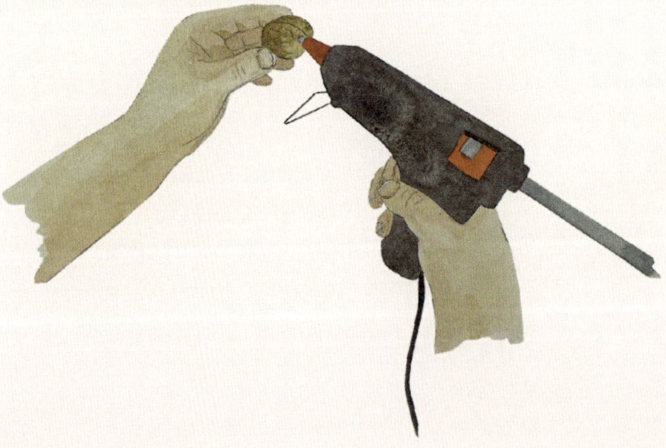

NATURMATERIALIEN ANKLEBEN

Eine gut funktionierende Heißklebepistole ist der beste Freund jedes Floristen. Mit dieser Technik lassen sich sämtliche Accessoires – wie Nüsse oder Zapfen – schnell und verlässlich auf dem Kranz befestigen. Doch Vorsicht: Um auch wirklich nur das anzukleben, das geklebt werden soll, sollte sehr sorgfältig gearbeitet und Zeitungspapier untergelegt werden.

→ Anleitung auf Seite 148

»Zusammen Bub und Mädchen,
Die wanden Kränzelein
Und flochten unversehens
Die Herzen mit hinein.

Die Blumen alle welkten,
Die Bänder lösten sich;
Die Herzen aber hielten
Zusammen ewiglich.«

Theodor Storm

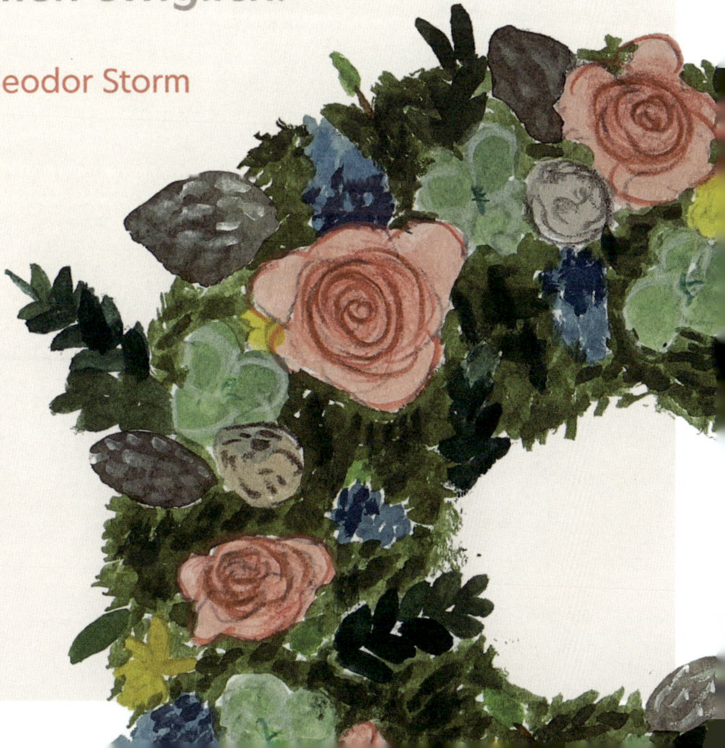

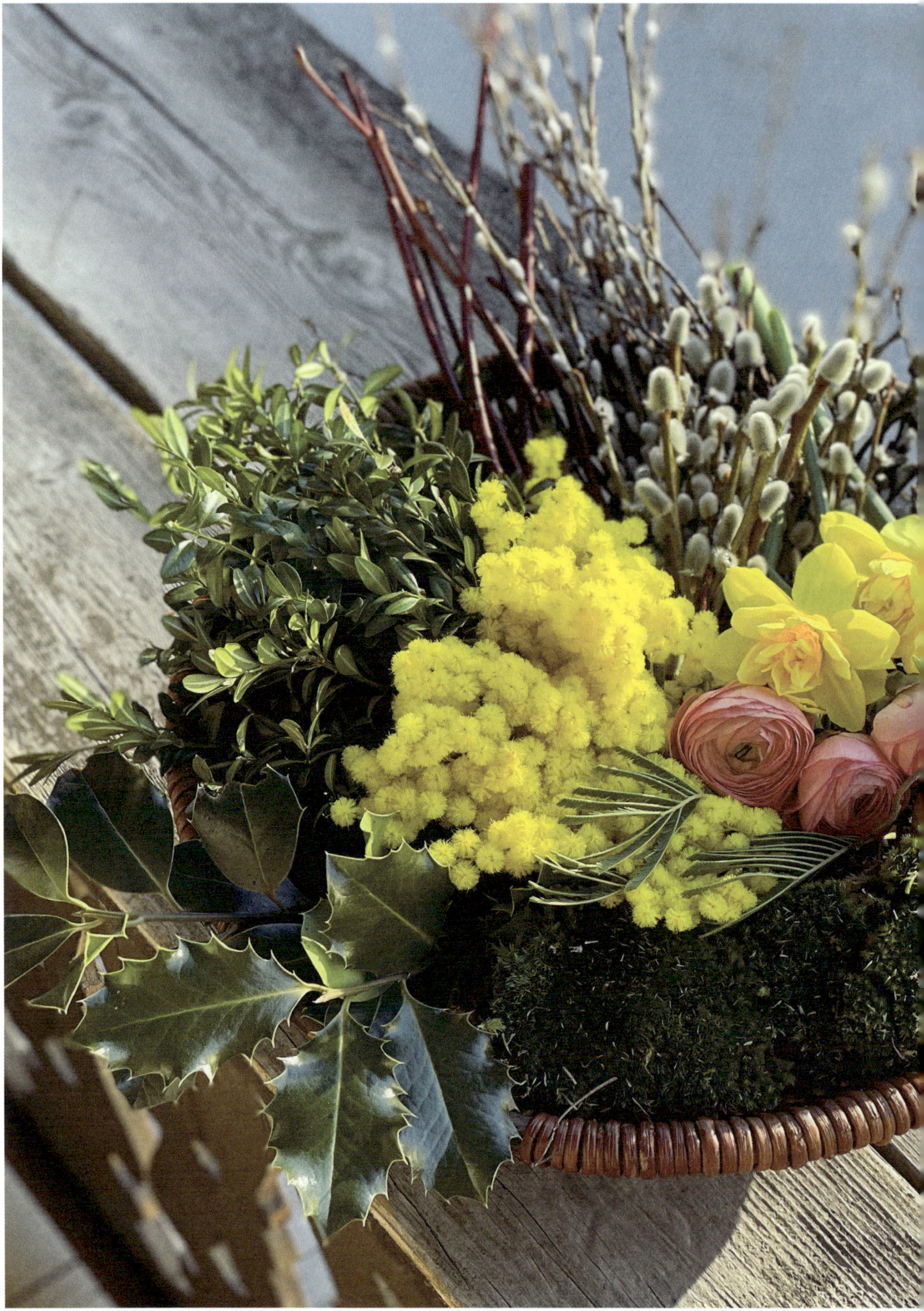

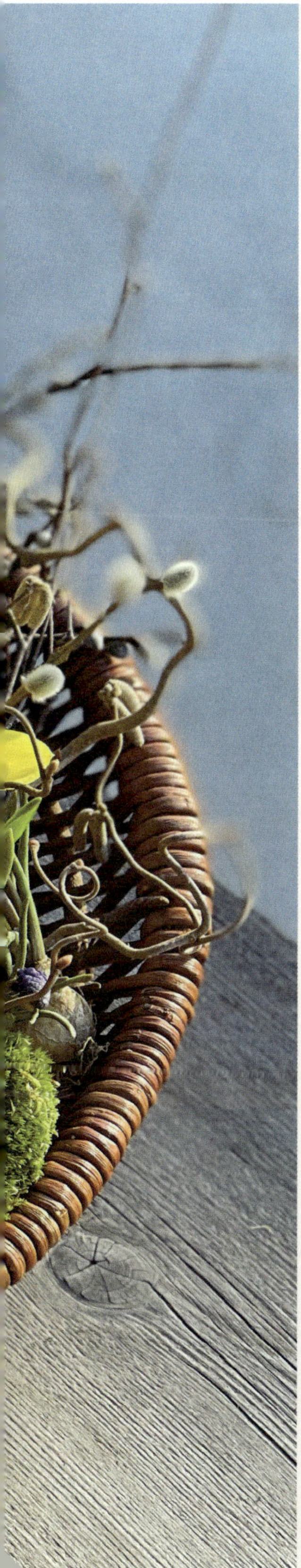

Knospenzeit

»Die Blumen des Frühlings sind die Träume des Winters.«

Khalil Gibran

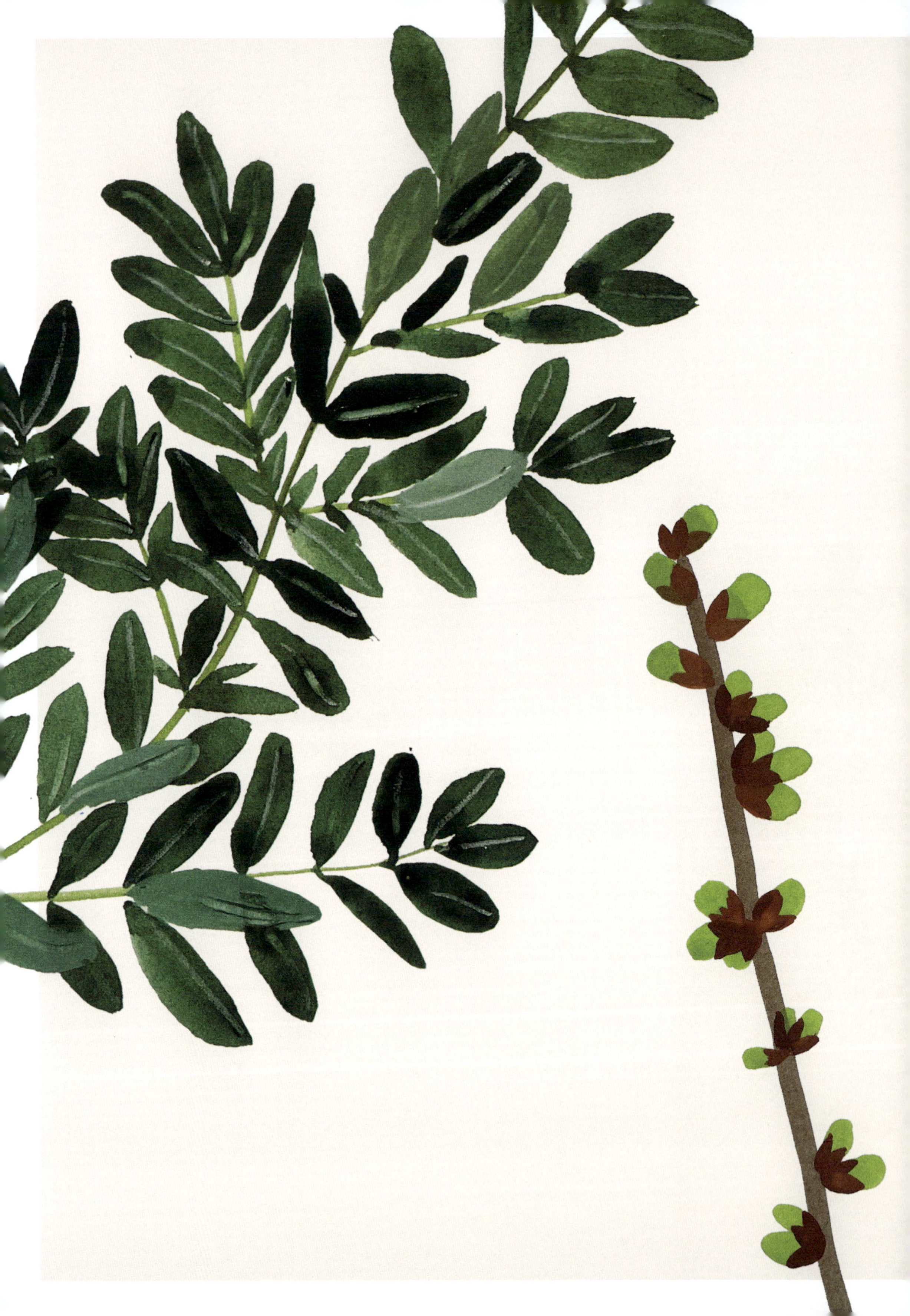

Wenn die Knospen sprießen, erwachen die Lebensgeister

Die Sonne wird wärmer, die Tage werden länger, die Welt wird wieder bunter. Die Natur und auch wir atmen auf und sehnen uns nach Licht und Leben. Der Frühling gleicht einem sanften Erwachen – aber spielt er nicht auch manchmal verrückt? Die Märzsonne kann so rigoros sein und in Windeseile die restlichen Schneereserven wegschmelzen, dann kämpfen sich die ersten grünen Grashalme hervor, und die Vögel beginnen, immer wilder zu singen. Und dann plötzlich wieder Kälte und Schnee – der Frühling hat es manchmal faustdick hinter den Ohren und ist immer für eine Überraschung gut. Unser Gemüt bleibt davon nicht unbeeindruckt und hüpft zwischen Frühjahrsmüdigkeit und Frühlingsgefühlen hin und her. Man kann ihm vieles nachsagen, aber eines ist gewiss: Der Frühling bringt Schwung in jeden Haushalt und treibt mit voller Kraft jeden noch so hartnäckigen Winter aus. Wenn der Erdboden wieder erwacht, keimt bei uns vor allen Dingen eines: Vorfreude.

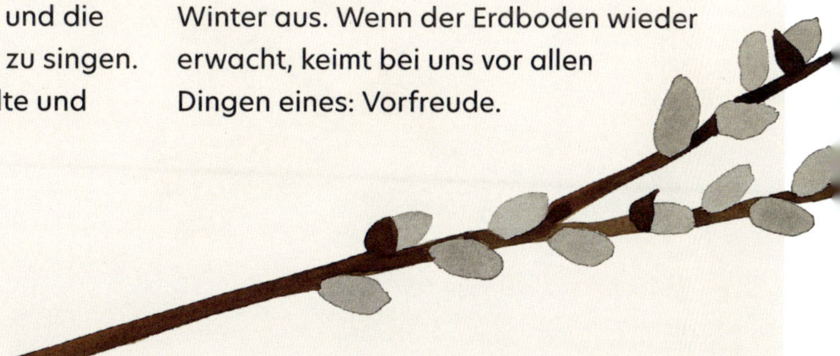

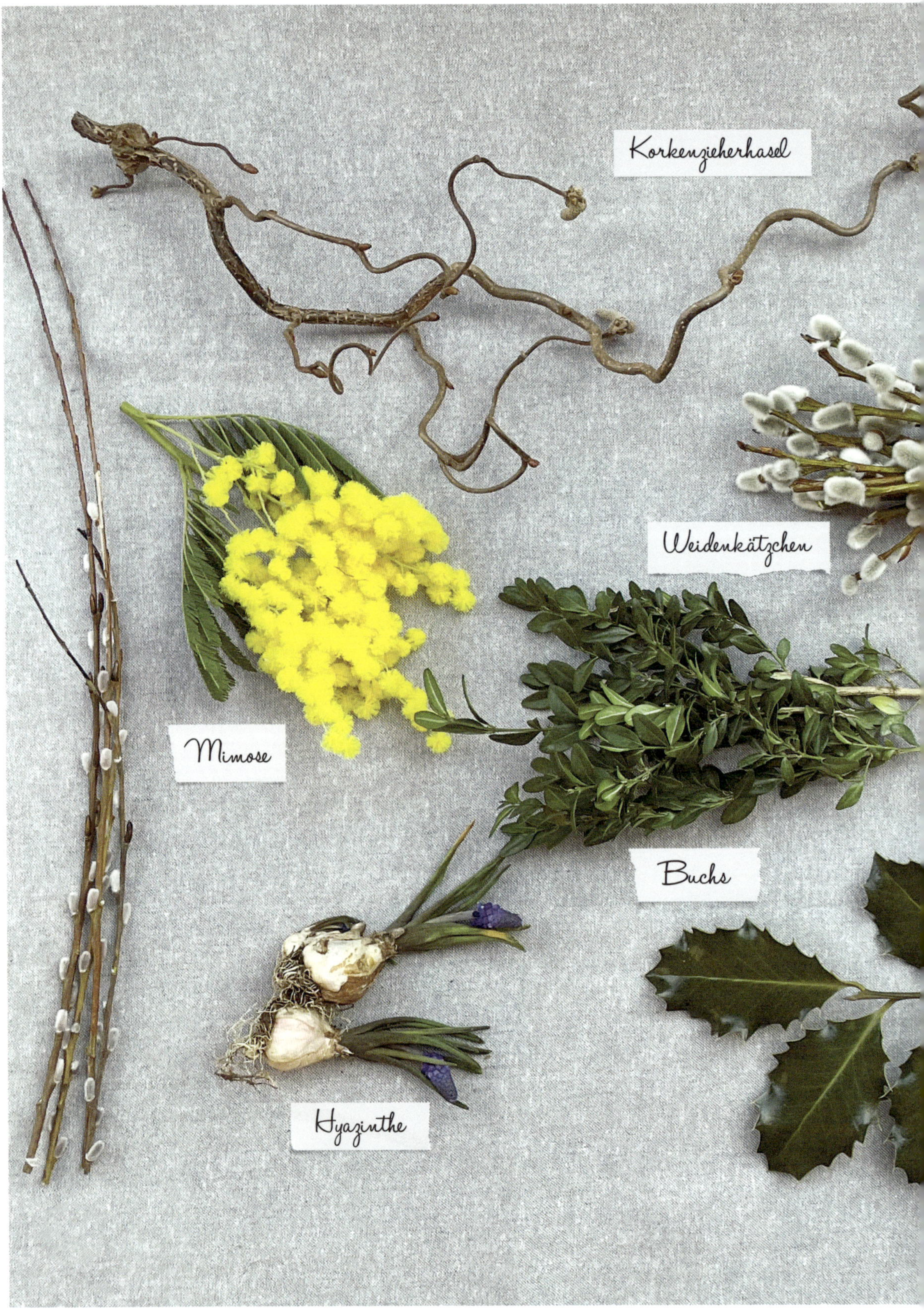
Korkenzieherhasel
Weidenkätzchen
Mimose
Buchs
Hyazinthe

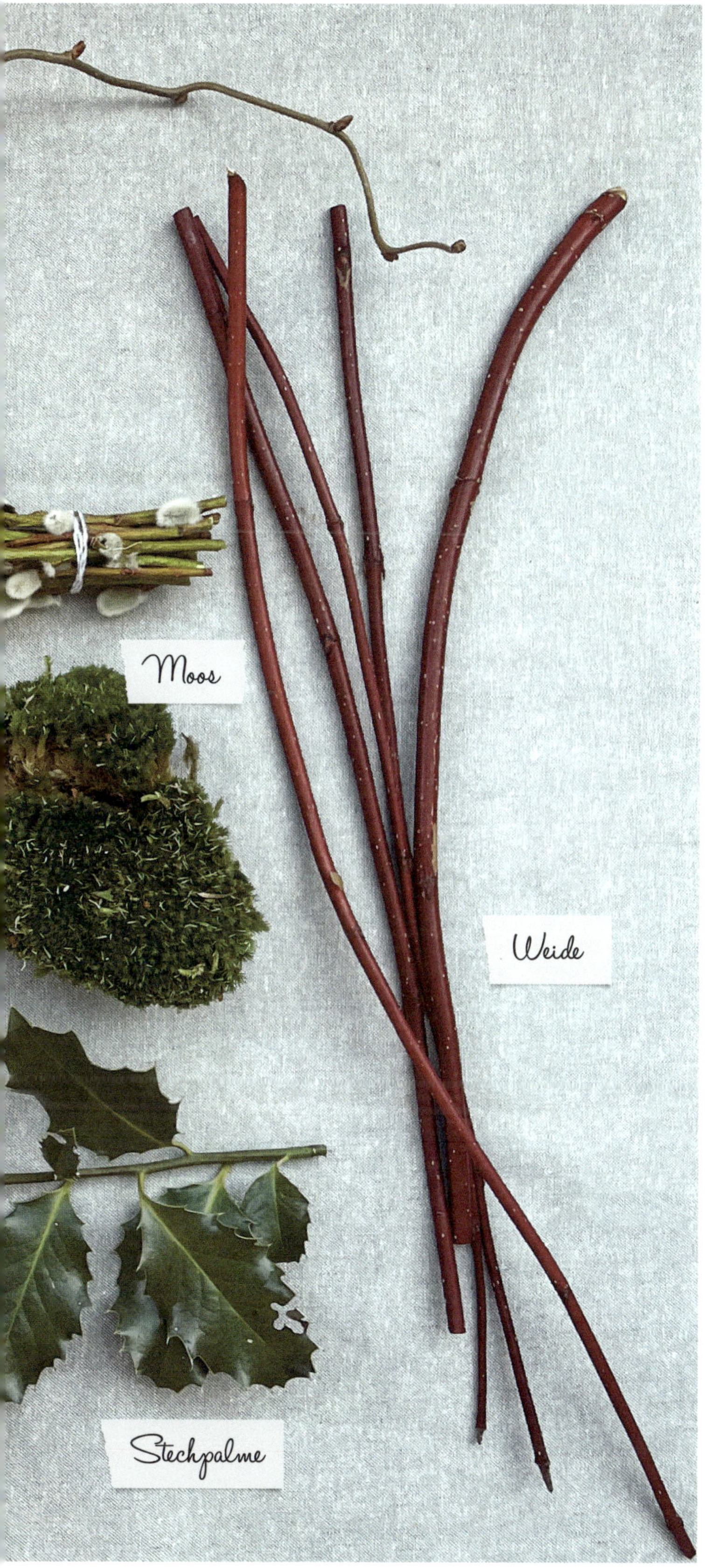

Knospenzeit

auf einen Blick

MIMOSE
Die wunderbar gelb leuchtende Mimose gehört botanisch gesehen zu den Akazien und tritt mittlerweile in über 1000 verschiedenen Arten auf. Ursprünglich stammt sie aus Südamerika und Asien, in unseren Breiten ist sie seit dem 19. Jahrhundert bekannt.

BUCHS
Mit dem Buchs im Garten hat man einen treuen Freund an seiner Seite: Er ist langlebig und treibt nach jedem Rückschnitt neu aus. Ihm wird Ausdauer, Gelassenheit und treue Liebe bis über den Tod hinaus zugeschrieben.

WEIDENKÄTZCHEN

Weidenkätzchen und Frühjahr gehören einfach zusammen. In unseren Kränzen und Gestecken freuen wir uns vor allem über die lang anhaltende Schönheit der Weidenkätzchen.

Bereits Wochen im Vorhinein beobachten wir die Frühlingsboten und warten den richtigen Zeitpunkt ab, sie zu sammeln. Rund um Ostern sind sie auch in jeder Gärtnerei erhältlich. Ins Wasser gestellt, beginnen sie nach und nach zu blühen. Um sie möglichst lange so zu halten, wie sie geerntet wurden, werden sie in eine Vase ohne Wasser gestellt.

KORKENZIEHERHASEL

Die Korkenzieherhasel ist eine Sonderform des wilden Haselnussstrauches. In freier Natur ist sie nicht anzufinden, kann aber wunderbar im Garten kultiviert werden. Sie liebt sonnige Standorte, ist herrlich unkompliziert und kann bis zu drei Meter hoch und vier Meter breit werden.

MOOS

Oh, wie schön glänzt das grüne Moos! Was wäre ein Wald ohne dieses gemütliche »Fell des Waldes«? Aber Moos ist nicht gleich Moos: Es gibt Tausende verschiedene Arten. An trockenen Tagen nehmen wir bei einem Waldspaziergang gern mal das ein oder andere Stückchen mit, denn die Verwendungsmöglichkeiten sind schier unendlich. Am besten lässt sich Moos von Gesteinen lösen.

WEIDE

Weiden finden wir immer in der Nähe von Wasser, beispielsweise an Flussläufen. Weidenzweige sind elastisch und biegsam und können deshalb sehr leicht geformt werden. Zauberern und Schamanen dienten sie als Hilfsmittel für verborgene Phänomene. Die Rinde der Weide enthält natürliches Aspirin.

HYAZINTHE

Hyazinthen gibt es ab dem frühen Frühjahr beim Floristen. Sie können direkt mit der Knolle in die Erde gepflanzt oder auch von ihrer Wurzel entfernt und in eine Vase gestellt werden. Im Gegensatz zu Schnittblumen gilt es hier, auf eine Besonderheit zu achten: Schneidet die Stiele nach dem Entfernen der Wurzel nicht mehr frisch an, denn das hemmt die Wasseraufnahme.

STECHPALME

Die Stechpalme wird im oberbayerischen Raum auch als »Waxlab« – was so viel wie »raues Laub« bedeutet – bezeichnet. Früher wurden die Blätter und Zweige mit ihren vielen Dornen erfolgreich gegen Ratten- und Mäuseplagen eingesetzt. Und ja, sie sticht beim Sammeln – also Gartenhandschuhe anziehen und eine Gartenschere für die Ernte mitnehmen.

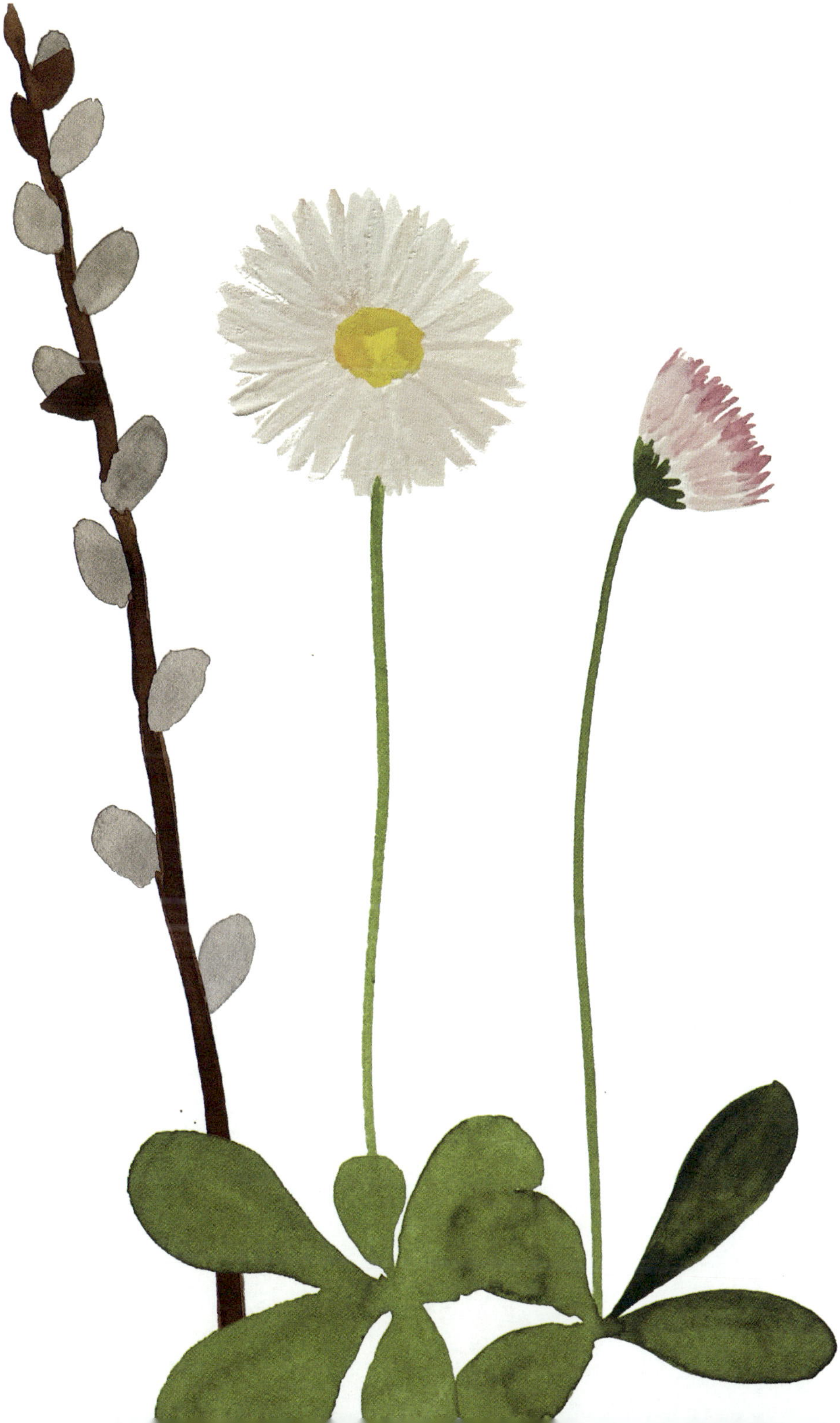

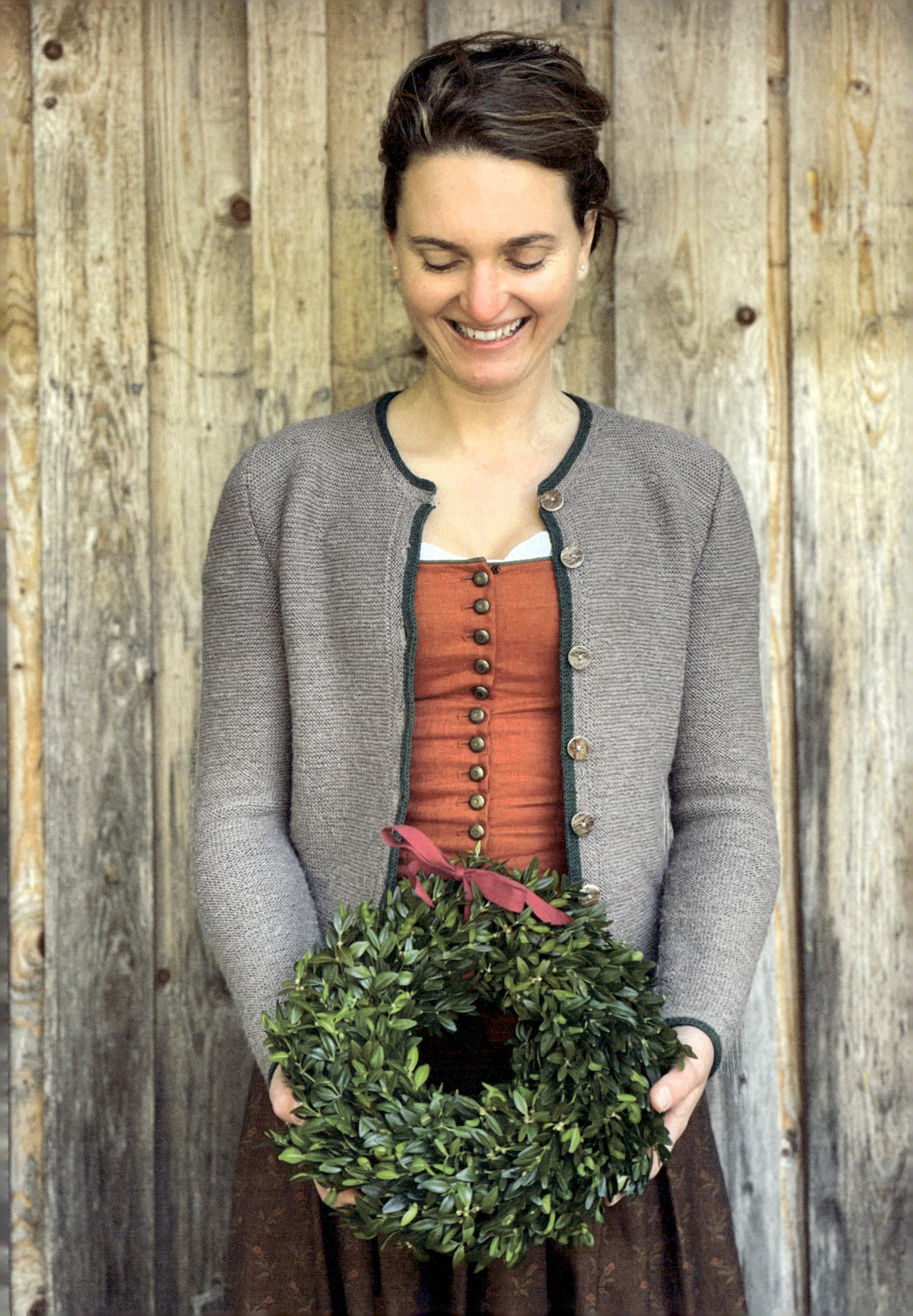

Der immergrüne Buchskranz

heißt Freunde willkommen

Der Buchskranz gehört zu den klassischen, althergebrachten Kränzen. Seine Geschichte geht bis ins Jahr 1476 zurück – als Brautkranz des ungarischen Königspaars. Als immergrünes Gewächs steht der Buchs für Liebe, Treue und Freundschaft. Auch heutzutage wird er gerne noch in die Haarfrisur der Braut miteingebunden. Bei traditionellen Hochzeiten steckt die Näherin des Hochzeitskleids jedem Brautpaar ein Myrte- oder Buchssträußchen an.

Seine Renaissance erlebte der Buchskranz, als Lisa Buchberger sich 1906 im Festspiel der Landshuter Hochzeit für ihre Rolle als Röckls Töchterlein ein geflochtenes Buchskränzchen aufsetzte – und das gegen den Willen des Festspielleiters, der ihr lieber einen Haarreif verpasst hätte. Im Publikum landete sie damit einen Volltreffer: Viele Mädchen machten es ihr nach, und so darf das Buchskranzerl bis heute bei den Aufführungen der Landshuter Hochzeit nicht fehlen.

Als Türkranz ist der Buchs nicht nur besonderer Blickfang für den Hauseingang, sondern schon von außen ein Zeichen, dass Freunde willkommen sind. Kurzum: »A runde Sach'.«

PFLANZEN

Buchs

Technik: Kranz binden

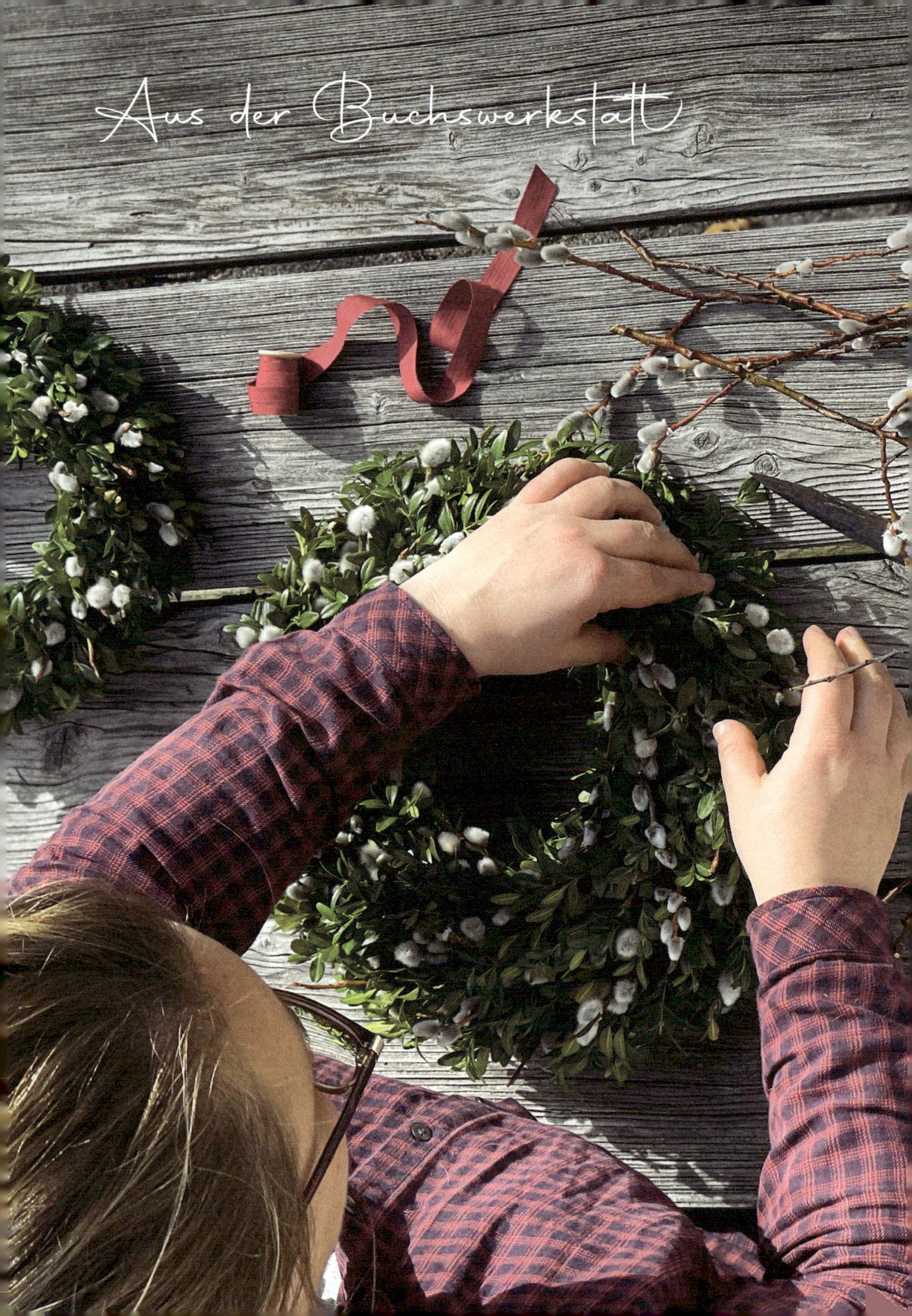
Aus der Buchswerkstatt

Der erste Frühlingsgruß

garantiert gute Laune

Nach grauen Wintertagen ist ein bunter Frühlingsstrauß wie Balsam für die Seele, das sanfte Rosa der Ranunkeln und der zarte Duft der gelb leuchtenden Narzissen eine Wohltat.

Um die so frech hervorblitzenden Weidenkätzchen ranken sich allerlei Gerüchte, denen nachzugehen sich lohnt: Drei Weidenkätzchen im Geldbeutel sollen immer für ausreichend Wohlstand sorgen, drei im Garten für genügend Wachstum. Drei Weidenkätzchen im Herdfeuer sollen es nie ausgehen und nicht zur Gefahr werden lassen und drei am Fensterkreuz den Wind zähmen.

PFLANZEN

Ranunkel
Narzisse
Weidenkätzchen

Technik: Strauß binden

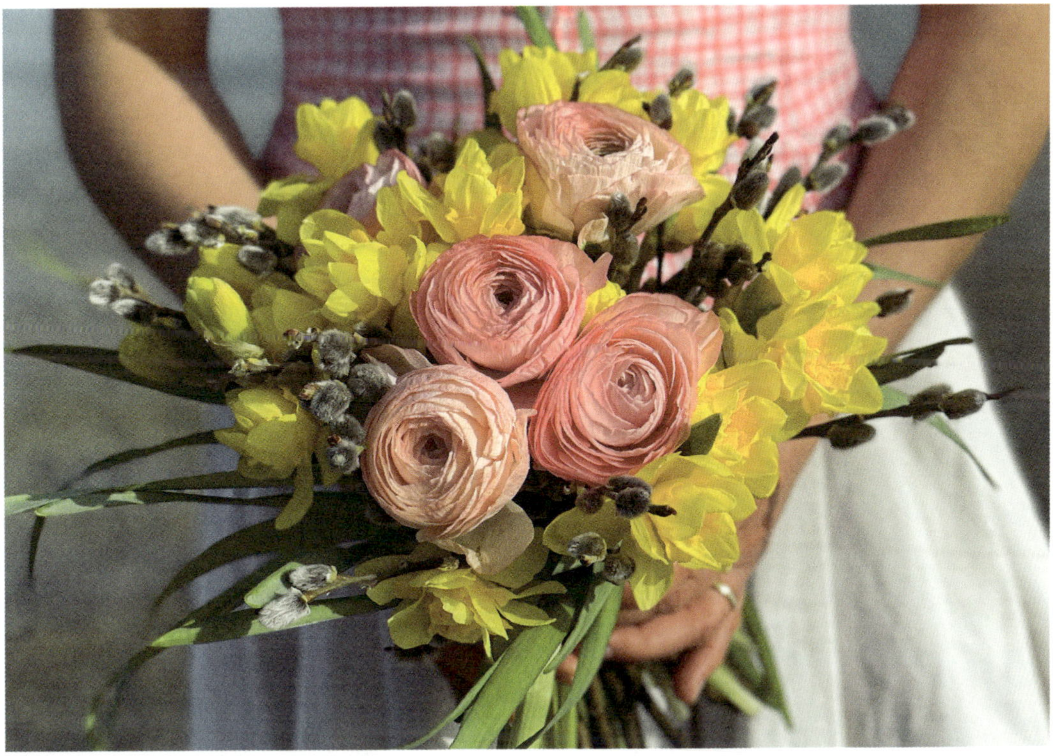

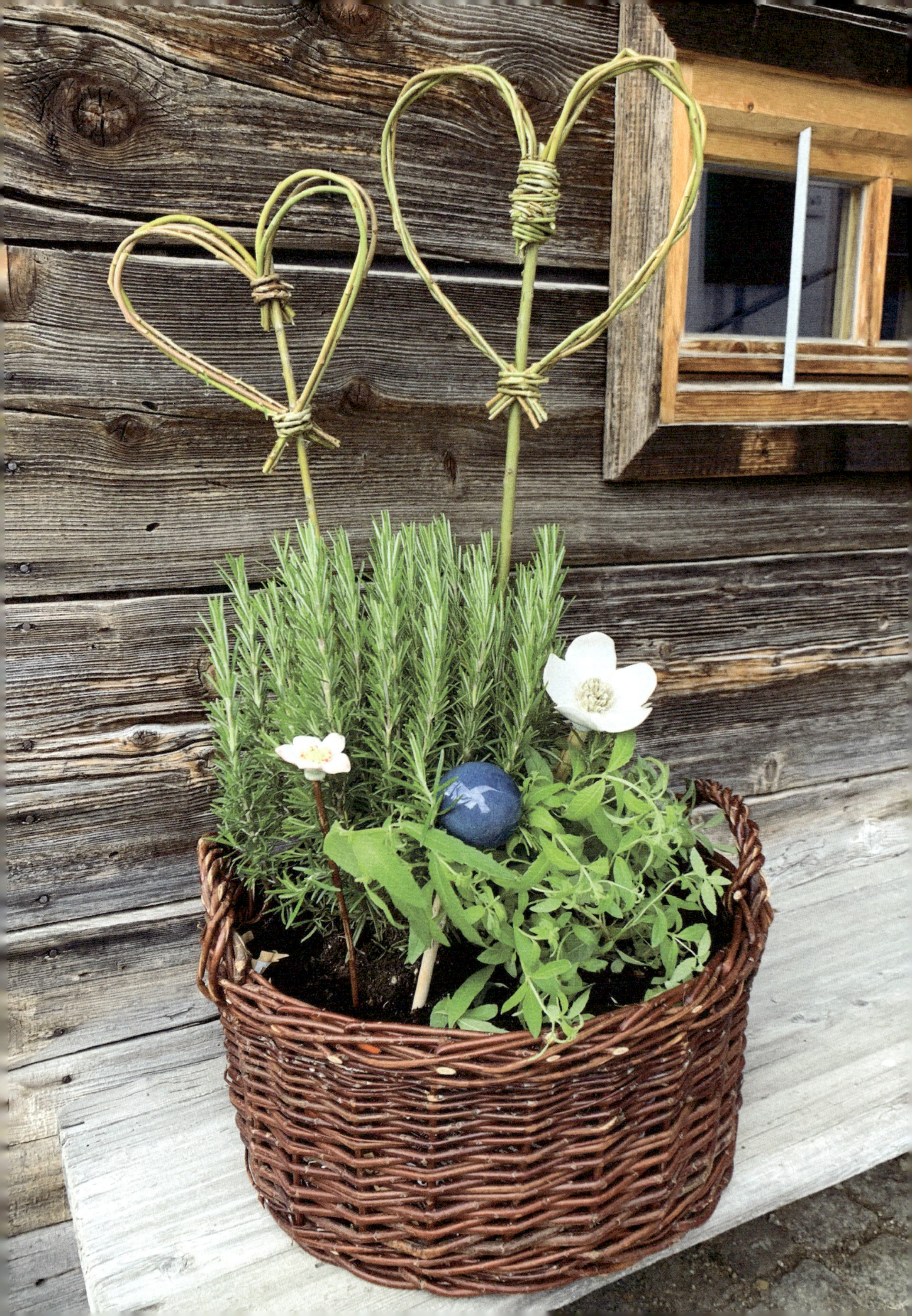

Das Weidenherz

lässt Eingänge erstrahlen

Das Weidenherz ist eine schlichte Freude und gern gesehene Dekoration in Beeten und Blumentöpfen. Das Herz wird aus Weidenzweigen gebogen und benötigt lediglich etwas Draht und unsere Hände.

Weiden lassen sich an Wasser- und Flussläufen finden. Grundsätzlich eignen sich sämtliche bei uns vorkommende Arten für unseren Zweck – mit Ausnahme der Trauerweide: Ihr Gehölz lässt sich weniger gut biegen und bringt nicht die notwendige Spannung auf. Schneidet euch einfach eine Rute ab, wenn ihr eine Weide gefunden habt, und testet die Biegsamkeit, bevor ihr mehrere Zweige erntet.

Als Geschenk der besonderen Art verzaubert unser Weidenherz jeden Kräutergarten und jede Bepflanzung.

PFLANZEN
Weide

Technik:
in Herzform biegen

Weidenherz biegen

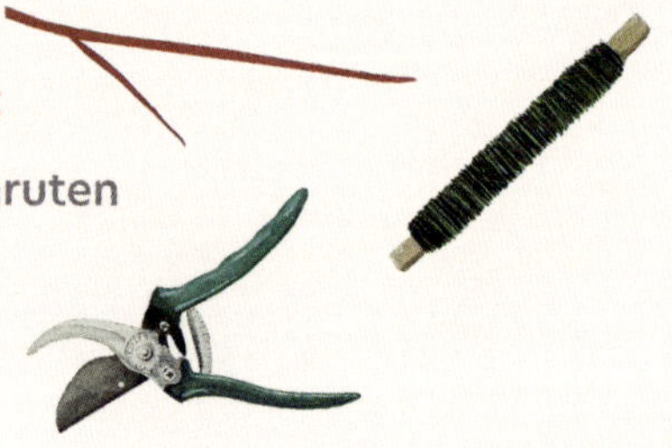

DAS WIRD BENÖTIGT:

8 dünne, biegsame Weidenruten (je 60 cm Länge)

1 etwas dickere, stabile Weidenrute (60 cm Länge)

Gartenschere

Draht

SO WIRD'S GEMACHT:

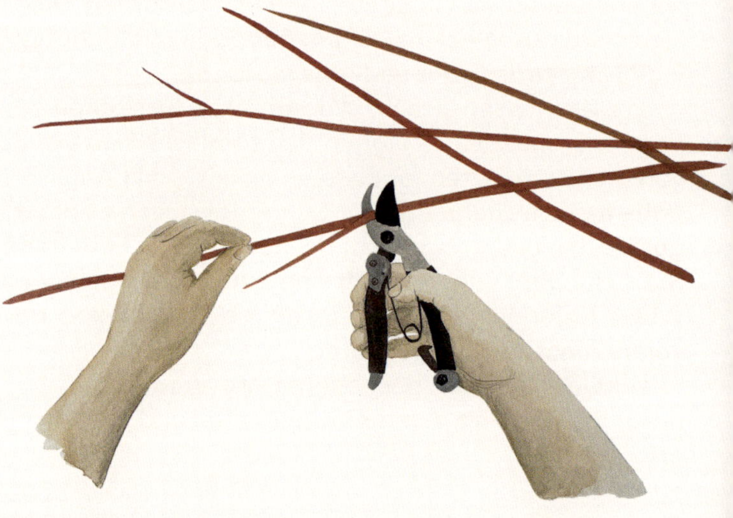

1. Die Weidenruten am besten auf einem großen Tisch auslegen und störende Äste mit der Gartenschere entfernen.

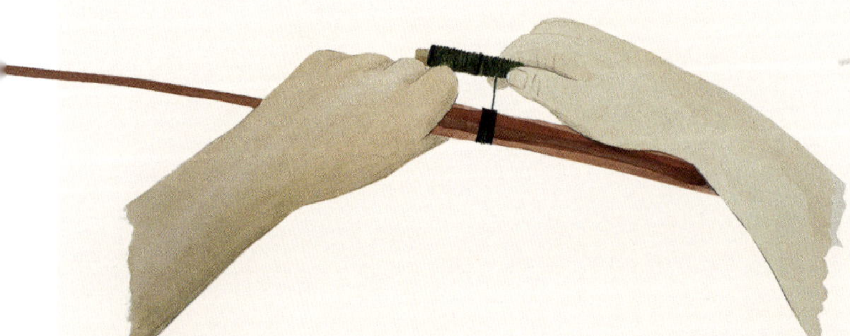

2. Das obere Ende der stabilen Rute mit dem Draht möglichst fest an sechs biegsame Zweige binden.

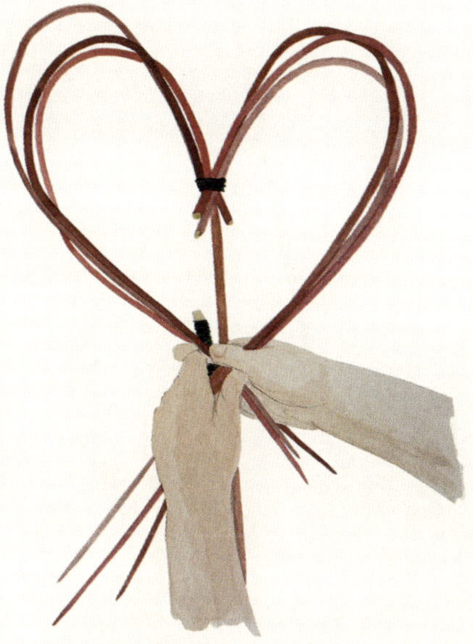

3. Nun werden jeweils drei Ruten links und rechts vom Hauptzweig nach unten gebogen, sodass sich eine Herzform ergibt. Mit Draht befestigen.

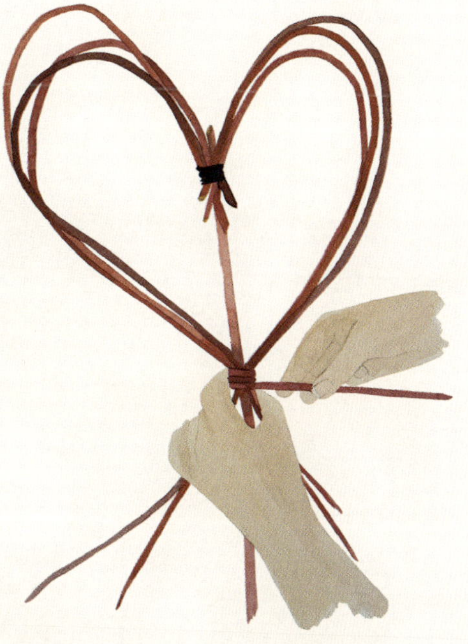

4. Den sichtbaren Draht nun mit den beiden übrigen dünnen Weidenruten umwickeln und die Enden im Gebinde verstecken.

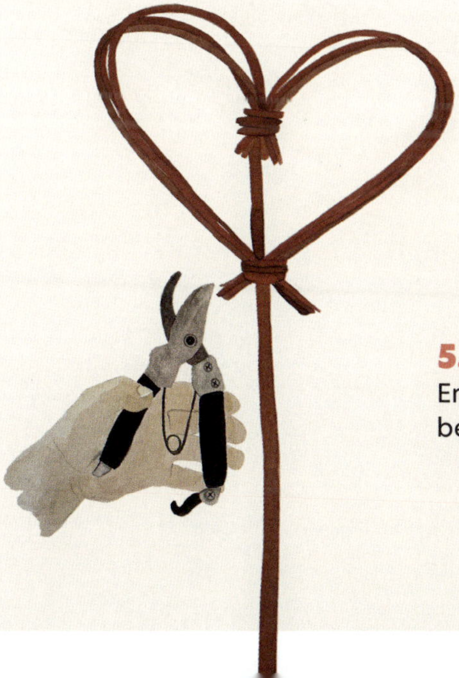

5. Die überstehenden Enden abschneiden, bestaunen und freuen.

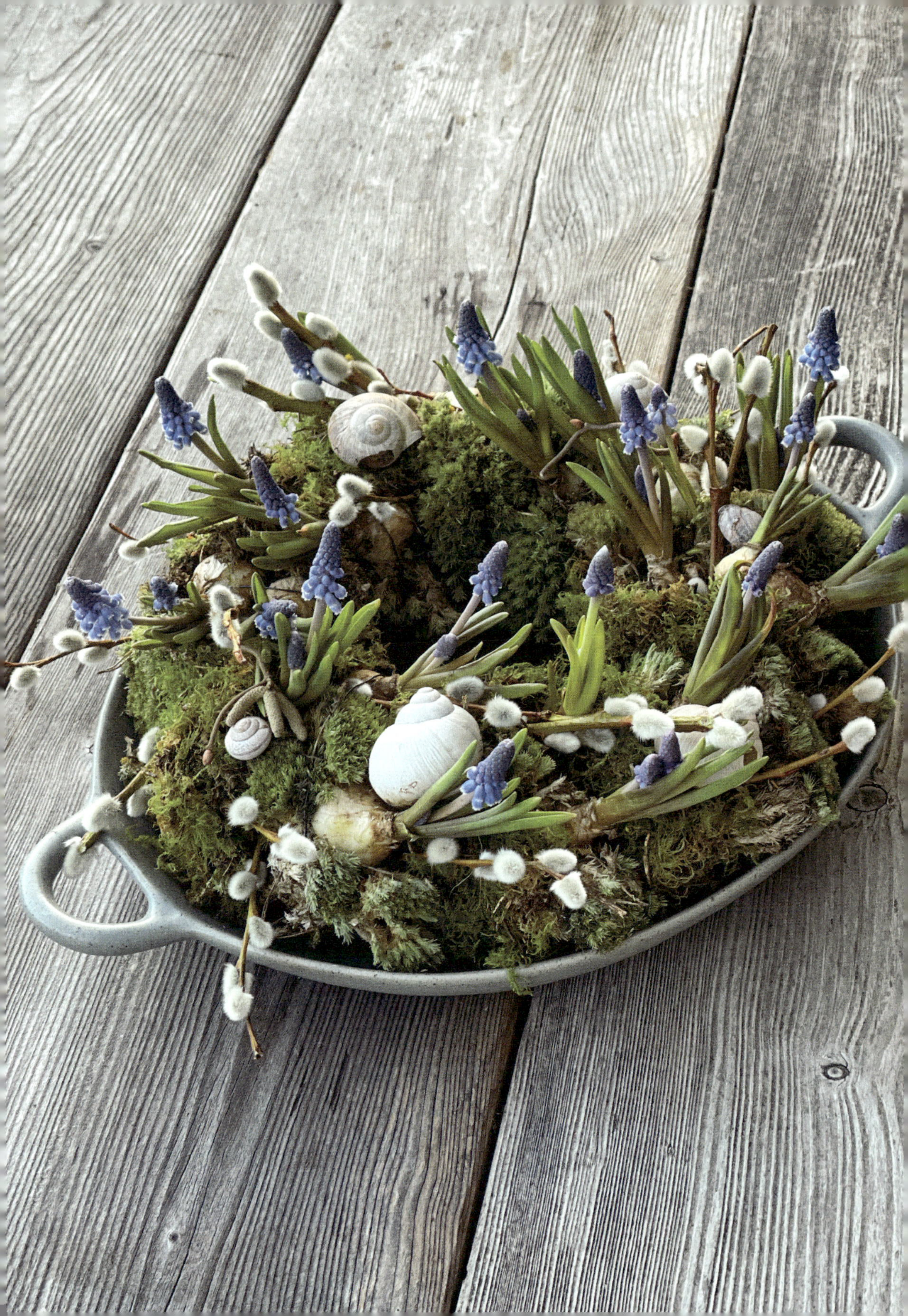

Der lebendige Kranz

holt den Frühling ins Wohnzimmer

Zart und kraftvoll zugleich: Die blauen Hyazinthen erinnern an eine Waldlichtung im Frühjahr, wenn neues Leben sprießt. In der griechischen Mythologie wird davon berichtet, dass Zeus und Hera Bräute mit Hyazinthen geschmückt haben sollen, denn sie standen für eine treue Ehe. Die Farbe Blau symbolisiert auch Ruhe, Besonnenheit und Klarheit. Im Christentum wurde sie daher schon immer dem Göttlichen und Überirdischen zugeschrieben.

Das Moos sieht nicht nur gut aus, sondern hält die Hyazinthen schön feucht. Verschiedene Größen von Schneckenhäusern lassen den Kranz natürlich und lebendig wirken. Achtet beim Sammeln der Häuschen darauf, dass sich keine Schnecken mehr darin befinden und ihr sie gut sauber macht, bevor sie verwendet werden.

PFLANZEN

Moos
Traubenhyazinthe
Korkenzieherhasel
Weidenkätzchen
Schneckenhäuser

Technik: Kranz binden

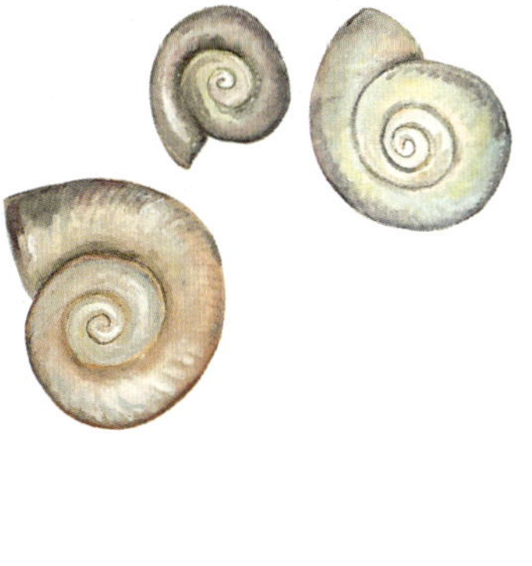

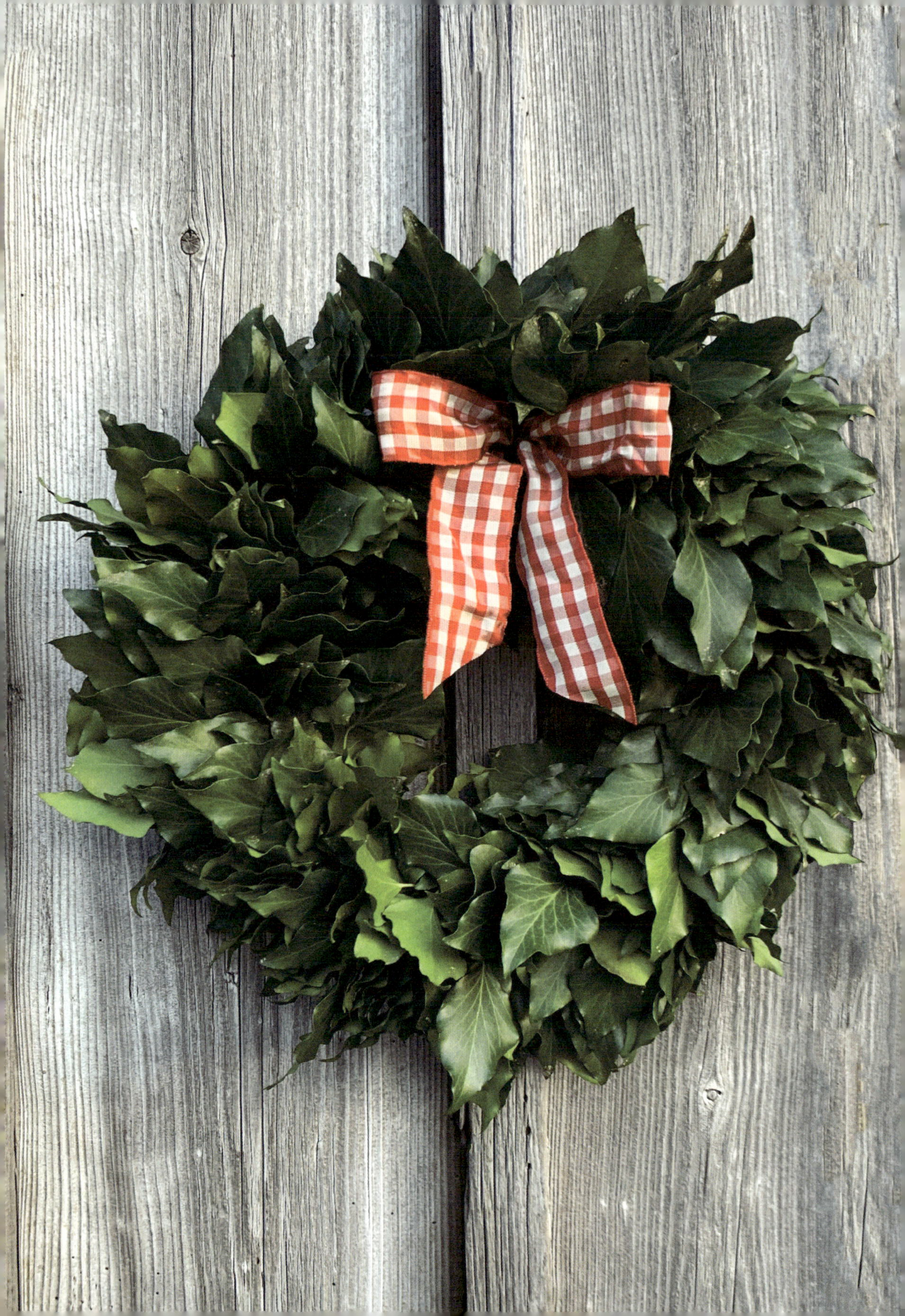

Der Efeukranz

schmückt besonders geschmackvoll

PFLANZEN
Efeu

Technik: Kranz binden

Der Efeukranz beweist auf dezente Weise die Schönheit des Einfachen. Rundum grün – oder noch mit einem bunten Schleifchen versehen – schmückt er schlicht und unaufdringlich.

Die sagenumwobene Kletterpflanze ist seit jeher sowohl mit positiven als auch mit negativen Attributen versehen und wurde daher bereits 1543 von dem Botaniker Leonhart Fuchs als »widerwärtige [gegensätzliche] Natur« bezeichnet. Als Schattenpflanze scheut der Efeu das Licht und steht somit für das Dunkle. Ins Haus hinein durfte er nicht – er soll Tod und Unglück bringen und Ehen zerstören. Angebracht wurde er also nur außen – und dort ziert er auch heute noch viele Fassaden.

Als immergrüne und langlebige Pflanze – er kann bis zu 450 Jahre alt werden – symbolisiert der Efeu aber auch das Leben und steht für Liebe, Treue, Ewigkeit und Unsterblichkeit. Früher wurden Dichter mit einem Efeukranz geehrt, und heute wird er sowohl bei Hochzeiten als auch an Grabstätten gern verwendet.

Übrigens: Efeu enthält Seifenstoffe, sogenannte Saponine, die sich auch ganz wunderbar für nachhaltiges Waschmittel eignen.

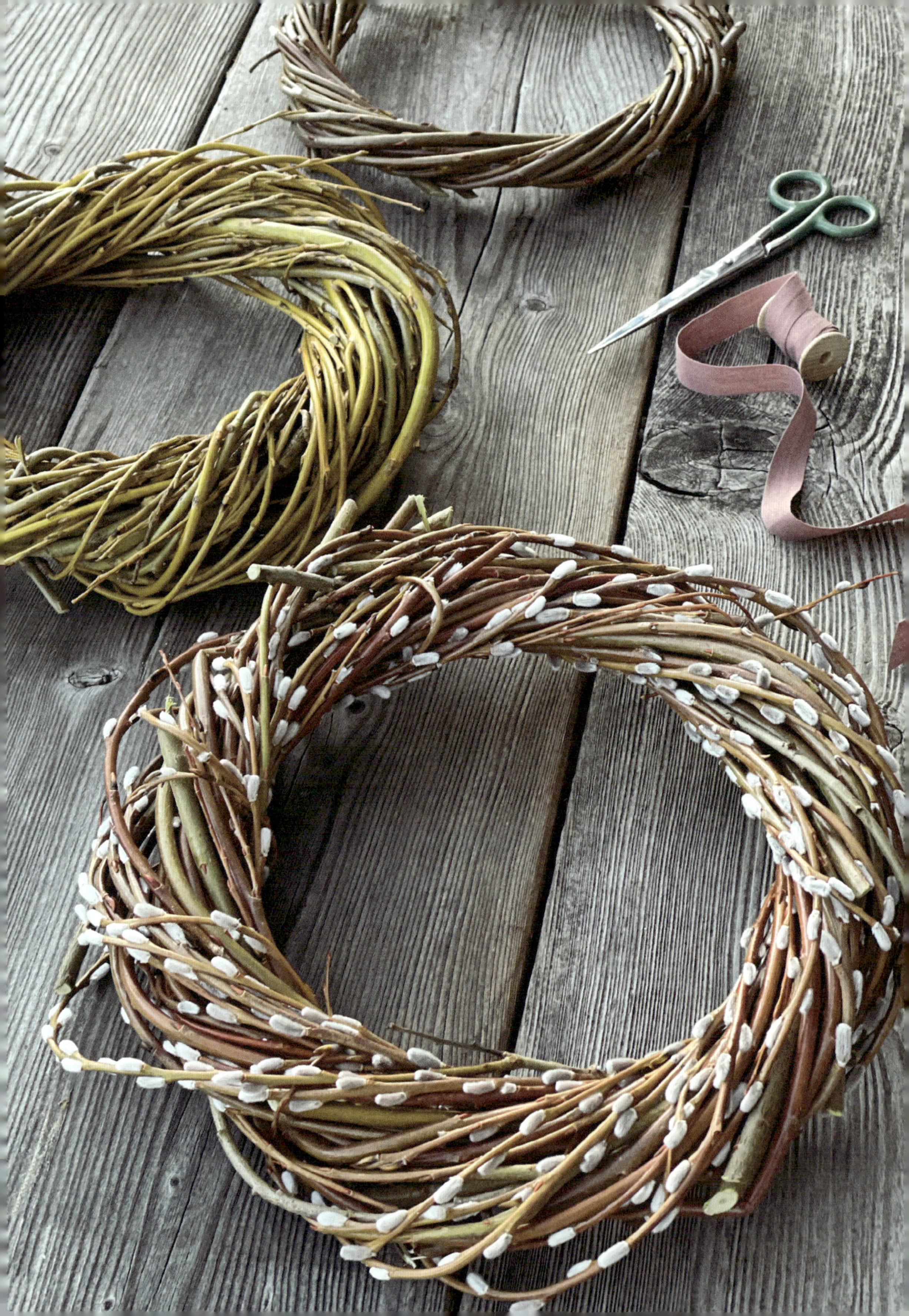

Der schlichte Weidenkranz

kommt ohne Schnörkel aus

Ebenso wie das Herz besteht der Weidenkranz nur aus Weidenruten. Das Besondere am Weidenkranz ist, dass er durch die Eigenspannung der ineinandergeschlungenen Weiden von selbst hält und nicht zusätzlich fixiert werden muss. Auch anderes Schnittgut, wie Johannisbeerzweige, Birkenreisig und sämtliche Obstgehölze, können hier verwendet werden – Hauptsache frisch und biegsam.

Der Kranz kann nach Belieben mit frischem Grün oder etwas Blühendem aufgepeppt werden und lässt sich vor allem zur Osterzeit perfekt in Szene setzen. Weil er mehrere Jahre haltbar ist, kann er nach Belieben umdekoriert oder für diverse andere Dekokünste verwendet werden. Schlicht und schnörkellos macht er aber auch pur eine gute Figur.

Übrigens: Wusstet ihr, dass die Weide Heilkräfte in sich trägt? Sie wirkt schmerzstillend, krampflösend, beruhigend und betäubend. Die Weidenrinde enthält den Stoff Salizin, der beispielsweise für die Herstellung von Aspirin verwendet wird. Um diesen wertvollen Inhaltsstoff für sich zu nutzen, kann neben dem Basteln eine Tasse Tee aus Weidenrinde getrunken werden.

PFLANZEN

Weide

Technik: Kranz winden

Weidenkranz winden

DAS WIRD BENÖTIGT:

15–20 biegsame, frisch geschnittene Weidenruten

Gartenschere

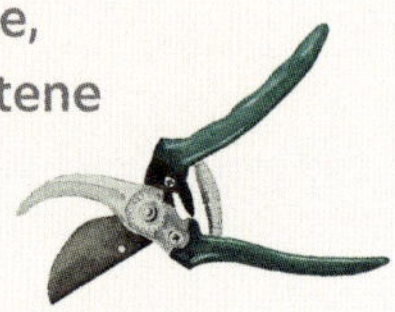

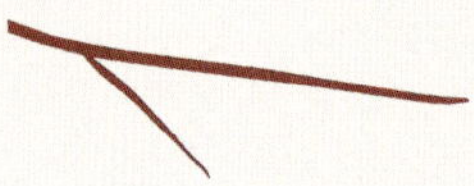

SO WIRD'S GEMACHT:

Die Größe des Kranzes kann individuell variiert werden: Je mehr Ruten, desto stärker wird der Kranz. Je länger die Ruten abgeschnitten werden, desto mehr Spielraum besteht bei der Größe. Am besten gleich beim Sammeln nach geraden und glatten Ruten Ausschau halten, die keine oder nur wenige Äste haben. Bevor alle benötigten Ruten abgeschnitten werden, erst mal ausprobieren, ob sich die erste schön biegen lässt.

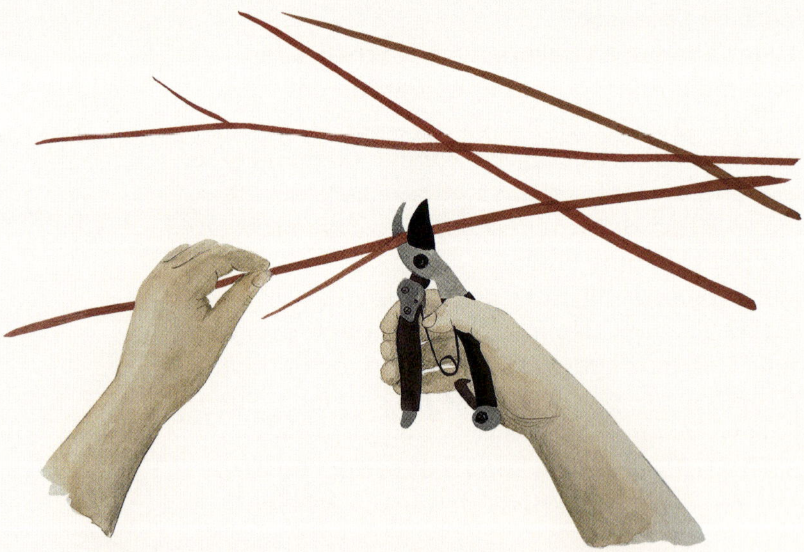

1. Die Weidenzweige am besten auf einem großen Tisch auslegen und störende Äste mit einer Gartenschere entfernen.

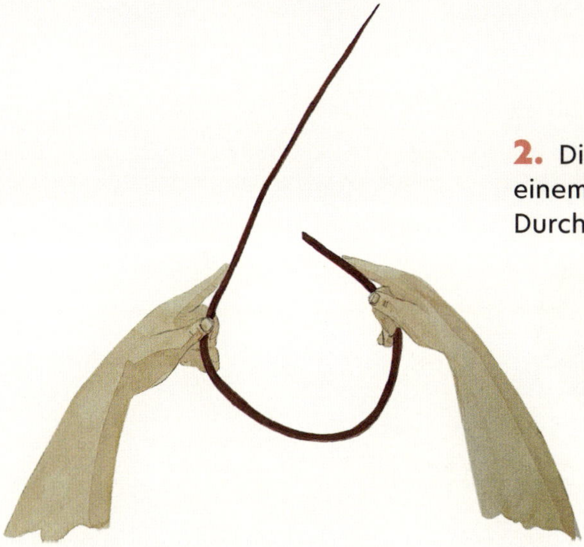

2. Die längste Weidenrute zu einem Kreis vom gewünschten Durchmesser formen.

3. Den Überstand gleichmäßig um den Kranz wickeln.

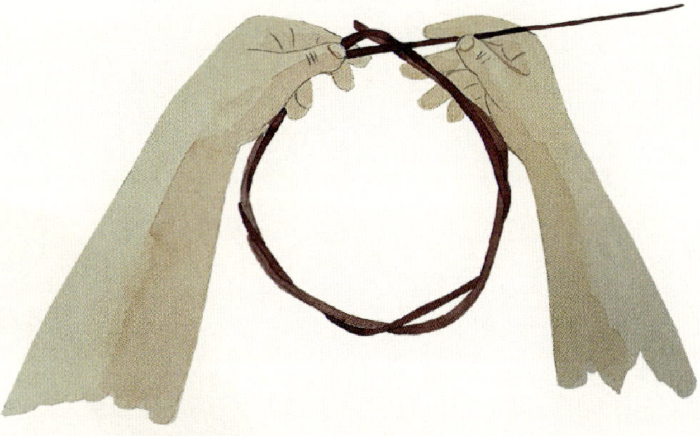

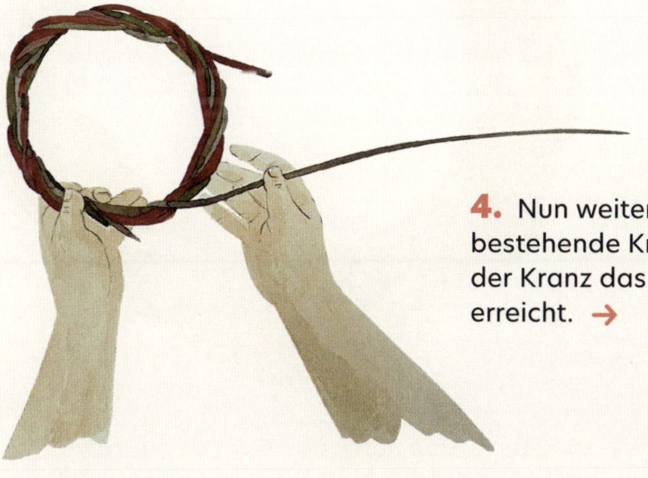

4. Nun weitere Zweige um die bereits bestehende Kranzform schlingen, bis der Kranz das gewünschte Volumen erreicht. →

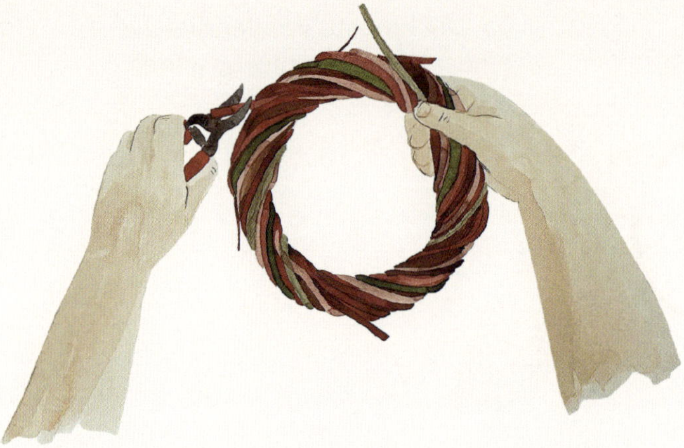

5. Die Enden der Ruten im Gebinde verstecken und Überstehendes abschneiden.

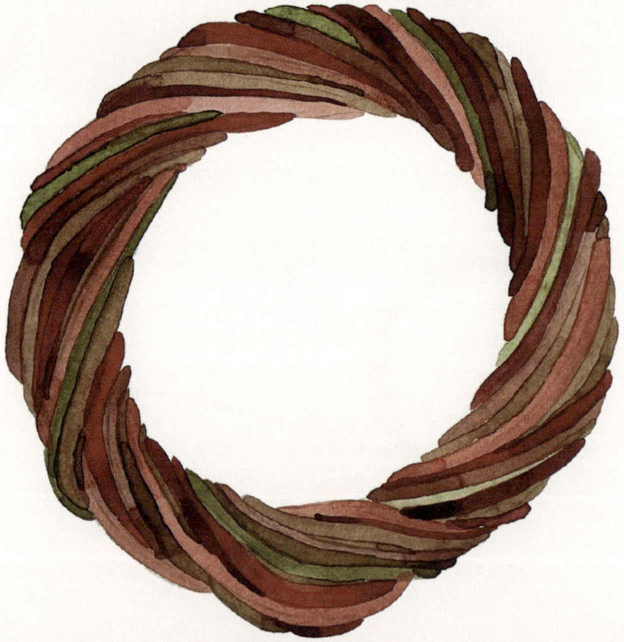

6. Das fertige Stück bestaunen und freuen.

Das Mimosenherz

erfreut zarte Gemüter

Flower power pur – das leuchtende Gelb der Mimose ist so kraftvoll, man kann fast nicht glauben, dass es sich hierbei um eine natürliche Farbe handelt. Gleichzeitig ist die Pflanze getreu ihres Namens im wahrsten Sinne des Wortes eine »kleine Mimose«: Frost verträgt sie überhaupt nicht, und wenn man sie überwintern möchte, braucht sie einen hellen, warmen Standort mit über 18 Grad Celsius. Bei guter Pflege können wir uns dafür Jahre lang an ihr erfreuen, wenn sie von Mai bis September mit voller Kraft leuchtet. Sie steht für Weiblichkeit, Unveränderlichkeit und Unsterblichkeit.

PFLANZEN

Mimose

Strandflieder

Technik: Kranz binden, Rohling in Herzform

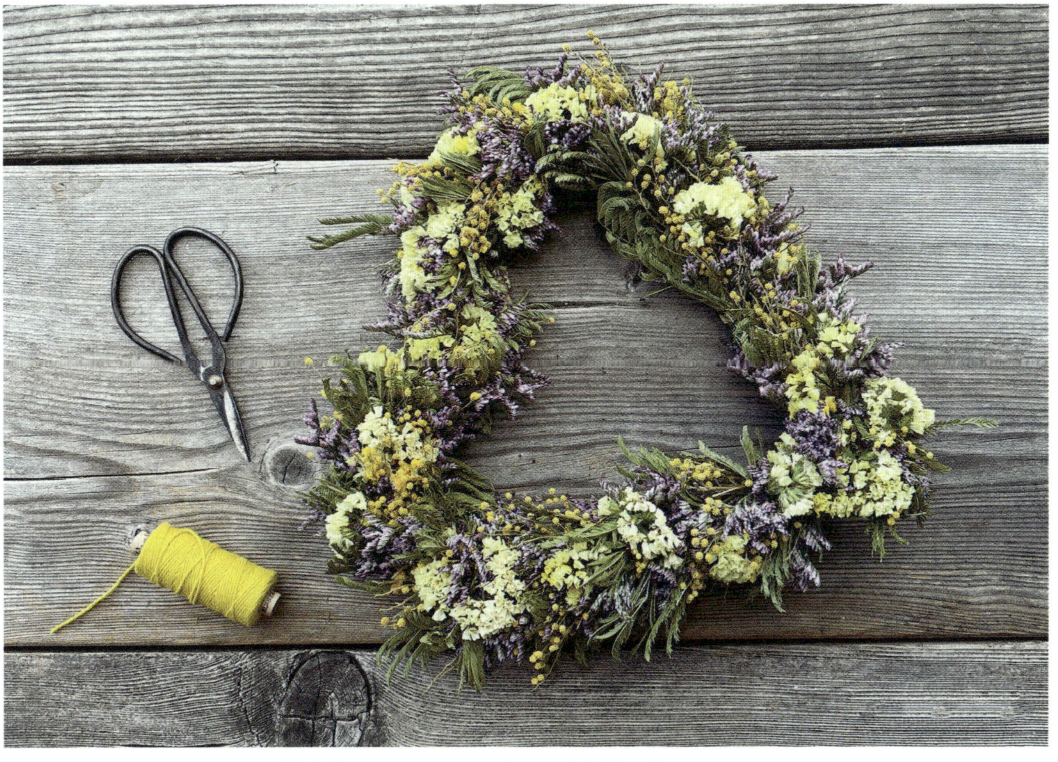

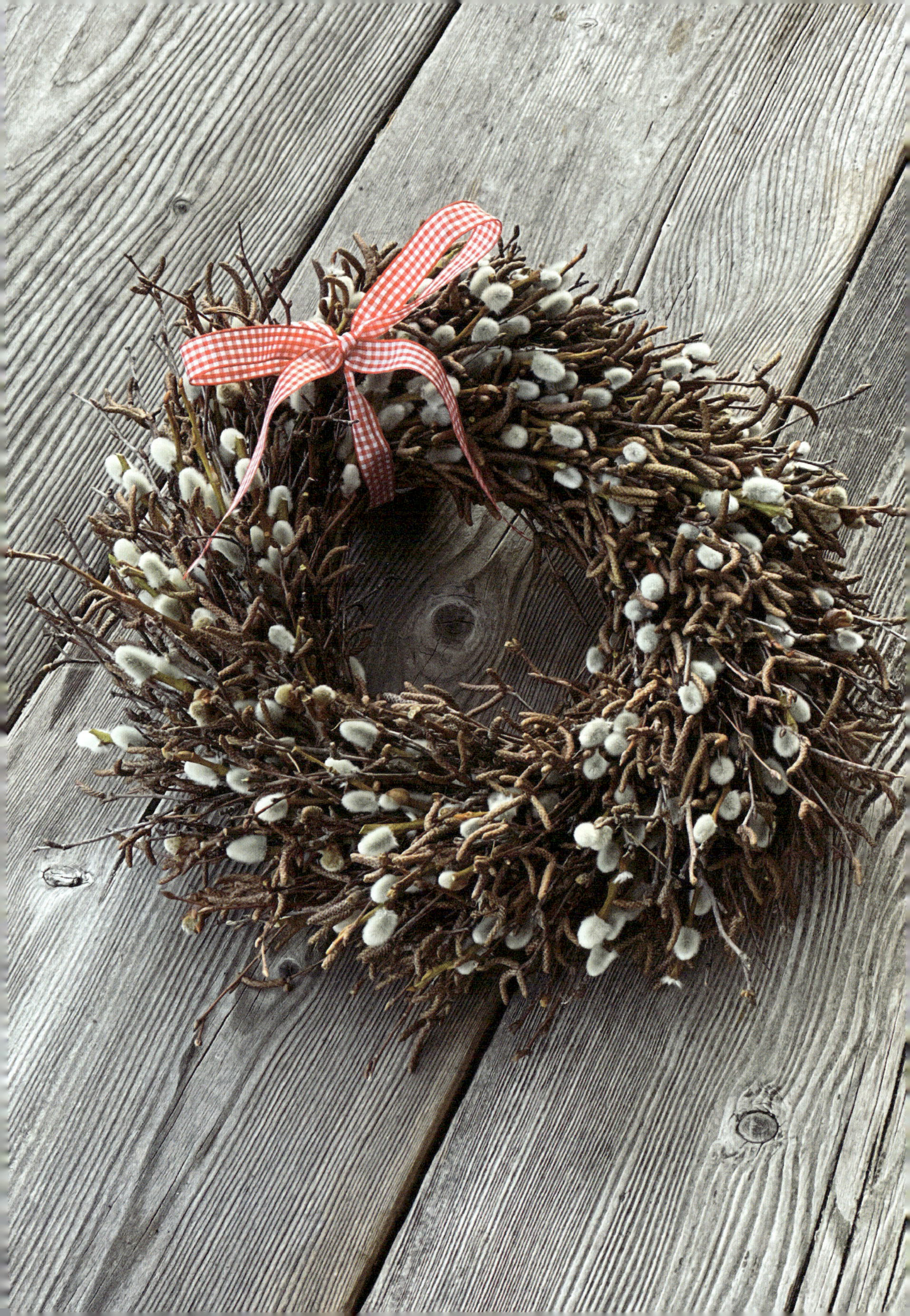

Das wilde Trio

überbringt geheime Botschaften

Rustikal und leger lacht um die Osterzeit unser wildes Trio hervor. Dieser schöne Kranz im Frühlingskleid besteht aus drei Pflanzen, die jeden Frühling aufs Neue an die Kraft der Schöpfung erinnern: Birke und Weide bilden die Basis, und die Korkenzieherhasel verleiht der Kreation einen wilden Look. Der Kranz symbolisiert Lebenskraft und soll auch unsere eigene unterstützen.

Schon die Germanen verwendeten Birkenruten, um ihr Territorium abzugrenzen, auch Zelt- und Dachbedeckungen – und sogar Kleidung – wurden aus Birkenbast erstellt. Bei vielen Völkern genoss die Birke als Lebensbaum hohes Ansehen. Die Zeit, in der sie blüht, steht seit jeher für frisches Leben und Wachstum – ganz typisch für das Frühlingserwachen um Ostern herum. Bekommt ein Mann von einer Frau einen Birkenzweig überreicht, darf er durchaus Hoffnung schöpfen, denn ihr Blatt symbolisiert in der Blumensprache: »Komm doch näher!«

Die Weide hingegen steht für Einsamkeit und Verlassenheit und fragt: »Bin ich dir nicht gut genug?« Bei unserem Kranzerl muss der Bewerber sich also entscheiden, welche der beiden Botschaften er lieber hören möchte.

PFLANZEN

Birke
Weidenkätzchen
Korkenzieherhasel

Technik: Kranz binden

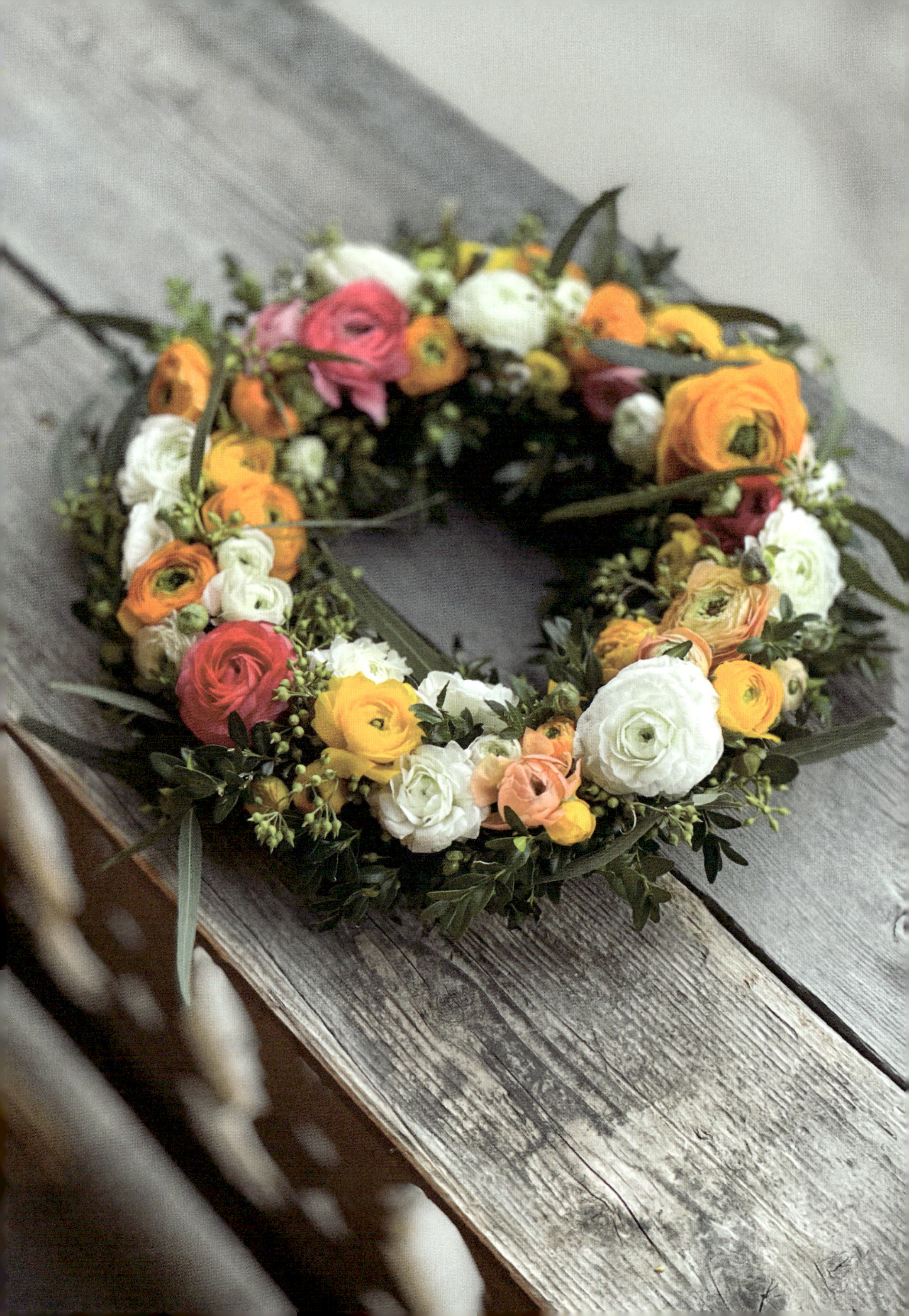

Der Ranunkelkranz

sorgt für tolle Farbkleckse am Frühlingstisch

Im bunten Ranunkelkranz zeigt sich der Frühling bereits von seiner farbenfrohen Seite. Ranunkeln sind Frühblüher und bringen ihren Frohsinn ab April in unser Zuhause. Ursprünglich stammen sie aus dem Orient und kamen im 16. Jahrhundert nach England. Mittlerweile sind sie echte Kosmopoliten geworden, und wir begegnen ihnen in ungefähr 600 verschiedenen Arten auf der ganzen Welt. Erhielt man im Viktorianischen Zeitalter einen Strauß mit Ranunkeln, hieß das: »Ich bewundere deine Reize« – ein wirklich ganz bezauberndes Kompliment.

In diesem Kranz sind die Blumenschönheiten von Buchs und dem Exoten Eukalyptus umgeben, auch Efeublüten spitzeln frech hervor. Eine zarte Frühlingsschönheit, die einfach gute Laune macht.

PFLANZEN

Ranunkel
Buchs
Efeu
Eukalyptus

Technik: Kranz stecken

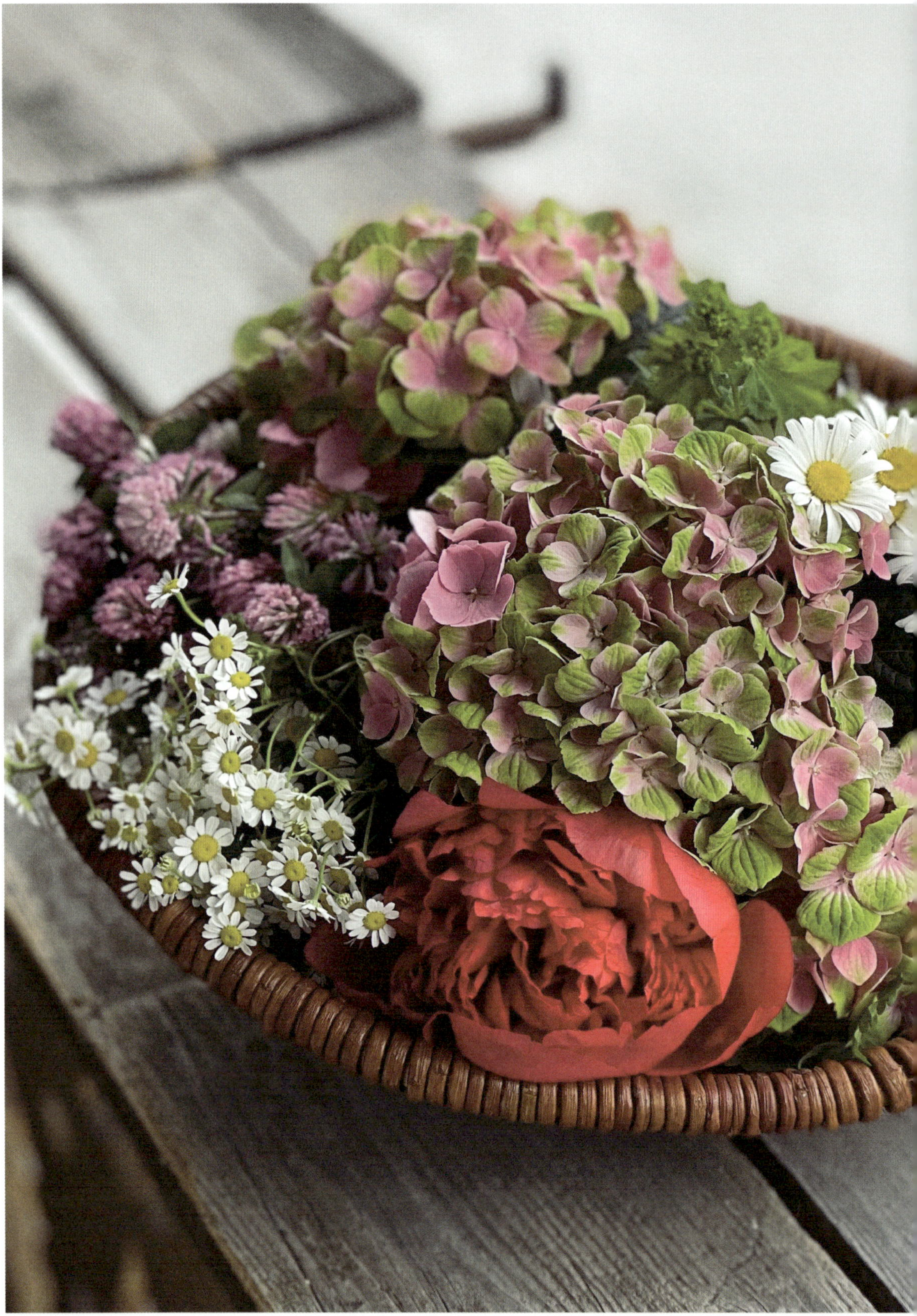

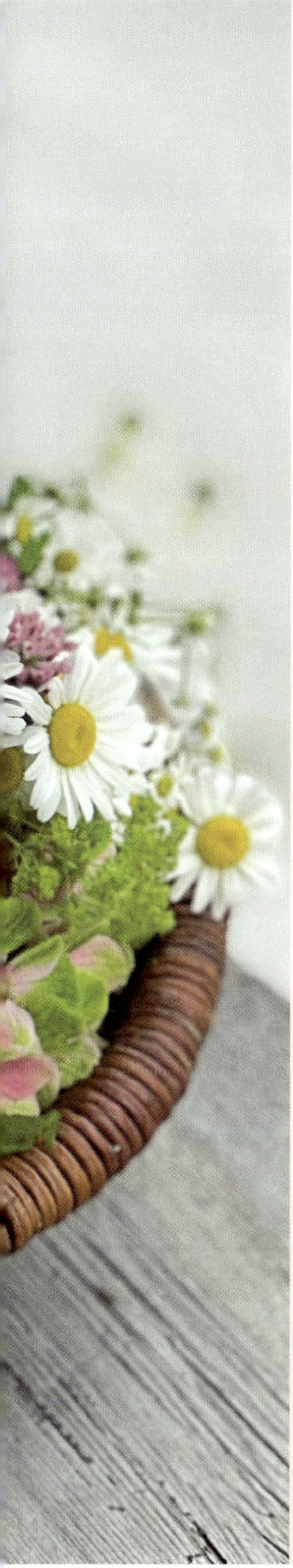

Blütenzeit

»Blumen sind das Lächeln der Erde.«

Ralph Waldo Emerson

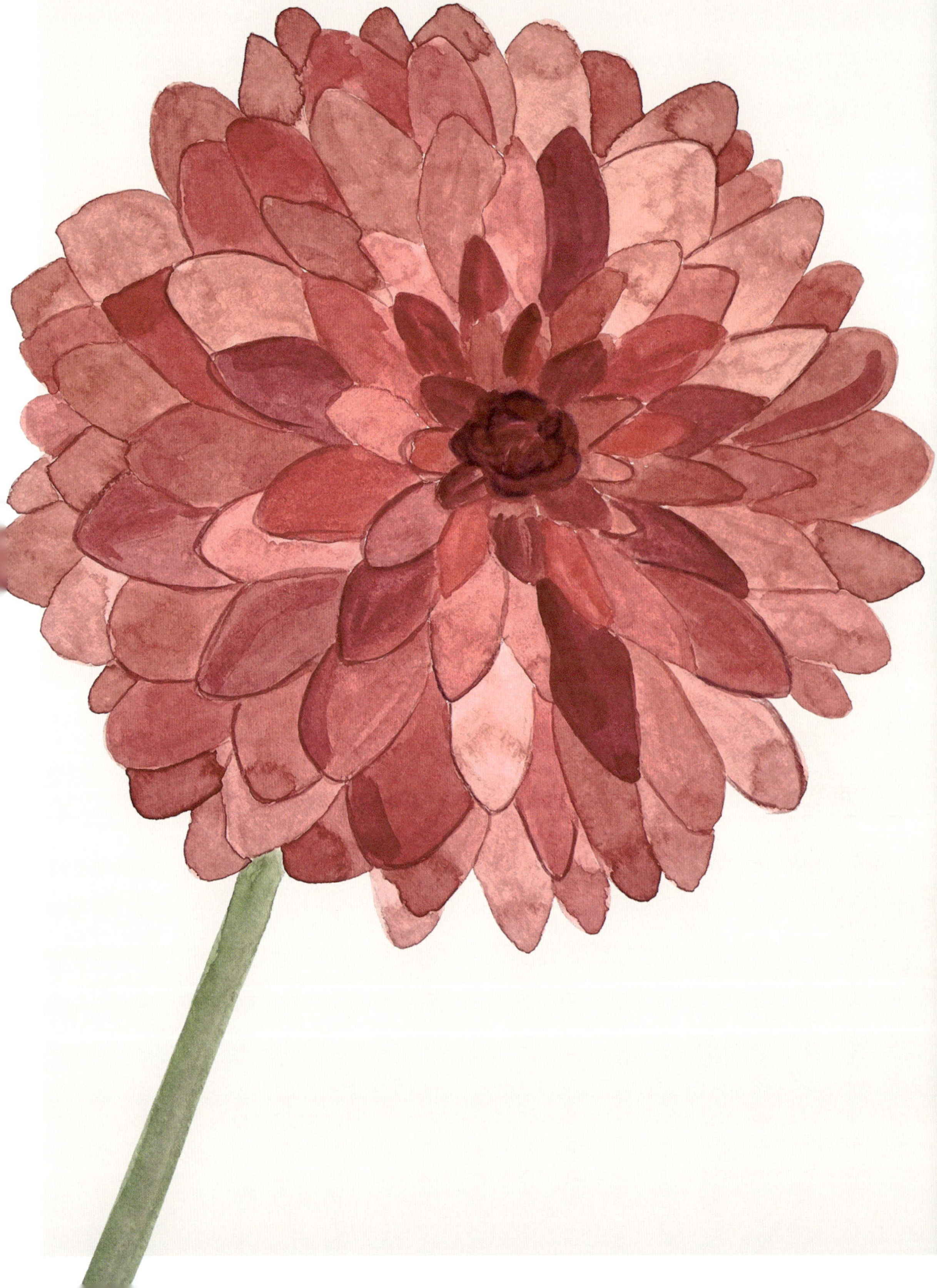

Vergängliche Schönheit, die das Herz berührt

Der Sommer – die von uns allen so lange herbeigesehnte Jahreszeit. Die volle Kraft der Sonne ist wieder bei uns angekommen, und wir steuern dem Blütehöhepunkt des Jahres entgegen. Die Natur platzt aus allen Nähten, und auch wir sprühen vor Lebendigkeit. Wann immer es geht, sind wir draußen, genießen die Wärme, gesellige Runden und das bunte Treiben in vollen Zügen.

Für unsere Naturdekoration gilt das Credo: je bunter, desto besser. Die Farben- und Duftexplosion, die uns der Sommer schenkt, inhalieren wir regelrecht – man kann fast sagen: Wir sind im Blütenrausch.

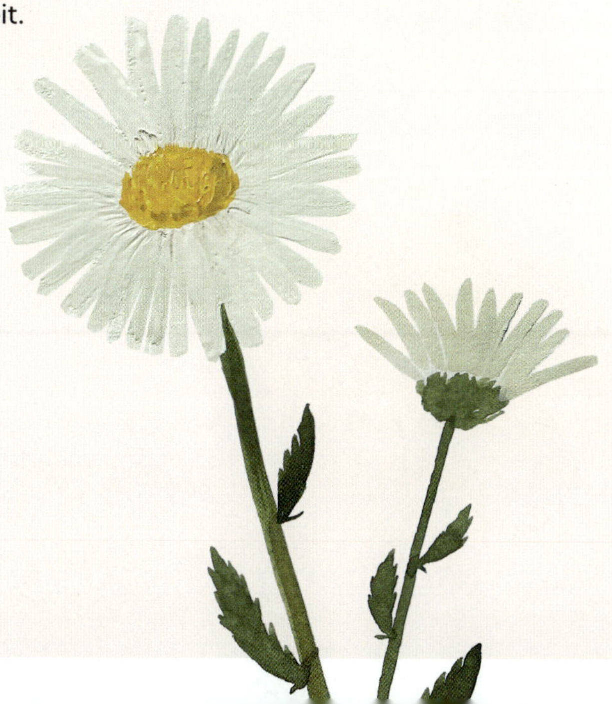

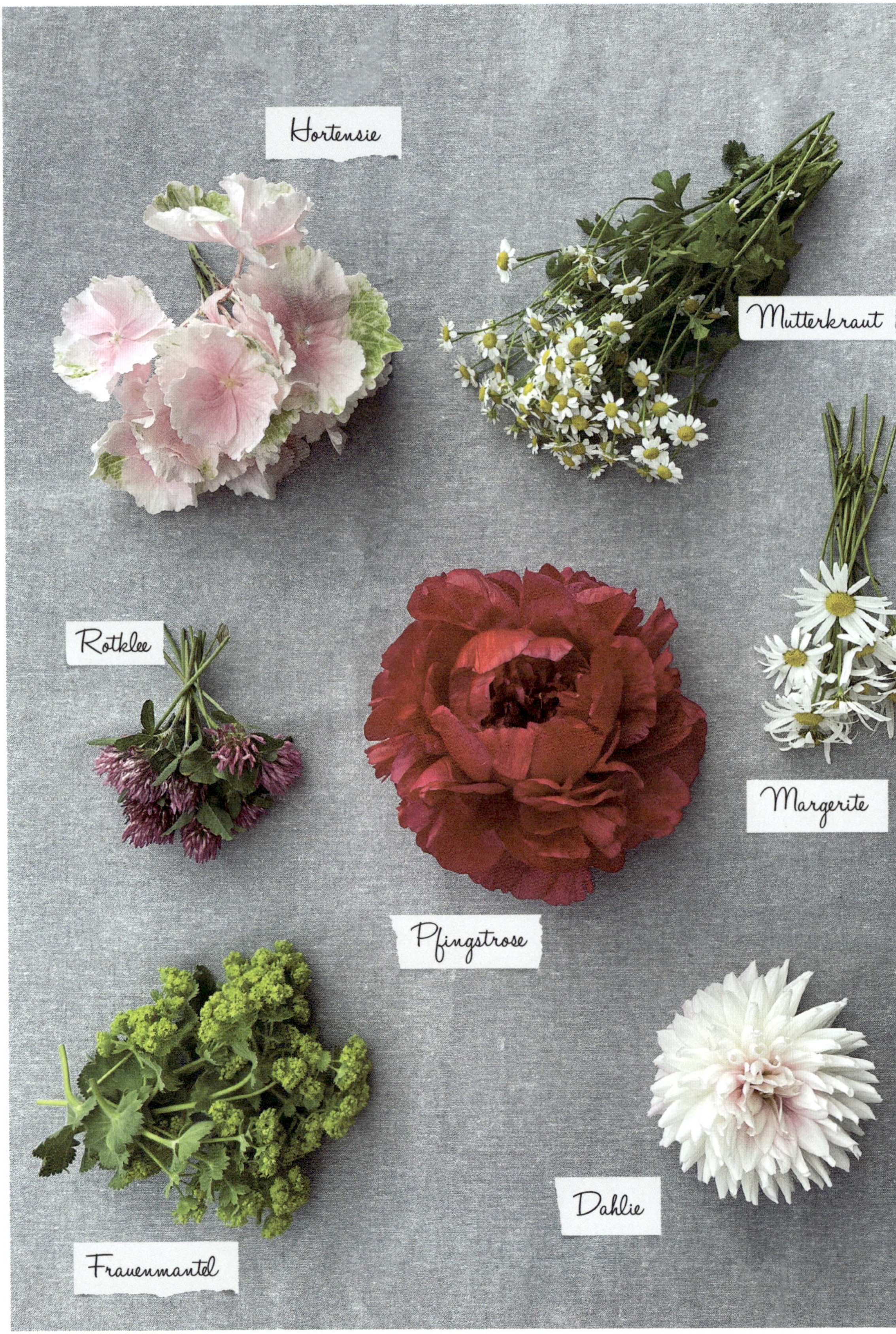
Hortensie
Mutterkraut
Rotklee
Margerite
Pfingstrose
Dahlie
Frauenmantel

Blütenzeit

auf einen Blick

HORTENSIE

Die Hortensie stammt ursprünglich aus Asien und bahnte sich im 18. Jahrhundert ihren Weg nach Europa. Sie tritt in 80 verschiedenen Arten und unterschiedlichen Farbtönen auf. Ihre Blüten sind selbst dann noch ansehnlich, wenn sie verwelken und trocknen.

MUTTERKRAUT

Mutterkraut blüht von Juni bis September am Wegesrand und darf in keinem Bauerngarten fehlen. Optisch ähnelt das Mutterkraut der Kamille, weshalb es auch gerne als »falsche Kamille« bezeichnet wird. Es wird bis zu 80 cm groß und riecht leicht nach Kampfer. 2017 wurde das Mutterkraut zu »Österreichs Arzneipflanze des Jahres« gewählt.

ROTKLEE

Rotklee schmückt unsere heimischen Wiesen von April bis Oktober mit rötlich violetten Blüten. Er wächst auf bis zu 2500 Metern über dem Meeresspiegel und ist weit verbreitet – davon kann also ruhig etwas mehr für ein gutes Tässchen Tee gesammelt werden.

PFINGSTROSE

Die Pfingstrose wird auch als Päonie bezeichnet und tritt in 32 verschiedenen Arten auf. Sie blüht mehrjährig, jedoch nur einmal im Jahr, je nach Sorte und Standort zwischen April und Juni – rund um Pfingsten eben. Sie gedeiht am besten auf humusarmen Böden, und ihre Stauden werden bis zu 100 cm hoch.

MARGERITE

Margeriten und Sommer gehören einfach zusammen – wir erfreuen uns auf heimischen Wiesen und Weiden von April bis Oktober daran. Mit dem gelben Blütenkopf und den zarten weißen Zungenblättern ist die Margerite dem Gänseblümchen sehr ähnlich – sie beide gehören zur Familie der Korbblütler. Gut unterscheidbar sind sie vor allem an ihrer Größe: Margeriten werden bis zu einem Meter hoch.

FRAUENMANTEL

Frauenmantel gehört zur Familie der Rosengewächse. Ab Mai finden wir ihn den ganzen Sommer über auf Naturwiesen oder auch im eigenen Beet. Aufgrund seiner Robustheit ist er als Hausdeko sehr beliebt. Das Heilkraut hilft bei sämtlichen Wehwehchen rund ums Frausein, unterstützt die Wundheilung, lindert Magen-Darm-Beschwerden, wirkt antibakteriell und antioxidativ.

DAHLIE

Die Dahlie, auch Georgine genannt, gehört zur Familie der Korbblütler – erkennbar ist das an den körbchenförmigen Blütenständen. An der beliebten Zierpflanze können wir uns von Juni bis zum ersten Frost erfreuen – und noch dazu kann dieselbe Pflanze über Jahrzehnte hinweg blühen. Die Knollenpflanze kommt ursprünglich aus Mexiko und wagte Ende des 18. Jahrhunderts ihren Weg nach Europa. Mittlerweile gibt es an die 40 000 Dahliensorten. Die Dahlie liebt die Sonne und legt Wert auf gute Nachbarschaft: Sehr gut harmoniert sie mit der Margerite.

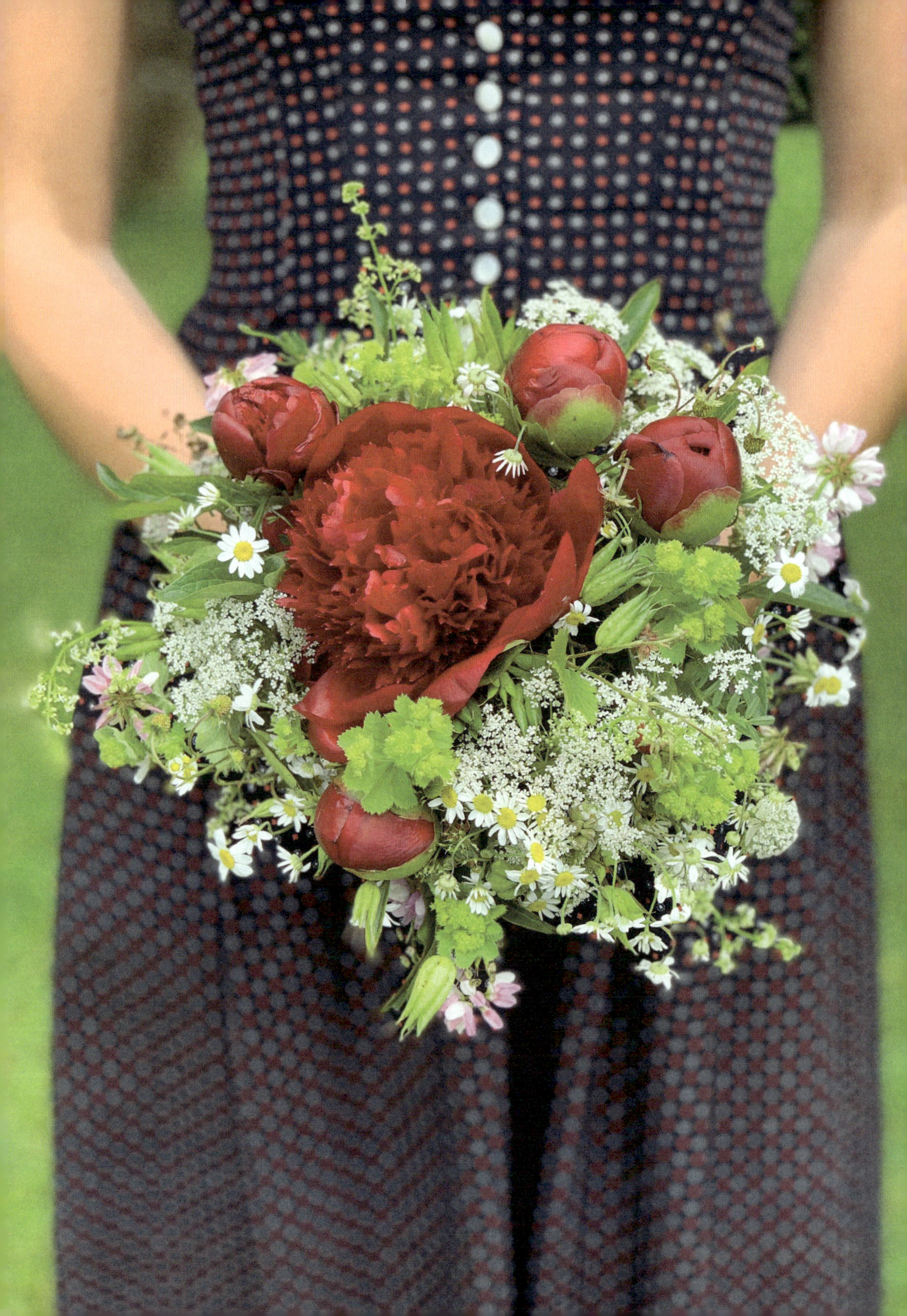

Der erste Sommerstrauß

weckt Glücksgefühle

Ist das nicht schön? Jedes Jahr aufs Neue freuen wir uns wie kleine Kinder über den ersten bunten Strauß. Obwohl er jedes Jahr wiederkommt, ist er ein Highlight der besonderen Art, an dem wir uns nicht sattsehen können.

Die Pfingstrose sichert sich hier ihren unangefochtenen Platz im Rampenlicht. Sie steht für Schönheit, Fruchtbarkeit, Fülle und auch Eitelkeit, wie ihre Blumensprache deutlich macht: »Dein Stolz ist einfach unerträglich.« Eine kleine Diva also – doch bei der Schönheit und Anmut, die sie an den Tag legt, kann man ihr das nicht mal übel nehmen.

Die übermächtigen Blüten der Pfingstrose mögen das weiß blühende Mutterkraut etwas in den Schatten stellen, unterschätzt werden sollte dieses aber nicht. Wir umgeben uns hier mit einer kräftigen Heilpflanze, die ihren Namen nicht umsonst trägt: Früher wurde es verwendet, um Wehen einzuleiten und die Geburt zu beschleunigen. Mutterkraut hilft auch sehr gut bei Migräne – das wusste man bereits im ersten Jahrhundert nach Christus, und heute beweisen es sogar Studien. Auch als fiebersenkendes Mittel hat es Erfolge zu verzeichnen. Also ruhig mal zwischendurch eine Tasse Tee aus frischen oder getrockneten Blüten und Blättern genießen.

PFLANZEN

Pfingstrose
Mutterkraut
Wilde Wicke
Frauenmantel
Samenstand der Akelei
Wilde Möhre
Labkraut
Sterndolde

Technik: Strauß binden

Strauß binden

DAS WIRD BENÖTIGT:

Pflanzenmaterial
Gartenschere
Gartenhandschuhe
scharfes Messer
Schnur oder Schleife
Blumenvase

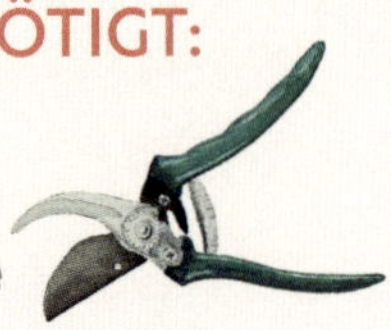

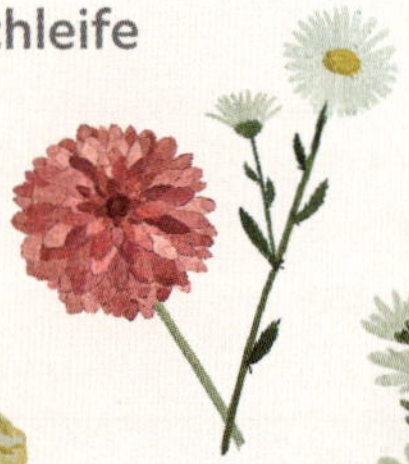

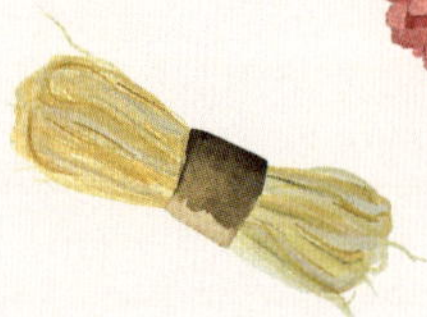

SO WIRD'S GEMACHT:

Beim Sammeln der Pflanzen für den Sommerstrauß sind der Kreativität keine Grenzen gesetzt. Sämtliche Blumen und Blüten, die im Garten oder auf der Wiese wachsen, können verwendet werden. Die verschiedenen Pflanzen zu Beginn am besten auf einem großen Tisch verteilen und nach Sorte ordnen.

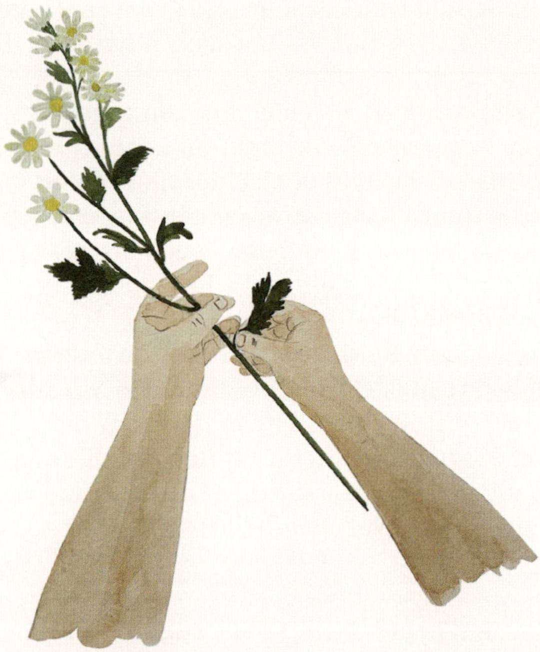

1. Die Stielenden von Blättern und piksenden Dornen befreien. Auch sonstige Pflanzenreste werden entfernt – und das nicht nur aus optischen Gründen: Wenn die Stiele später im Wasser stehen, begünstigen Pflanzenreste Bakterien, die die blühenden Wunder schneller schlecht werden lassen – und das wäre doch schade.

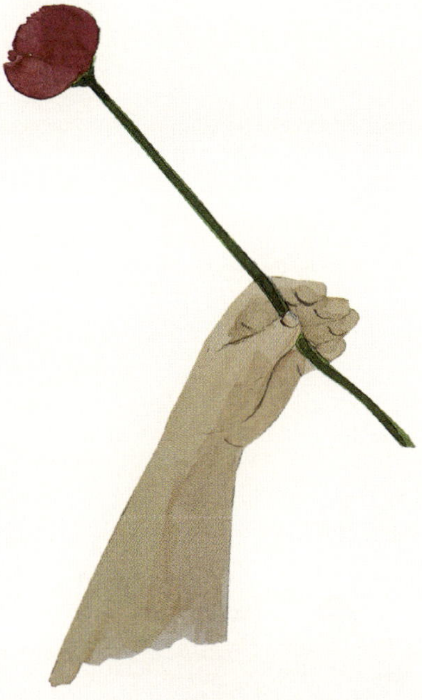

2. Nun steht eine wichtige Entscheidung an: Welche Blume kommt in die Mitte und wird damit zum zentralen Punkt im Strauß? Hierfür eine möglichst schöne, große Blüte aussuchen. Falls der Stiel etwas instabil sein sollte, kann er mit etwas Bindedraht umwickelt und somit gestützt werden.
Die gewünschte Mittelblume in die weniger dominante Hand nehmen und am unteren Drittel mit Daumen und Zeigefinger festhalten. Diese Grundhaltung wird bis zum Schluss gehalten, der Strauß wird höchstens hin und wieder etwas gedreht, um zu überprüfen, ob die Mittelblume schön im Zentrum liegt. Der Mittelpunkt sollte gleichzeitig auch den höchsten Punkt des Straußes darstellen. Die dominante Hand bleibt immer frei, um neues Pflanzengut auszuwählen.

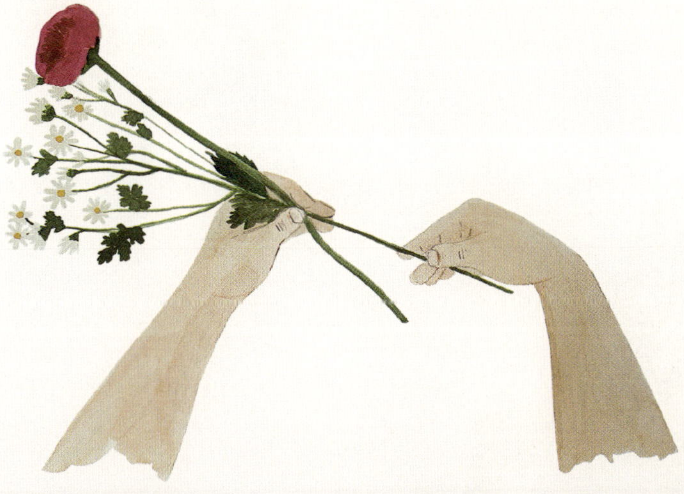

3. Die nächste Blume aussuchen und schräg über die erste legen. Das Schräglegen hat drei Gründe: Es macht den Strauß am Ende schön füllig, der Strauß hält fast von allein, und alle Stiele bekommen in der Vase ausreichend Wasser ab, weil sie sich nicht gegenseitig behindern. →

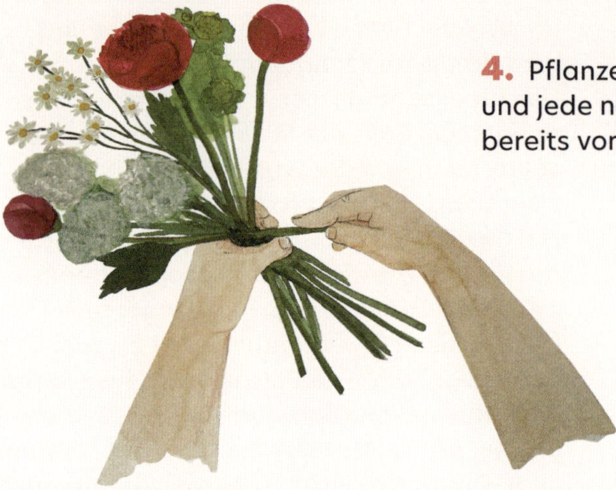

4. Pflanze für Pflanze fortfahren und jede neue Blume schräg über den bereits vorhandenen Strauß legen.

5. Hat der Strauß die gewünschte Größe erreicht, können noch kleine Schönheitsfehler ausgebessert und einzelne Blumen vorsichtig an eine andere Stelle gerückt werden.

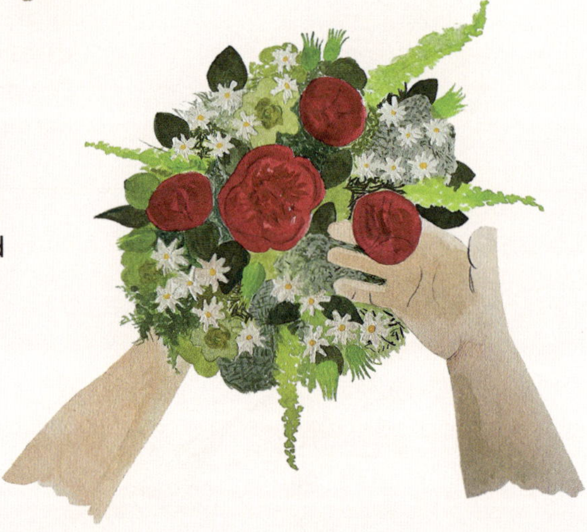

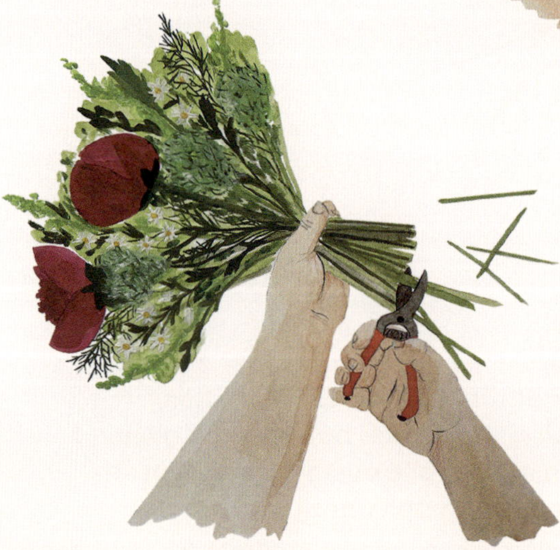

6. Wenn alles seinen Platz hat, werden die Stiele mithilfe einer Gartenschere auf dieselbe Länge gekürzt.

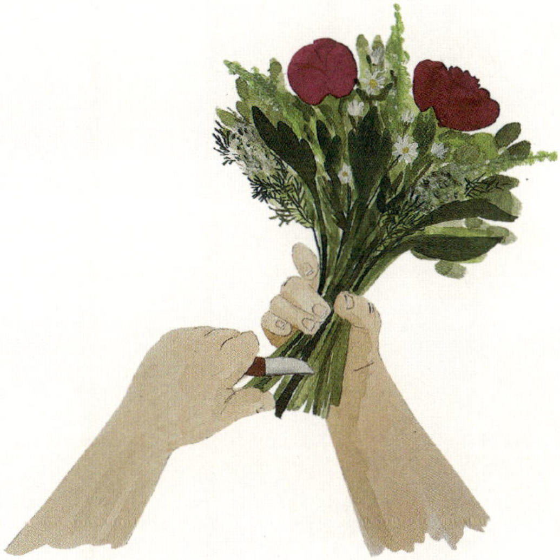

7. Die Enden anschließend mit einem scharfen Messer schräg schneiden – das vergrößert die Wasseraufnahmefläche für die Pflanzen, sodass sie mehr Nährstoffe aufsaugen können.

8. Danach rasch mit einem Blumenband oder einer einfachen Schnur – circa 20–30 cm lang – fixieren. Den Strauß dafür mit einer Hand gut festhalten und das Band mit der anderen drei- bis viermal rundherumwickeln, bis es gut hält. Die Enden des Bandes anschließend verknoten.

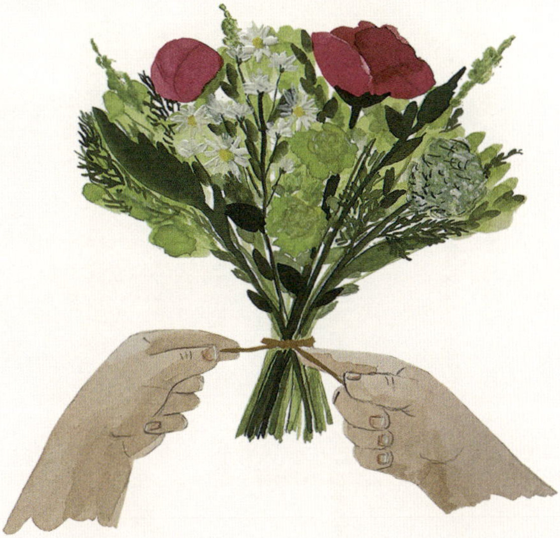

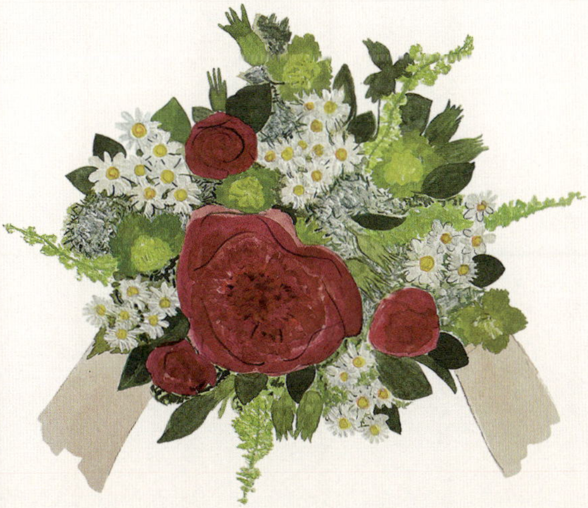

9. Den fertigen Strauß in eine Vase mit Wasser stellen, bestaunen und freuen.

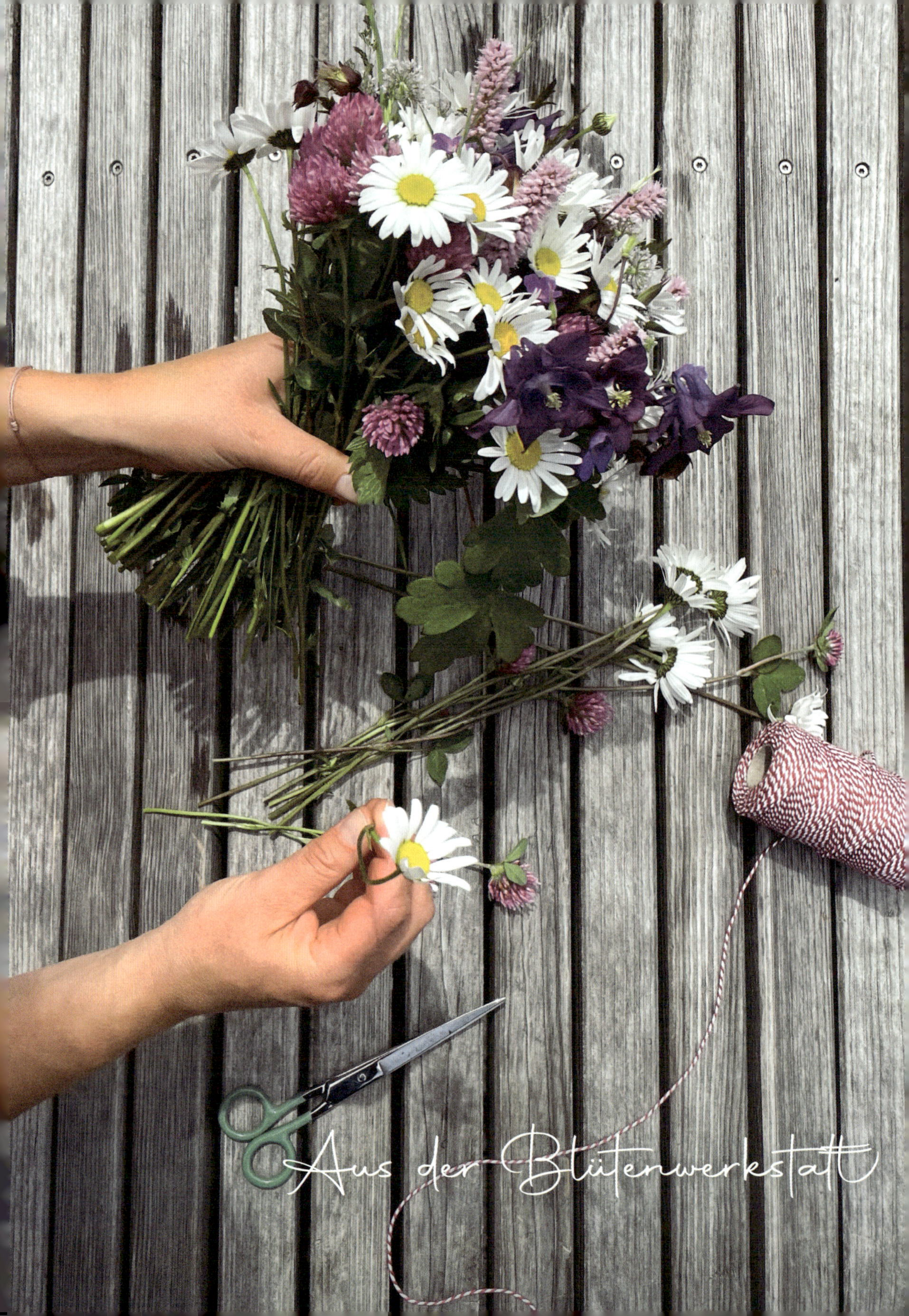
Aus der Blütenwerkstatt

Der wilde Sommer in der Hand

Blumenwiese, wir kommen

Sammelglück pur: Die Blumen für unseren wilden Wiesenstrauß können nach Lust und Laune gepflückt werden – wir treiben es hierbei also ganz schön bunt. Achtet nur darauf, dass ihr keine zu zarten Pflänzchen verwendet, die schnell verwelken.

Zerbrecht euch nicht den Kopf, ob die Farben am Ende zusammenpassen – die Farben der Natur harmonieren immer. Ihr könnt euch auch für bestimmte Nuancen entscheiden – wie wir hier mit den Lilatönen.

Als zauberhaftes Mitbringsel wird dieser wilde Strauß euren Gastgebern und Beschenkten mit Sicherheit in Erinnerung bleiben.

PFLANZEN

Margerite
Frauenmantel
Labkraut
Leimkraut
Klappertopf
Wilde Möhre
Wiesen-Witwenblume
Wilder Phlox
Futter-Esparsette
Wilde Wicke

Technik: Strauß binden

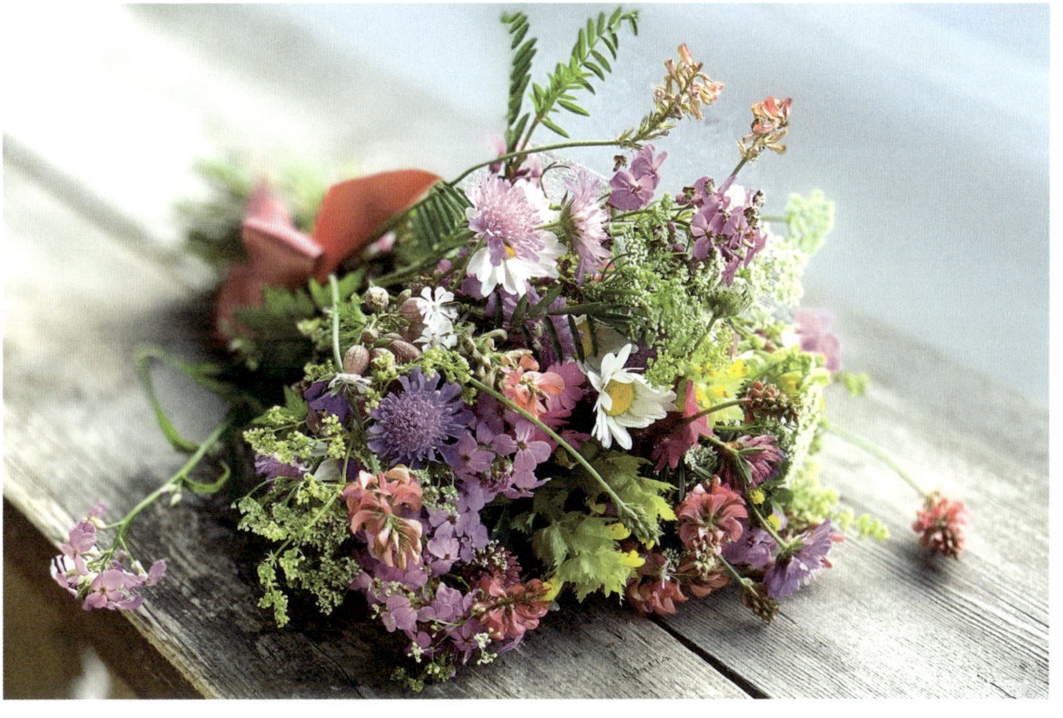

PFLANZEN

Hortensie
Frauenmantel
Salbei
Mutterkraut

Technik: Kranz binden

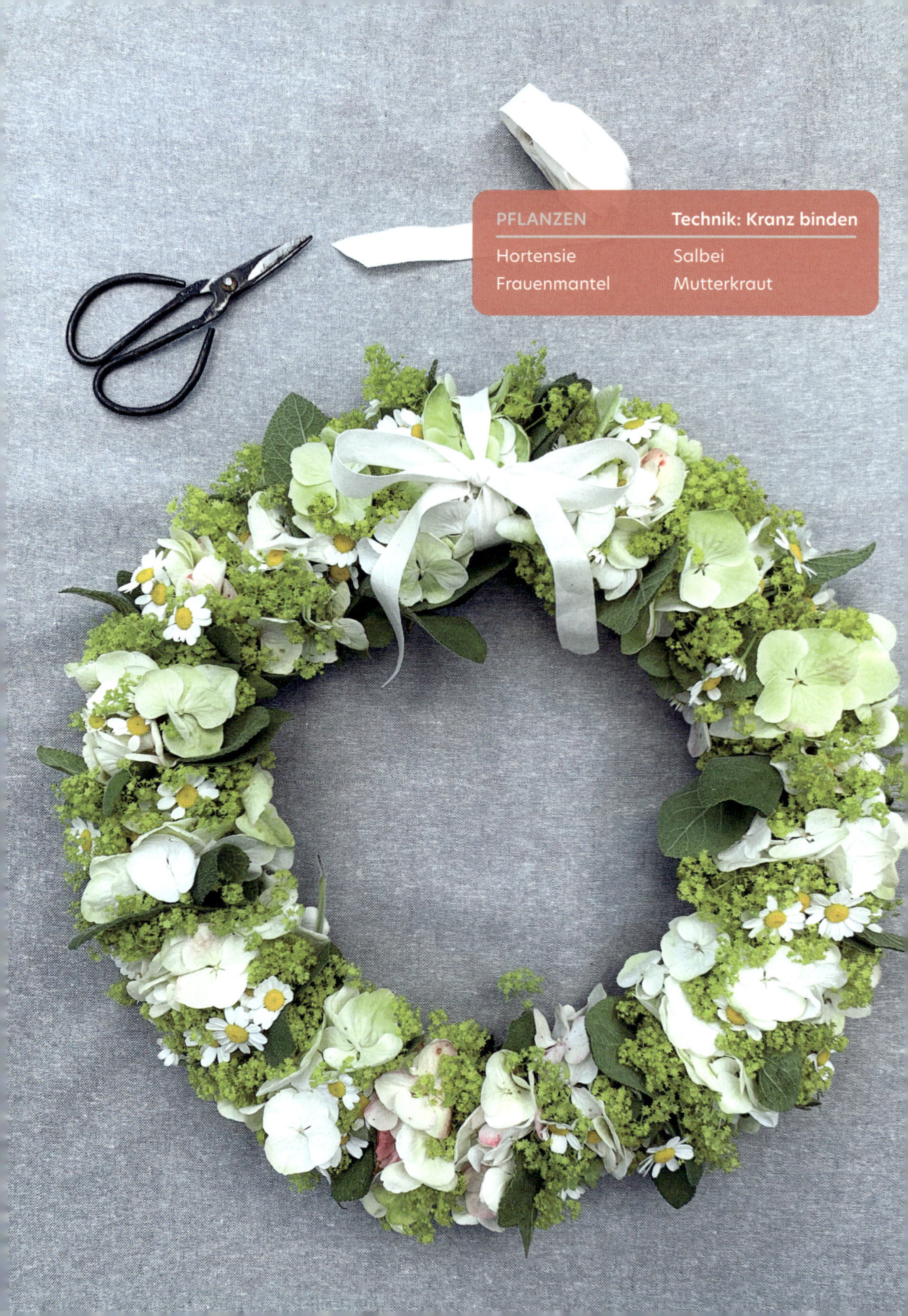

Der romantische Sommerkranz

ziert in eleganten Grüntönen

Achtung: Dieser edle Sommerkranz aus sanften Grüntönen ist eine vergängliche Schönheit – also kurz und heftig daran erfreuen.

Die Hortensie darf in diesem besonderen Sommerkranz nicht fehlen – wir haben uns hier ganz im Sinne der Farbwelt bewusst für die grüne Variante entschieden. Ihre Blüte verkörpert eine gewisse Sanft- und Zartheit. Wusstet ihr, dass die Hortensie für lange Zeit nur der oberen Bevölkerungsschicht vorenthalten war? Passend dazu steht sie für Schönheit, Pracht und auch für Eitelkeit. Die Edelblume kam Ende des 18. Jahrhunderts aus Asien zu uns nach Europa und hat sich – zum Glück – nach und nach in allen Bevölkerungsschichten durchgesetzt.

Der Salbei lockert den Kranz nicht nur optisch auf, sondern gibt ihm auch eine aromatische Note. Er ist nicht nur eine starke Gewürzpflanze, sondern auch ein richtiger Heiler. Schon zweimal wurde der Salbei zur Heilpflanze des Jahres gekürt. Somit heißt es wohl nicht umsonst: »Wer auf Salbei baut, den Tod kaum schaut.« Salbei ist ein Allrounder und kann uns sowohl bei Wehwehchen rund um den Magen-Darm-Trakt als auch bei grippalen Infekten und nervösen Zuständen helfen.

Die Blüten des Frauenmantels verleihen unserem Sommerkranz Fülle. Als kräftiges Heilkraut ist der Frauenmantel seit jeher geschätzt: Alchemisten sahen in den Tropfen seiner Blätter sogar himmlisches Wasser.

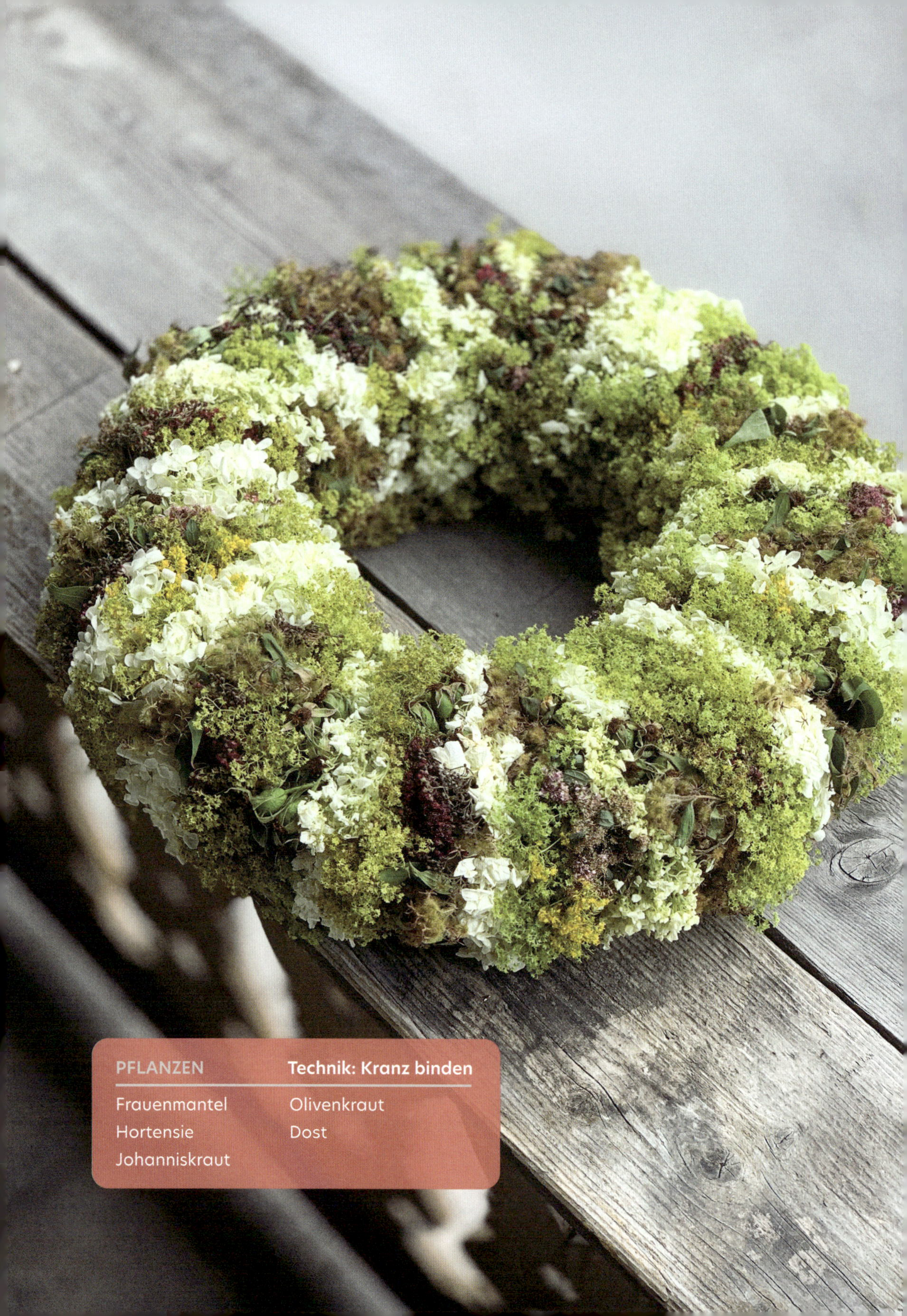

PFLANZEN	**Technik: Kranz binden**
Frauenmantel	Olivenkraut
Hortensie	Dost
Johanniskraut	

Der üppige Gartenkranz

bringt den Sommer vor die Haustür

Mit diesem Kranz sendet der Sommer seine duftenden Grüße. Und so betört das hübsche Stück nicht nur mit sanfter Schönheit, sondern auch mit wilden Aromen – sie strömen uns vor allem von dem nach Oliven duftenden Olivenkraut und Dost in die Nase.

Dost ist nicht nur ein wunderbares und vielseitiges Küchenkraut, sondern auch eine Heilpflanze. Im Mittelalter war er mit der wichtigen Aufgabe betraut, Krankheiten, Dämonen und böse Geister abzuwehren. Außerdem wird ihm nachgesagt, dass er die Menschen fröhlich und wohlgemut macht – wir können ihn also ruhig öfter um uns herum haben.

Den leichten Gelbton zaubert das Johanniskraut in den Kranz. In freier Natur tritt es in verschiedenen Varianten auf. Das echte Johanniskraut – mit Heilwirkung – erkennt man am besten an seinem roten Saft, der austritt, wenn man die gelben Blüten zwischen den Fingern verreibt. Beim Hauptanwendungsgebiet ist die rote Farbe Programm: Es ist die Blutstillung. Auch bei Verbrennungen ist ein Ölauszug aus Johanniskraut wunderbar – ebenso zum Einreiben von frischen Narben, damit sie wieder glatt werden. Johanniskraut speichert das Licht in sich und kann es uns weitergeben, die Blüten sehen selbst schon wie kleine Sonnen aus. Besonders bei leichter Depression und Nervosität wird heutzutage gerne Johanniskrauttee verordnet. Paracelsus schwor bereits im 17. Jahrhundert darauf. Bitte beachtet: Bei der Einnahme von Johanniskraut – selbst wenn ihr euch nur Tee daraus zubereitet – müsst ihr mit direkter Sonneneinstrahlung aufpassen. Johanniskraut und das Sonnenlicht wirken fotosensibel, und die Haut kann davon fleckig werden.

Frauenmantel hübscht diesen Kranz zusätzlich auf, und ihr könnt ihn aufgrund seines üppigen Vorkommens ruhig großzügig verwenden. Selten steht Frauenmantel im Mittelpunkt, er hilft lieber dabei, dass andere Pflanzen groß rauskommen.

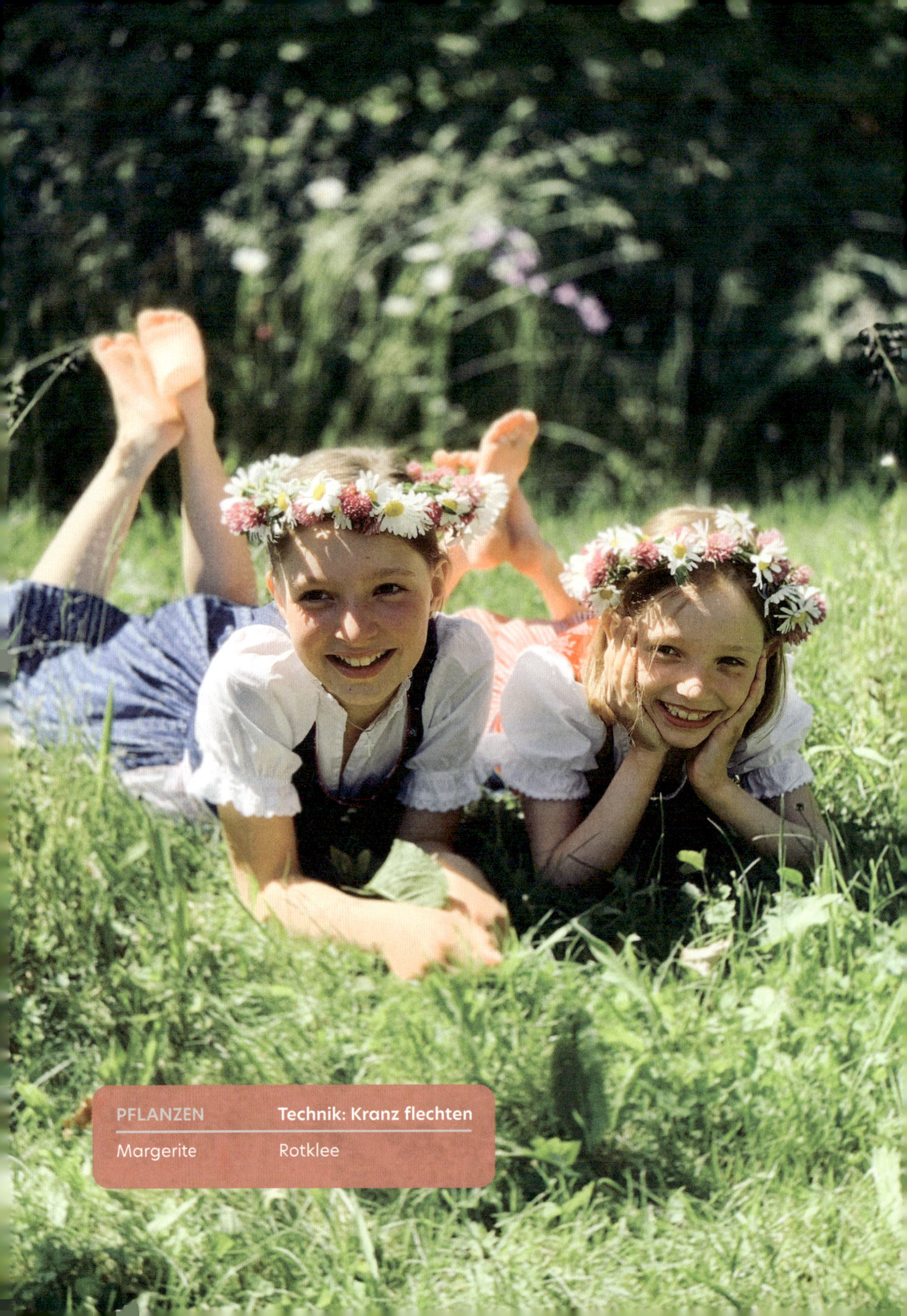

PFLANZEN	**Technik: Kranz flechten**
Margerite	Rotklee

Das Margeriten-kranzerl

schmückt kleine und große Madln

Oh, wie schön blüht die Margerite auf unseren Wiesen – und eignet sich mit ihren langen Stängeln noch dazu hervorragend für unseren Naturschmuck. Sie wird auch als große Schwester des Gänseblümchens bezeichnet und ist vor allem für geflochtene Haarkränze sowohl bei kleinen als auch großen Damen sehr beliebt.

Doch Vorsicht, wer ein Margeritenkranzerl trägt, signalisiert seinem Verehrer: »Ich muss noch überlegen, ob ich will oder nicht.« So war es zumindest im Mittelalter, wenn ein höfliches Burgfräulein dem sie umwerbenden Ritter durch die Blume wissen lassen wollte, dass sie noch unschlüssig sei.

Die Margerite blüht von Mai bis zum ersten Frost. Sie ist eine sehr unkomplizierte Blütenpracht, wendet sich fortwährend der Sonne entgegen und wächst mit bewundernswerter Ausdauer auf unseren Wiesen. Sucht euch eine Stelle am Wiesenrand, an der es genügend Blüten gibt, die ihr pflücken könnt, ohne die schöne Blumenwiese zu zertrampeln. Die Stiele – die möglichst weit unten gepflückt werden sollten – könnt ihr direkt mit der Hand abreißen oder euch mit einer Gartenschere behelfen. Wichtig ist, dass eure Sammelstelle anschließend nicht wie kahl geschoren aussieht, also nie den gesamten Bestand entnehmen.

Mit ins Haarkranzerl kommt auch der Rotklee – eine mächtige Heilpflanze, die die weibliche Hormonwelt balanciert und Schleimhäute und Verdauungsorgane unterstützt. Noch dazu ist er ein Glückssymbol – also Grund genug, ihn erhobenen Hauptes im Haar zu tragen.

Kranz flechten

DAS WIRD BENÖTIGT:

Pflanzenmaterial

Garn

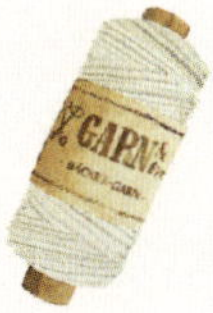

SO WIRD'S GEMACHT:

Vorbereitung ist alles! Die Pflanzen am besten auf einem großen Tisch verteilen und nach Sorte ordnen. Vorerst ist es nicht nötig, die Stiele zu kürzen.

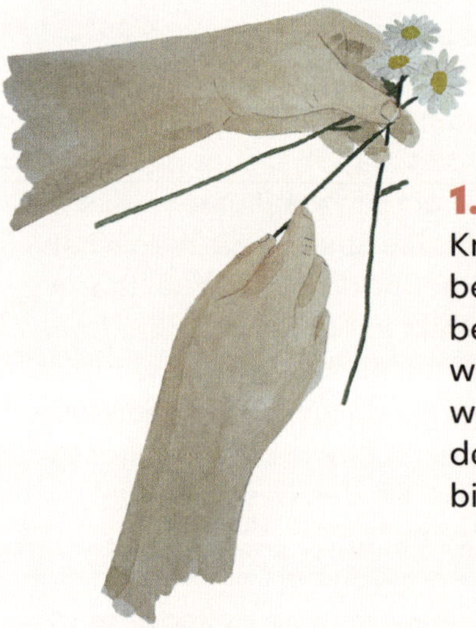

1. Die drei längsten Margeriten raussuchen und über Kreuz legen. Die drei Blütenköpfe sollten dabei eng beieinanderliegen. Nun mit den Stielen zu flechten beginnen. Geflechtet wird auf die klassische Art – wie bei einem Hefezopf oder der Haarfrisur. Dafür werden die äußeren Stiele jeweils abwechselnd über den mittleren gelegt. Diesen Vorgang in etwa drei- bis viermal wiederholen.

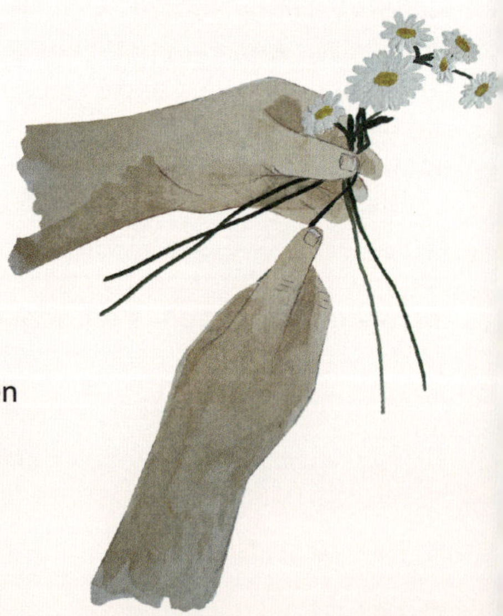

2. Nun eine weitere Margerite in die Pflanzenschlange integrieren. Hierfür die neue Pflanze mit dem Stiel durch die oberste Flechtöffnung fädeln, bis der Blütenkopf eng am Pflanzenband anliegt. Auf dieselbe Weise weiterflechten – mit dem kleinen Unterschied, dass einer der drei Stränge nun aus zwei Stielen besteht. Dann wieder eine Blüte dazunehmen. Die neu dazukommenden Stängel teilt ihr immer gleichmäßig auf die drei Hauptstränge auf.

3. Auf diese Weise könnt ihr nun bis zur gewünschten Länge arbeiten. Mit jeder Margerite, die eingeflochten wird, wird der Kranz länger und auch stabiler.

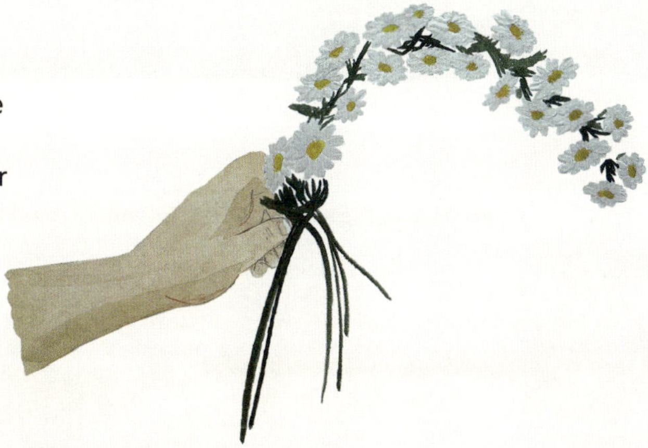

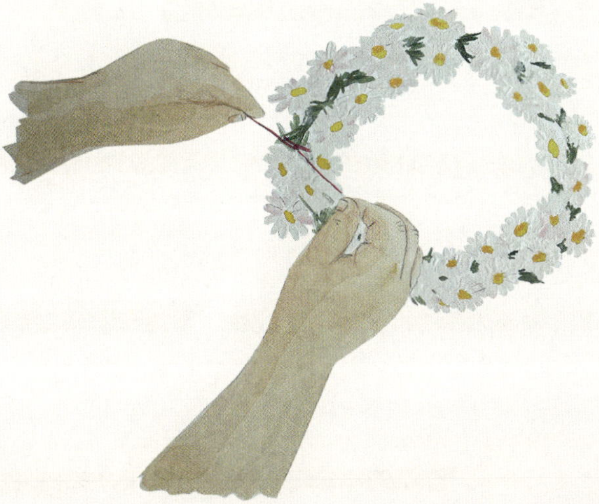

4. Zu guter Letzt das Endstück der Pflanzenkette mit dem Anfangsteil verbinden. Hierfür kann Garn oder auch ein weiterer Stiel verwendet werden.

5. Bestaunen und freuen.

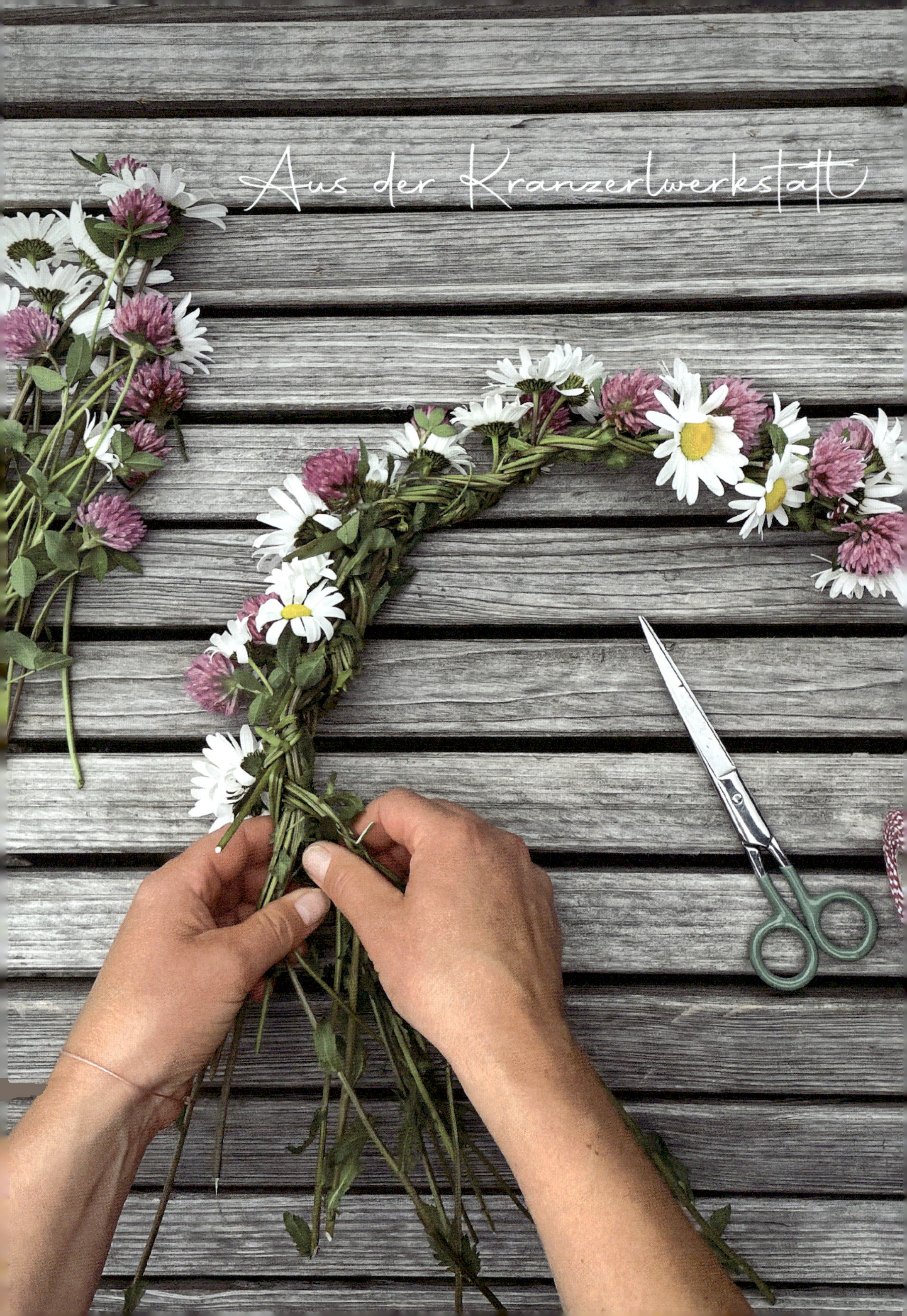
Aus der Kranzerlwerkstatt

Der farbenfrohe Dahlienkranz

steckt voller *flower power*

In unserem Dahlienkranz fangen wir die Blütenvielfalt und Farbenpracht des Sommers ein – eine Ode an die bunte Jahreszeit und ein liebevolles Geschenk.

Aber wusstet ihr, dass die Dahlie auch in der Küche verzaubern kann? Die Azteken nutzten den Knollensaft gegen sämtliche Magen-Darm-Beschwerden und bei Knochenbrüchen. Die stärkehaltige Knolle selbst ist ebenso essbar und kann wie eine Kartoffel verwendet werden – sie wirkt antibiotisch, stärkt unser Herz und unsere Gesamtkonstitution.

PFLANZEN

Dahlie

Kugeldistel

Efeu

Rosmarin

Fette Henne

Eichel

Fruchtstand des Johanniskraut

Frucht des Kirschlorbeer

Technik: Kranz stecken

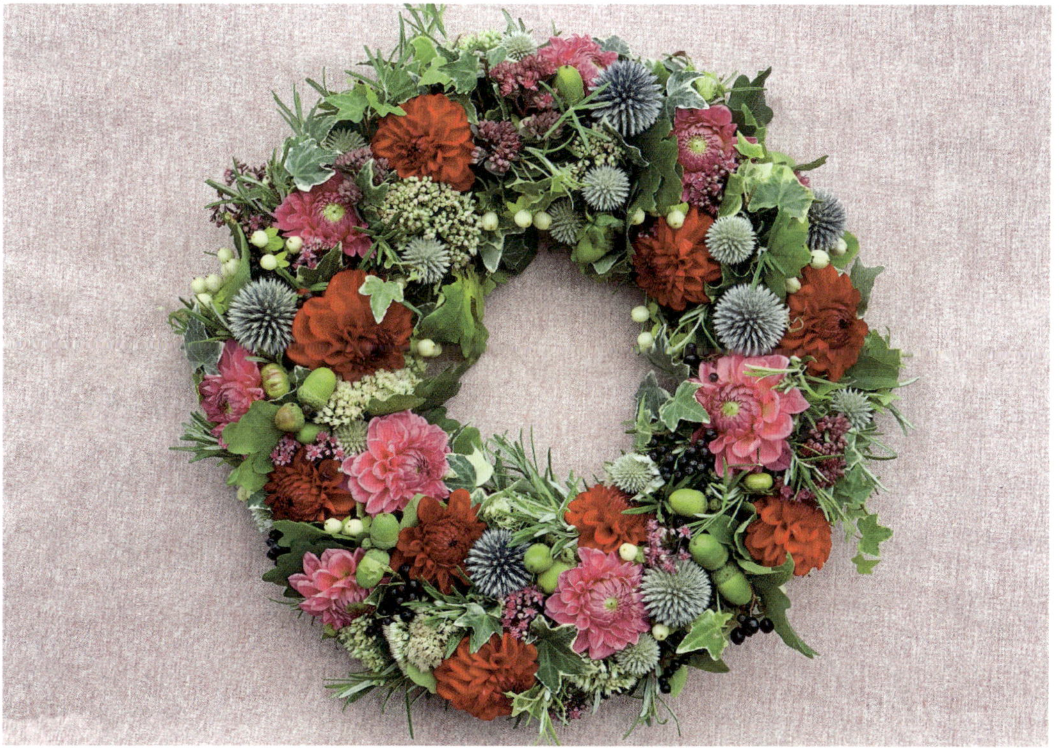

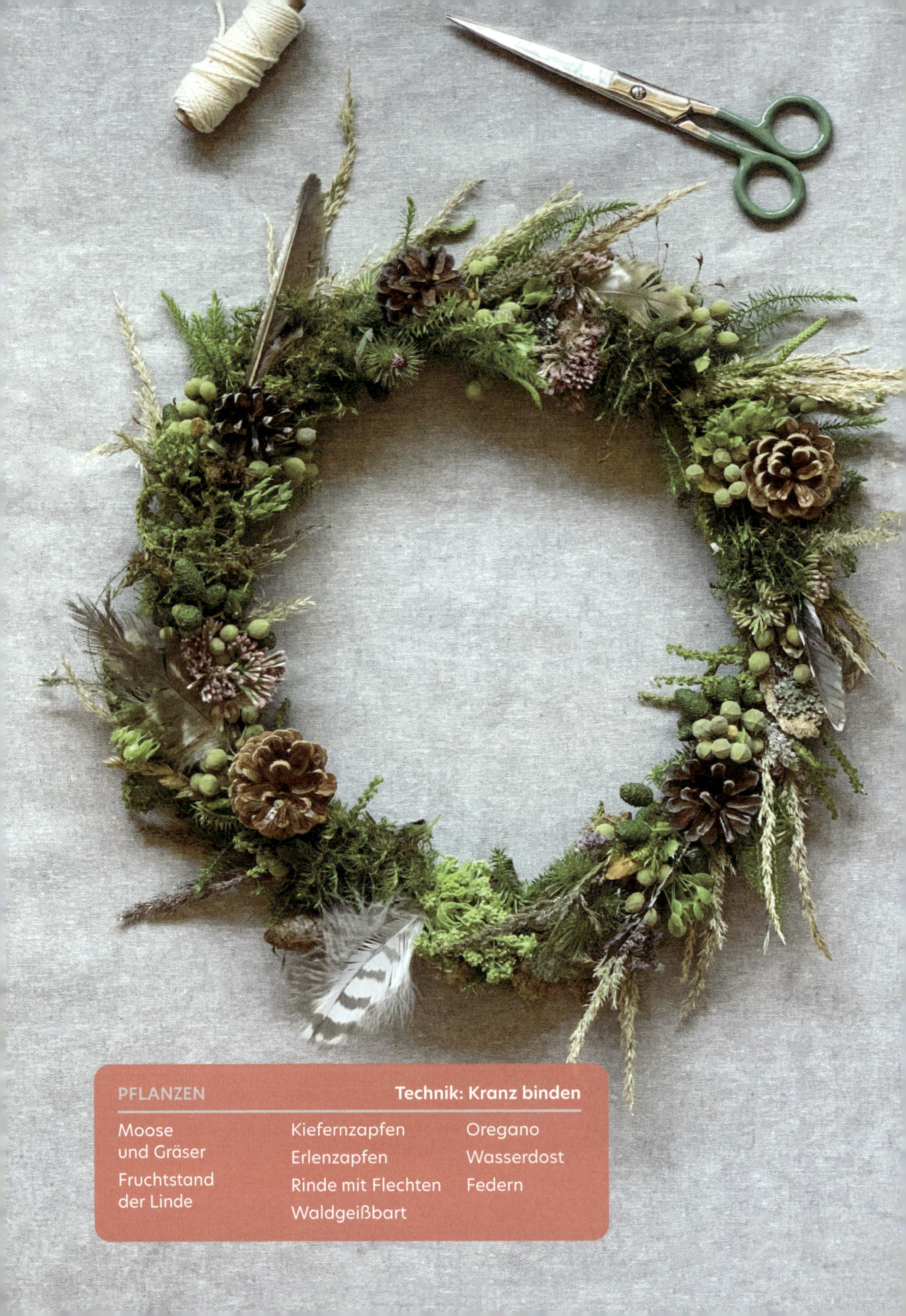

PFLANZEN

Technik: Kranz binden

Moose und Gräser	Kiefernzapfen	Oregano
Fruchtstand der Linde	Erlenzapfen	Wasserdost
	Rinde mit Flechten	Federn
	Waldgeißbart	

Das Waldkranzerl

zeigt, was der Wald zu bieten hat

Für unser zauberhaftes Waldkranzerl nehmen wir den Wald beim nächsten Spaziergang ganz einfach mit nach Hause. Ihr werdet begeistert sein, was dort alles zu finden ist, wenn man mit offenen Augen und geschärften Sinnen durchspaziert.

Die Linde wird gerne als weich, wohlwollend und anmutig beschrieben. In der Blumensprache vermittelt sie: »Ruhe sanft, träume süß und denk an mich!« Der Lindenbaum steht auch für Gerechtigkeit, Liebe, Frieden und Heimat. Als Ort der Gemeinschaft wird unter ihm seit jeher getanzt und gefeiert. Noch heute lässt sich der ein oder andere Lindenbaum im Zentrum eines traditionellen Gastgartens finden. Auch wichtige Entscheidungen wurden bereits unter ihm getroffen und über das wahre Wesen der Liebe sinniert.

Wenn ihr Glück habt, findet ihr bestimmt auch ein paar Federn, die ihr in das fertige Kranzerl stecken könnt – und die die verwunschene Seite des Waldes miteinbringen: Seit Jahrtausenden sind Federn in Legenden ein gern verwendetes Motiv und werden als Boten aus dem Jenseits gedeutet. Es heißt, wenn man eine Feder findet, ist das ein Zeichen, dass einen die Engel begleiten. Bei den indigenen Völkern Amerikas galten große Federn als Zeichen für Stärke, Mut und Tapferkeit. Der Federkiel symbolisiert bis heute Weisheit, Kreativität und Intellektualität – selbst wenn moderne Metallfedern ihn längst abgelöst haben. Auch für Leichtigkeit und Freiheit steht die Feder – und verleiht unserem Waldkranzerl zusammen mit den feinen Gräsern einen lässigen und natürlichen Look.

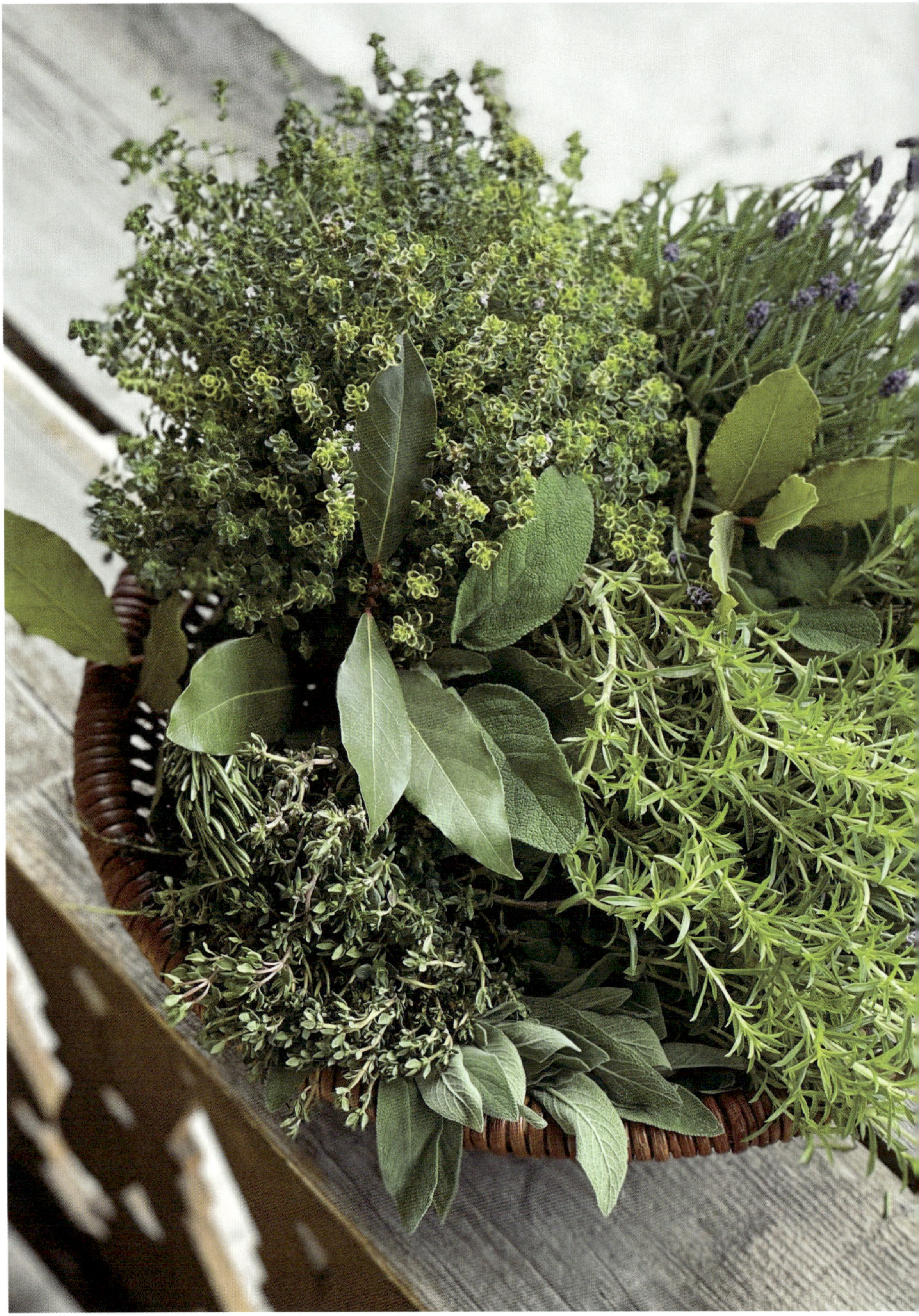

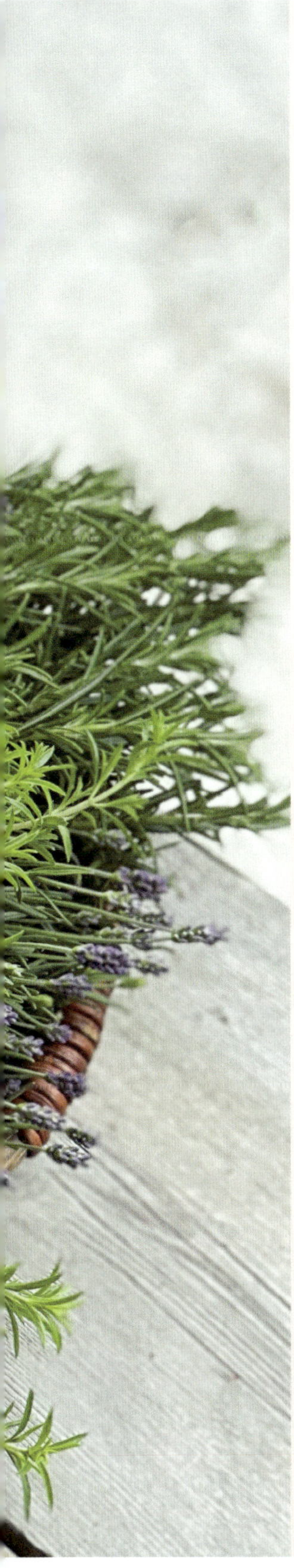

Kräuterzeit

»Düfte sind wie Seelen der Blumen; man kann sie fühlen, selbst im Reich der Schatten.«

Joseph Joubert

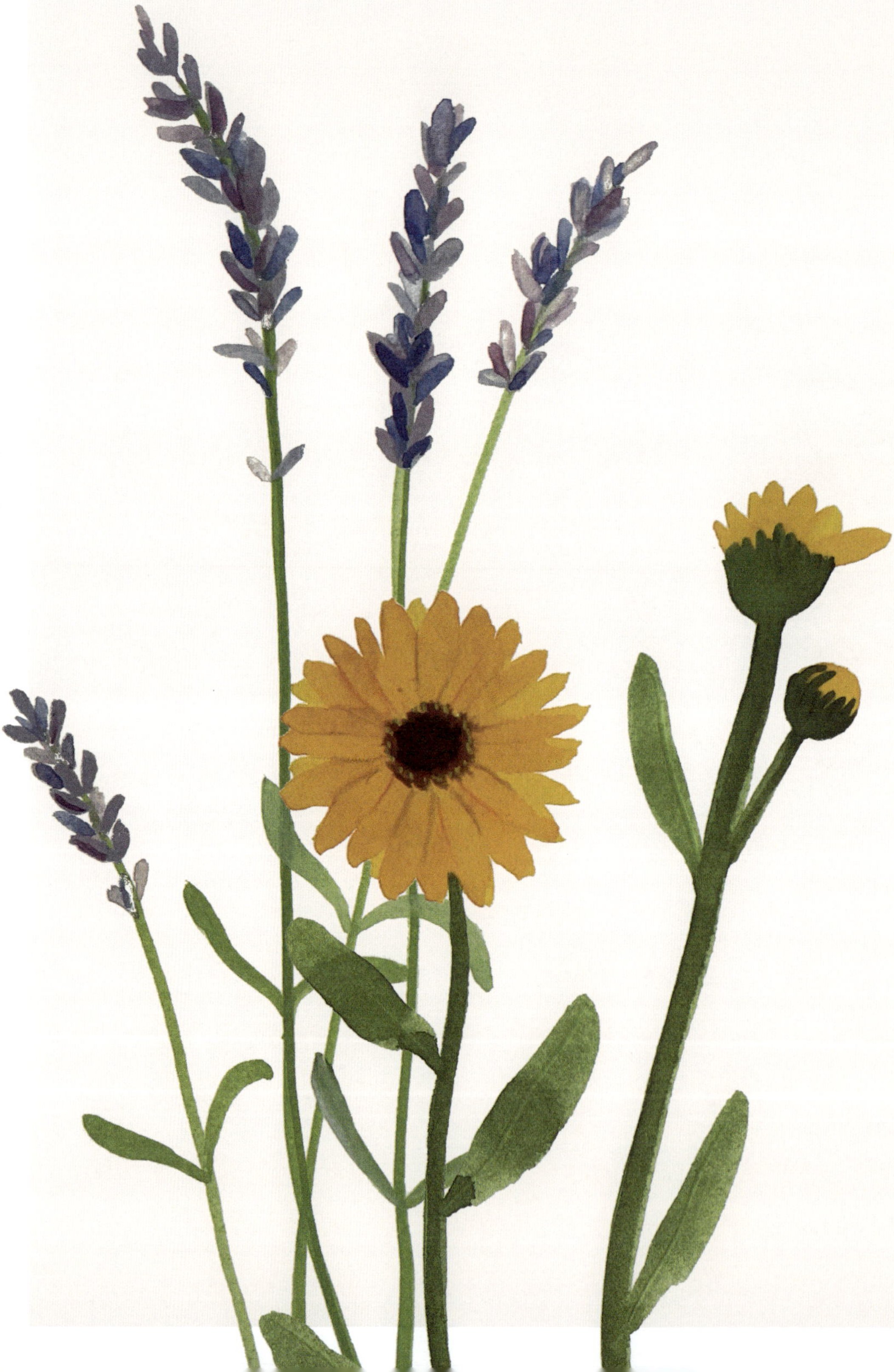

Aromatische Kräuter sorgen für einen duftenden Empfang

Kräuter sind wahre Allroundtalente: Sie duften, peppen unsere Küche geschmacklich auf, tun unserer Gesundheit Gutes und eignen sich hervorragend für unseren Naturschmuck.

Kräuter sind zum Teil in freier Natur zu finden, können sehr gut im eigenen Garten oder am Balkon angebaut oder auch in der örtlichen Gärtnerei als Topfpflanzen erworben werden. Die Ernte ist das ganze Jahr über möglich – außer wenn Schnee liegt.

Für uns persönlich ist es ein riesengroßes Glücksempfinden, Wildkräuter zu sammeln. Die Aromen bezaubern unsere Sinne, und die Ideen, die während der Suche entstehen, sind jedes Mal aufs Neue eine Wohltat, von der wir nicht genug haben können. Lasst euch auf unsere bunte Kräuterwelt ein und von ihr inspirieren.

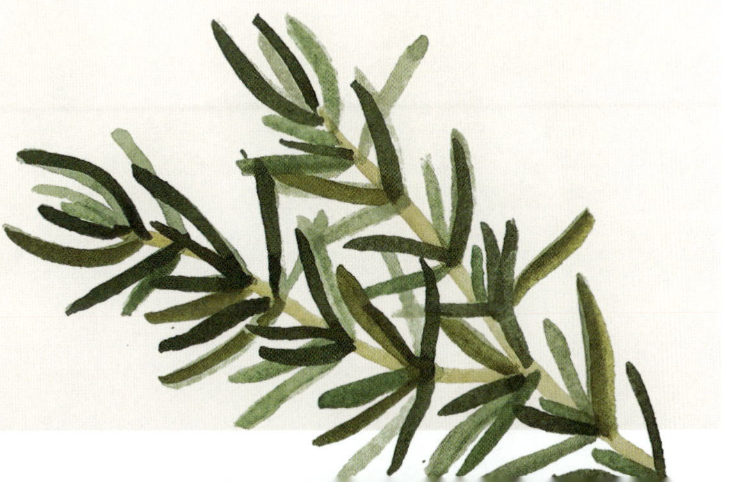

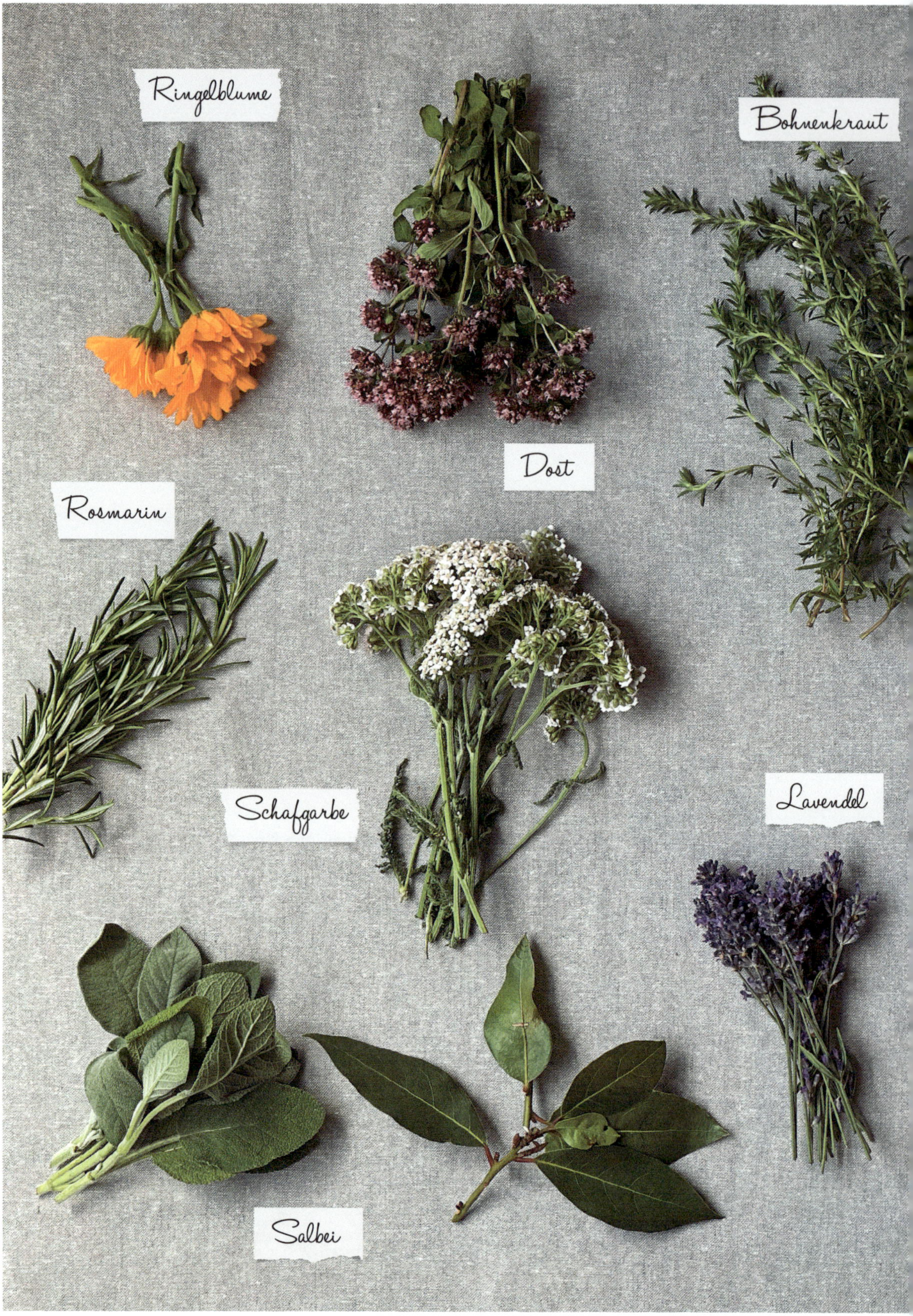
Ringelblume
Dost
Bohnenkraut
Rosmarin
Schafgarbe
Lavendel
Salbei

Kräuterzeit

auf einen Blick

SALBEI

Salbei gehört zur Familie der Lippenblütler und kann wunderbar im Beet oder im Topf gezogen werden. Er ist sehr robust und hält sich ohne große Pflege, selbst den Winter sollte er überstehen. Salbei gibt es auch in wilder Form an Weg- und Feldrändern, bekannt als Wiesensalbei – hier finden wir ihn zwischen April und September. Die Blütezeit ist von Juni bis August. Für unsere Basteleien verwenden wir den Gartensalbei.

ROSMARIN

Wird dem Rosmarinstock ein gutes Winterquartier zur Verfügung gestellt, kann man bei wenig Pflege viele Jahre Freude an ihm haben und zusehen, wie er immer größer wird. Ihm kann es nicht heiß genug sein, seine verholzten Zweige halten Hitze und Trockenheit gut Stand. Nicht umsonst verbinden viele Urlaub und Sonnenschein mit Rosmarin, denn ursprünglich stammt er aus dem Mittelmeerraum. Das duftende Kraut darf in keiner Küche fehlen. Es macht jede Speise aromatisch unverkennbar und verbreitet typisch mediterranes Flair.

RINGELBLUME

Die Ringelblume wurde früher als Totenblume bezeichnet – und so wurde sie eher am Grab als im Garten angesetzt. Heute denkt kaum noch jemand an diese Zuweisung zurück. Vor allem zu ihrer Blütezeit von Juni bis Oktober ist sie in vielen Gärten ein gern gesehener Gast. Bekannt ist sie für ihre krampflösende, regenerierende und wundheilende Wirkung.

DOST

Dost hat in der Pflanzenwelt mehrere gängige Namen: wilder Majoran, Wohlgemut oder Oregano. Die Kulturpflanze hat keine großen Ansprüche, und einmal angebaut, kann man sich mehrere Jahre an ihr erfreuen. Sie blüht von Juli bis September.

SCHAFGARBE

Die Heilpflanze Schafgarbe kommt sehr häufig bei uns vor, und wir finden sie sowohl auf mageren als auch auf fetten Wiesen. Sie hat es gerne sonnig und blüht von Juni bis September. Keltische Druiden nutzten sie, um das Wetter vorherzusagen.

LAVENDEL

Bereits die alten Griechen und Römer waren sich der beruhigenden Wirkung des Lavendels bewusst. Sie gaben die aromatischen Blüten in warmes Badewasser und genossen das duftende Bad. Im 8. Jahrhundert kam der Lavendel von seiner mediterranen Heimat auch in unsere Breitengrade und fand seinen Weg in Kloster- und Bauerngärten.

BOHNENKRAUT

Bohnenkraut stammt ursprünglich aus Südeuropa und wurde bei uns ab dem 9. Jahrhundert von Mönchen angebaut. Nach wie vor wird das Kraut hauptsächlich in Gärten kultiviert, mit etwas Glück ist es aber auch in verwilderter Form anzutreffen.

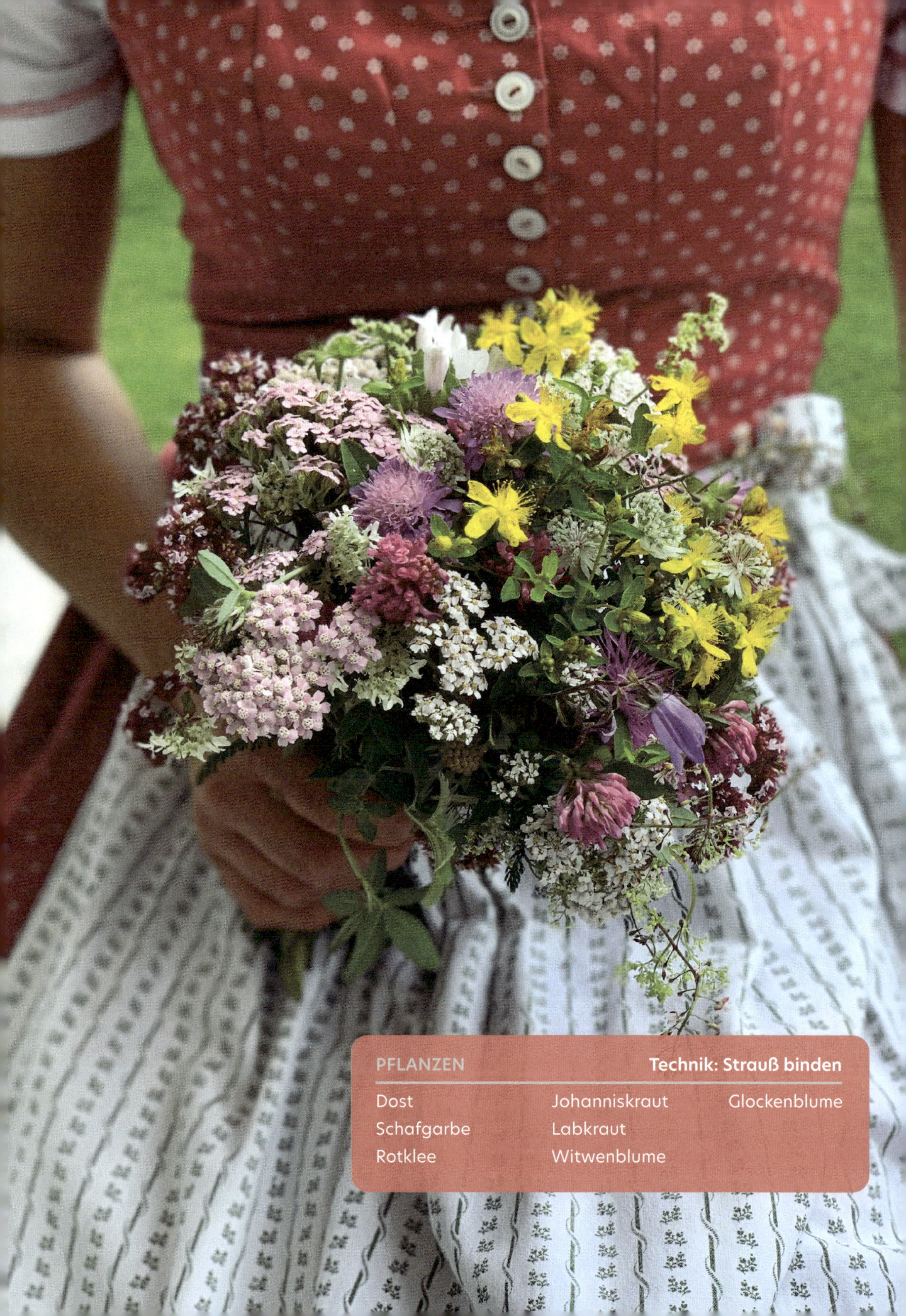

PFLANZEN

Technik: Strauß binden

Dost
Schafgarbe
Rotklee
Johanniskraut
Labkraut
Witwenblume
Glockenblume

Das Aromabündel

spricht mit allen Sinnen

Kräuter sehen nicht nur hübsch aus, sondern duften auch unvergleichbar nach verschiedenen Aromen – ein Strauß, der gleich mehrere Sinne betört. Wusstet ihr, dass ihr es hier mit echten Heilkräutern zu tun habt? Neben dem Basteln könnt ihr euch aus Dost, Schafgarbe, Rotklee, Johanniskraut und Labkraut also getrost eine Tasse Tee zubereiten.

Besonders die Schafgarbe ist nicht nur eine Dekokönigin, sondern eine unserer mächtigsten Heilpflanzen. Mit ihrer wollig-weißen Blüte und den Tausenden fein gefiederten Blättern ist sie vor allem bei genauerem Hinsehen eine absolute Schönheit. Die Pflanze wird auch als »Göttin der Liebe« bezeichnet, ihre filigranen, in Form einer Augenbraue geschwungenen Blätter als »Augenbraue der Venus«. Und weil die Venus für die Frau steht, ist es nur schlüssig, dass die Schafgarbe vor allem in der Frauenheilkunde große Erfolge feiert. Sie wird auch als »Heil aller Welt« bezeichnet und wirkt ausgleichend auf ein zu viel und ein zu wenig. Sie hilft uns dabei, wieder in Balance zu kommen. Was viele nicht wissen: Mit ein paar Tropfen ätherischen Schafgarbenöls in der Duftlampe kann die harmonisierende Wirkung der Heilpflanze genossen werden. Achtet beim Sammeln der Schafgarbe darauf, dass ihr sie mit einer Schere abschneidet, denn der holzig-zähe Stiel lässt sich nicht leicht brechen. Wenn wir das versuchen, haben wir leicht die Wurzel in der Hand, und die wollen wir ja schließlich in der Erde lassen.

Mit den Blüten des Dosts schmückten sich im antiken Griechenland junge Verliebte. Das aromatische Kraut wurde von antiken Priestern gerne geräuchert und zum »besten Freund der Nerven« gekürt, da es für Harmonie und Ausgleich sorgt.

Zur Zierde haben wir noch Witwenblume und Glockenblume zu unserem Aromabündel dazugegeben. Die Glockenblume fragt in der Blumensprache: »Um welche Stunde darf ich dich heute besuchen?« Man sagt ihr auch nach, dass sie ein besonderer Trostspender sei.

PFLANZEN	**Technik: Kranz binden**
Bohnenkraut	Olivenkraut
Salbei	Kornblume

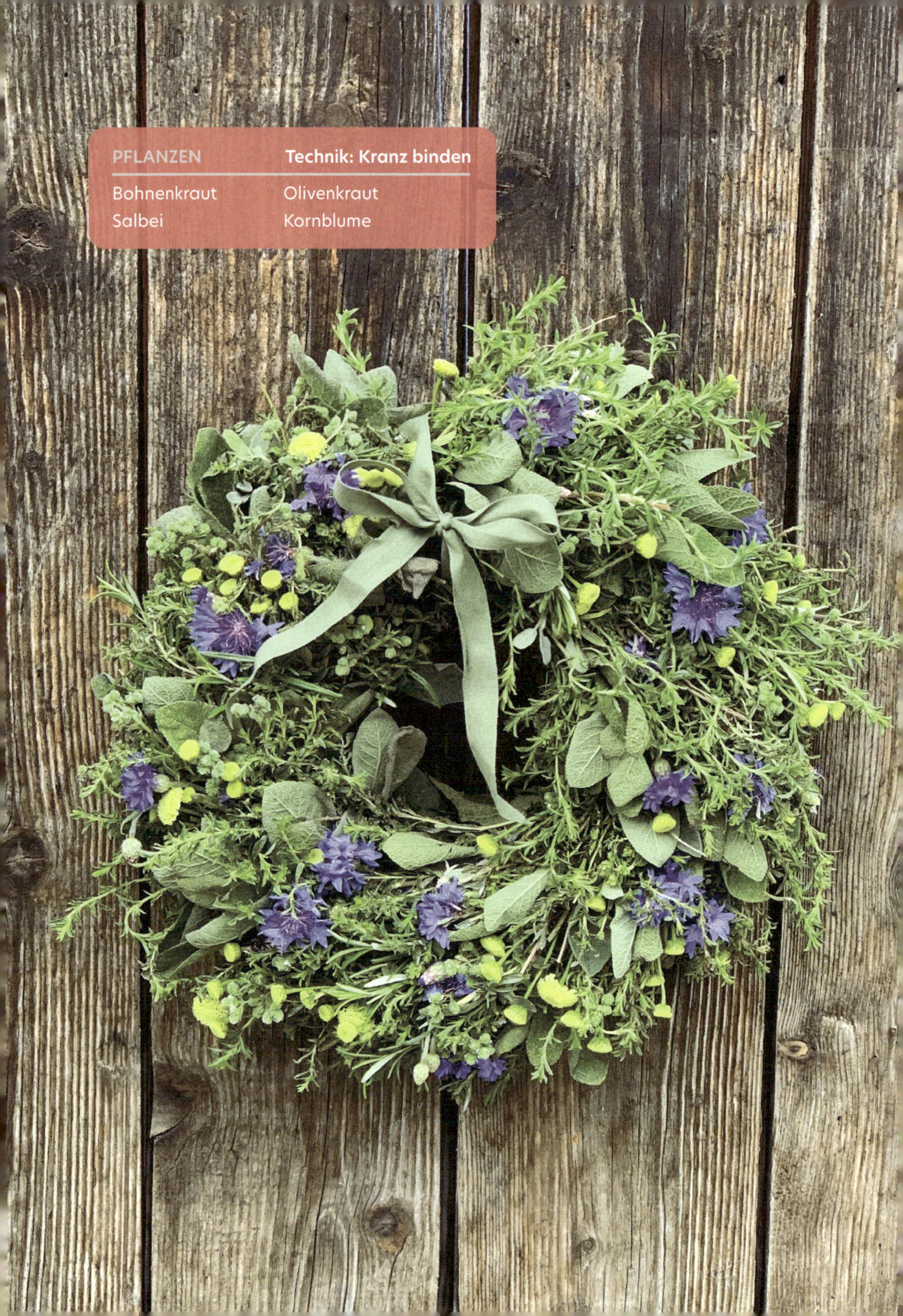

Der würzige Kräuterkranz

präsentiert Kräuter mal anders

Unser würziger Kräuterkranz besteht nur aus vier Zutaten, die alle zum Würzen in der Küche verwendet werden können. Bohnenkraut riecht nicht nur gut, sondern ist vor allem ein Klassiker im Gewürzschrank und vermag durch seine ätherischen Öle, sagenhafte Heilwirkungen zu vollbringen. Frisch oder getrocknet, darf das Bohnenkraut in keiner Gemüsesuppe fehlen, ist gut für den Magen-Darm-Trakt und unsere Haut, hilft bei Kopfschmerzen und Schlafproblemen und wirkt ganz nebenbei auch noch aphrodisierend. Die alten Griechen schworen auf Bergbohnenkraut und bezeichneten es als »Glückspflanze«.

Salbei ist eine starke Würz- und Heilpflanze mit Weltenbummler-Charakter. Wir finden das aromatische Kraut beinahe über den gesamten Globus verteilt, in ungefähr 900 verschiedenen Unterarten. Zu mediterranen Gerichten passt der Salbei wohl deshalb so gut, weil er ursprünglich aus dem Mittelmeerraum stammt. In unseren Kranz zaubert er wunderbaren südländischen Duft.

Das wärmeliebende Olivenkraut hat seinen Namen nicht umsonst, denn sein Aroma erinnert an eingelegte Oliven. Der Geruch ist so stark, dass das getrocknete Kraut sogar gegen Motten im Kleiderschrank hilft. Die hellgrünen knospenartigen Blüten bringen etwas Verspieltheit in den Kranz und spitzeln frech hervor.

Die Kornblume leuchtet himmelblau und ist eine absolute Schönheit. Die volle Blüte trägt sie zwischen Mai und August, ihr Duft wird mit zunehmender Blüte immer intensiver und lieblicher. Sie steht für Liebe, Treue und Hoffnung auf ein Leben nach dem Tod. In der Blumensprache vermittelt sie: »Ich gebe die Hoffnung nicht auf!«

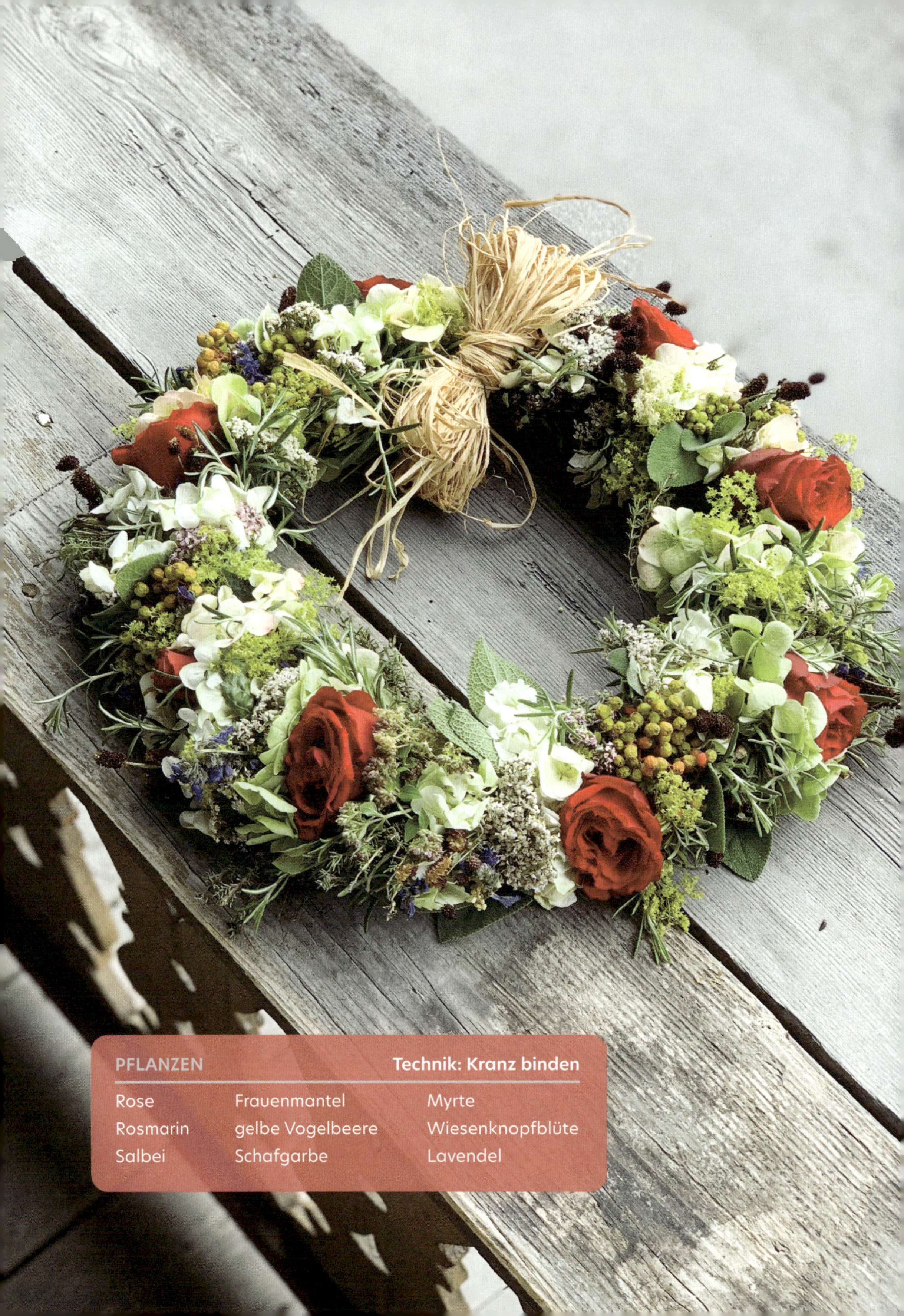

PFLANZEN		Technik: Kranz binden
Rose	Frauenmantel	Myrte
Rosmarin	gelbe Vogelbeere	Wiesenknopfblüte
Salbei	Schafgarbe	Lavendel

Die Rosen-Rosmarin-Liaison

verbindet, was zusammengehört

Rosen und Rosmarin: Die Protagonisten in diesem romantischen Kranz ergeben ein Duett, das nicht nur im Namensklang harmoniert. Unangefochten hält die Rose ihre Stellung als Königin der Blumen in der Pflanzenwelt. Die rote Rose natürlich ganz besonders: Sie steht für die Liebe und die Leidenschaft – wer rote Rosen bekommt, empfängt eine eindeutige Botschaft, die nicht falsch gedeutet werden kann. Wem es die Rose ebenso angetan hat wie uns, kann auf Seite 181 mehr über sie erfahren.

Der Rosmarin blickt auf eine geschichtsträchtige Vergangenheit zurück. Stellt euch vor: Um den Geist zu beflügeln, flochten sich Gelehrte im antiken Griechenland Rosmarin ins Haar und rieben sich die Stirn mit dessen Pflanzenöl ein. Ihm wird auch nachgesagt, dass er ein Muntermacher ist und bei sehr niedrigem Blutdruck zu mehr Power verhilft. Neben vielen weiteren Heilkräften wirkt der Rosmarin aphrodisierend und stimmungsaufhellend. Es heißt, im Rosmarin würden sowohl Venus als auch Saturn wirken, und so steht er nicht nur für die Liebe, sondern auch für den Tod. Das erklärt, wie es sein kann, dass Rosmarin gerne bei Hochzeiten zum Einsatz kam und gleichzeitig auch als letzter Gruß mit ins Grab gelegt wurde.

Kurzum: Rose und Rosmarin ergänzen sich in jeglicher Hinsicht und vermitteln eine Liebesbotschaft, die kaum zu übertreffen ist.

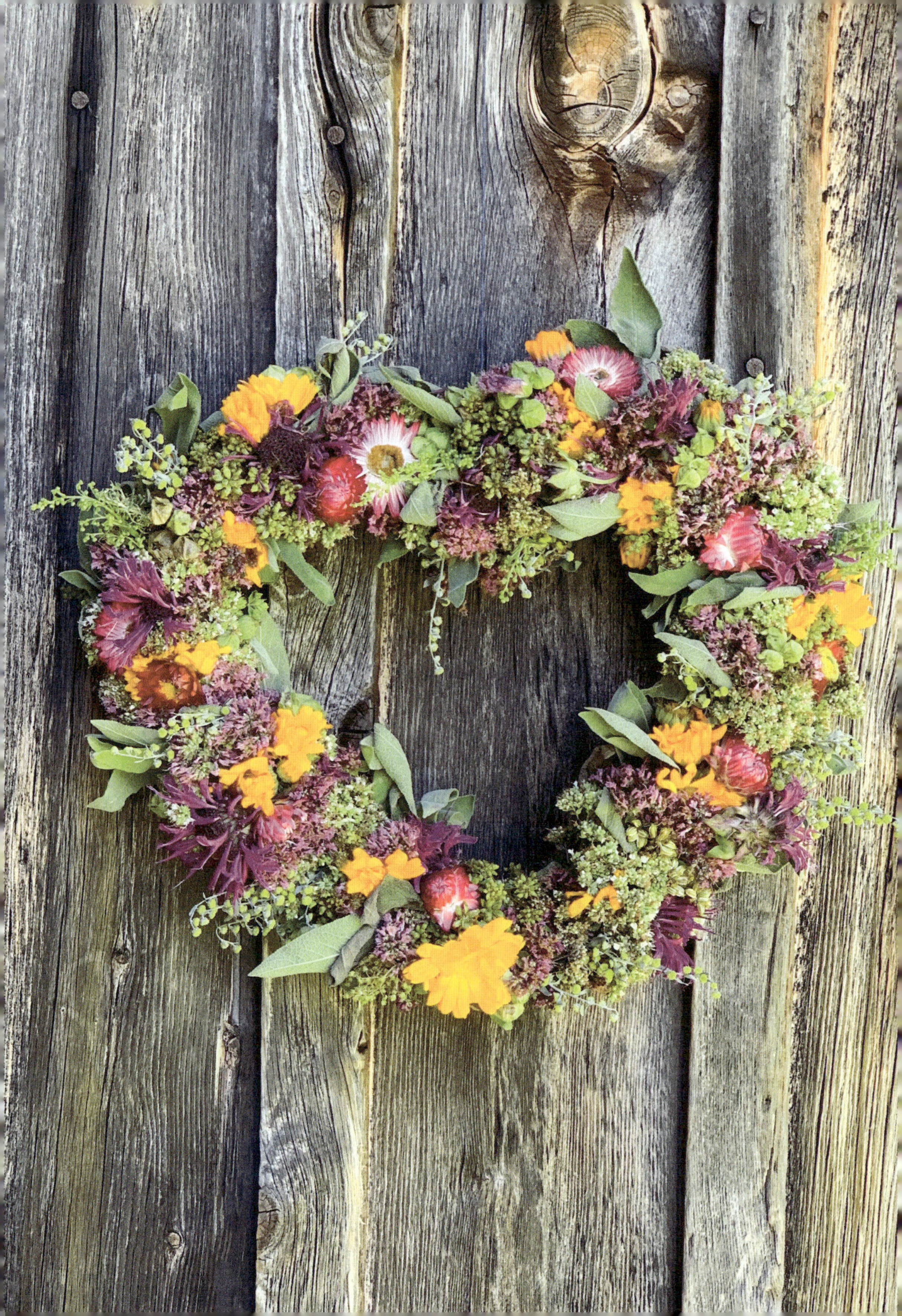

Das Kräuterherz

drückt besondere Zuneigung aus

Das Kräuterherz duftet nicht nur verführerisch, sondern ist ein wahrer Augenschmaus. Den Blickfang verbucht die gelb-orange Ringelblume für sich – ihre strahlenförmigen Blütenblätter, die oft mit der Sonne in Verbindung gesetzt werden, vermitteln Zuversicht und Wärme. Kein Wunder, dass das Kraut deshalb auch für ewiges Leben und göttliches Heil steht. In der Blumensprache signalisiert die Ringelblume: »Kommt Zeit, kommt Rat!«

Die Strohblume steht mit ihren dauerhaften Blütenständen für die Unsterblichkeit. In unserem Kräuterherz ist sie in kräftigem Pink vertreten – gepaart mit dem Orange der Ringelblume ein knalliges Wagnis. Die Kombination bestätigt: Was sich in der Modewelt erst nach und nach zum Trend entwickelt, hat die Natur schon lange erfunden.

Auch Beifuß ist hier mit von der Partie und sagt in der Blumensprache: »Bleib mir mit deiner Liebe zugetan!« – eine Botschaft, über die sich nicht nur der Partner freut, sondern auch Familienmitglieder und Freunde.

PFLANZEN

Dost
Ringelblume
Strohblume
Goldmelisse
Salbei
Beifuß
Samenstände von der Petersilie und der Malve

Technik: Kranz binden, Rohling in Herzform

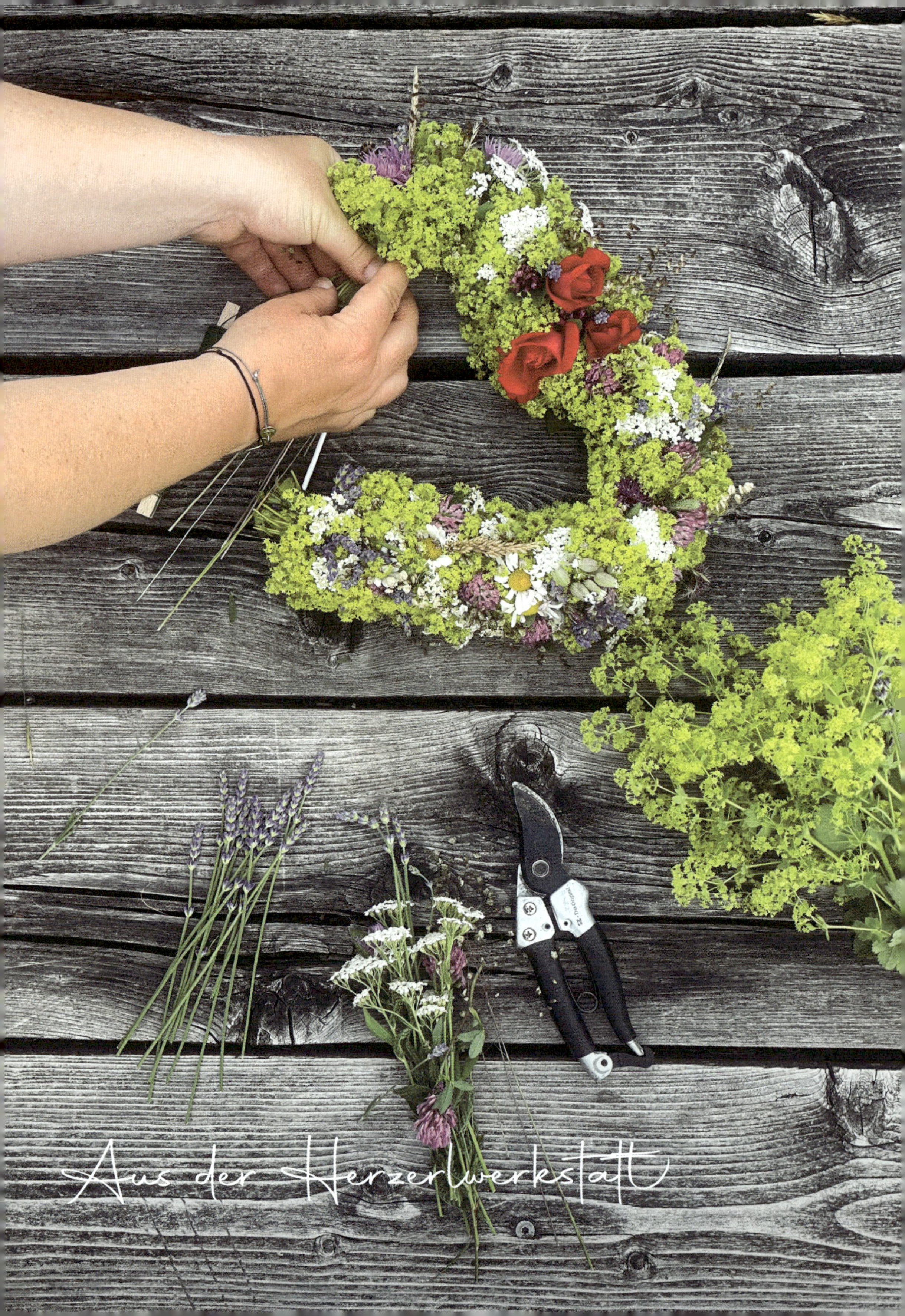
Aus der Herzerlwerkstatt

Der Küchenkräuterkranz

duftet und schmeckt

PFLANZEN

Rosmarin
Salbei
Thymian
Lorbeer
Lavendel

Technik: Kranz binden

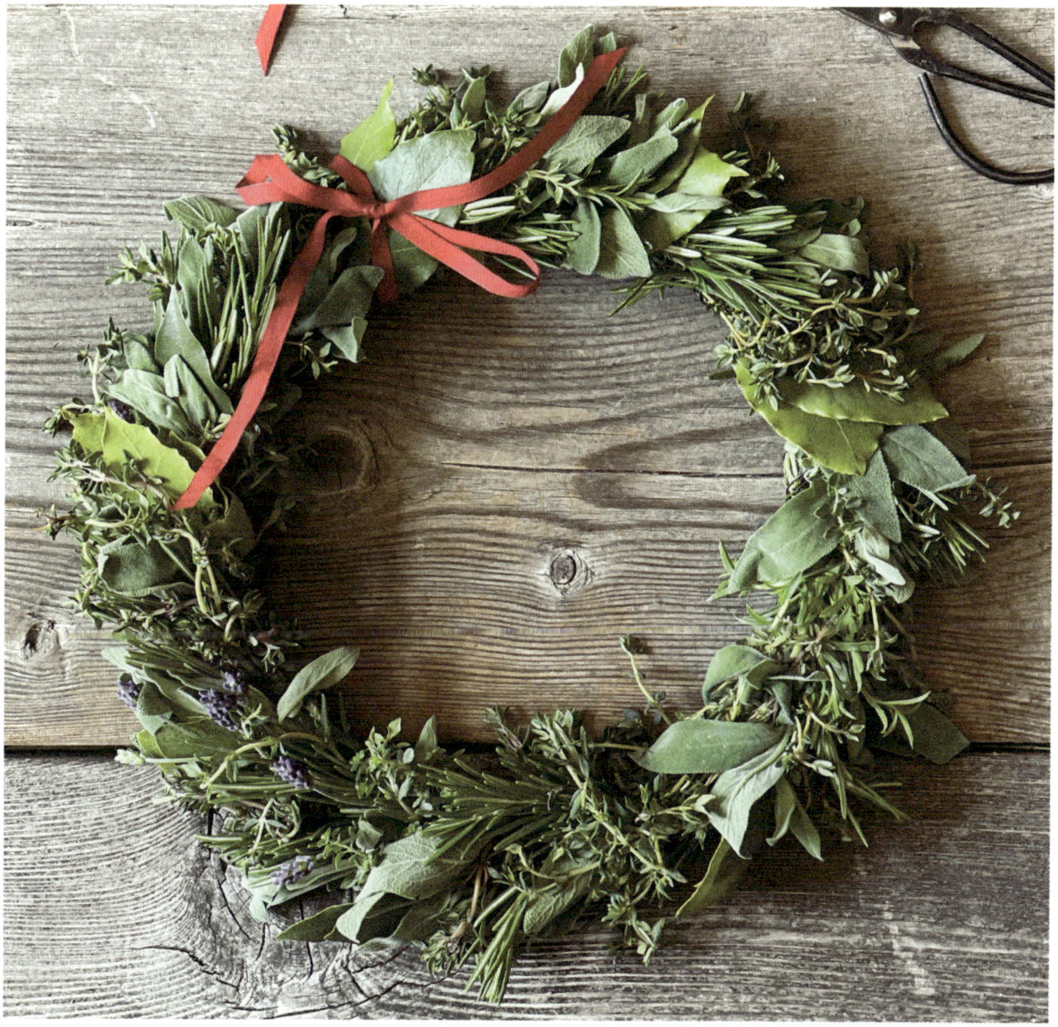

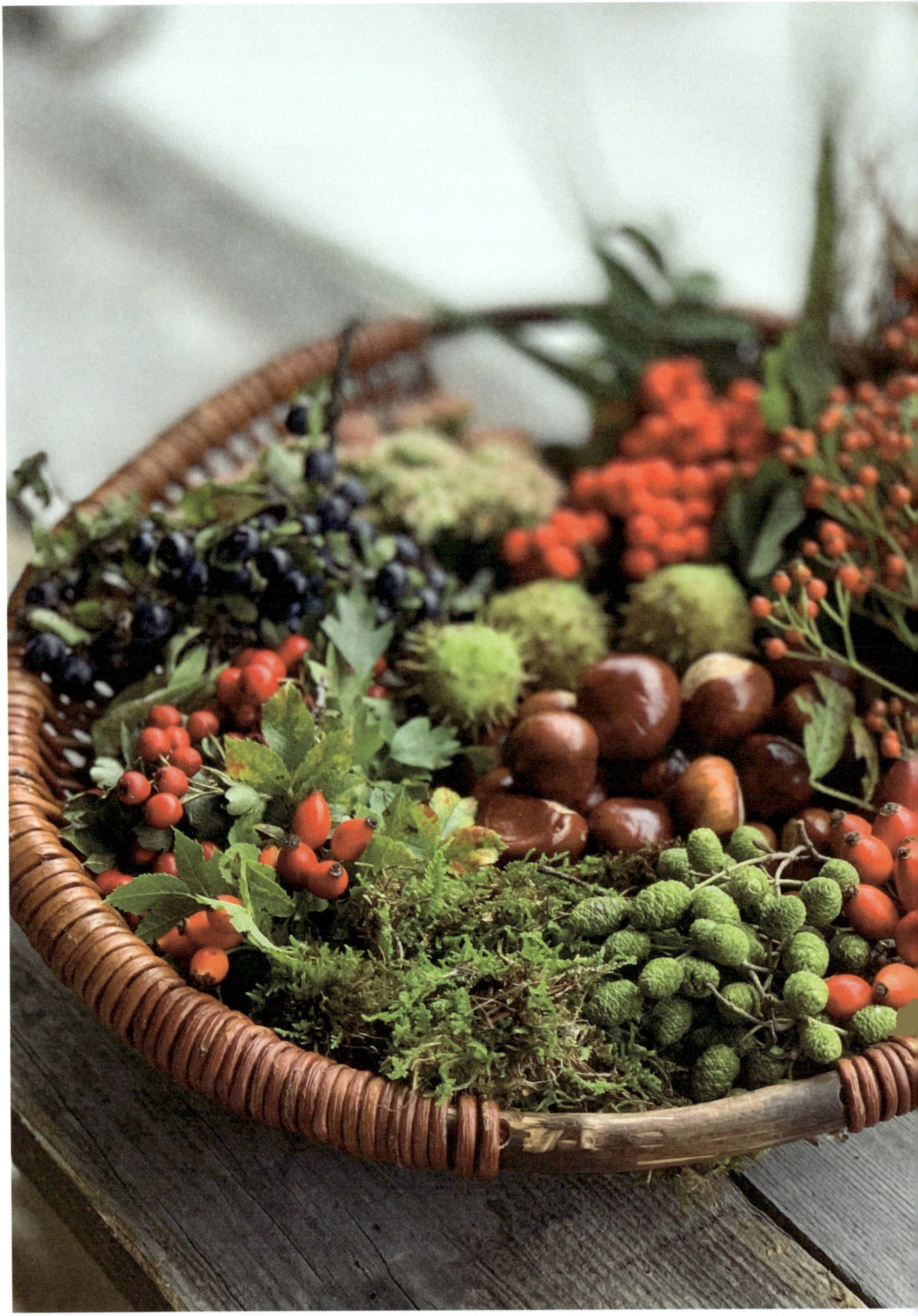

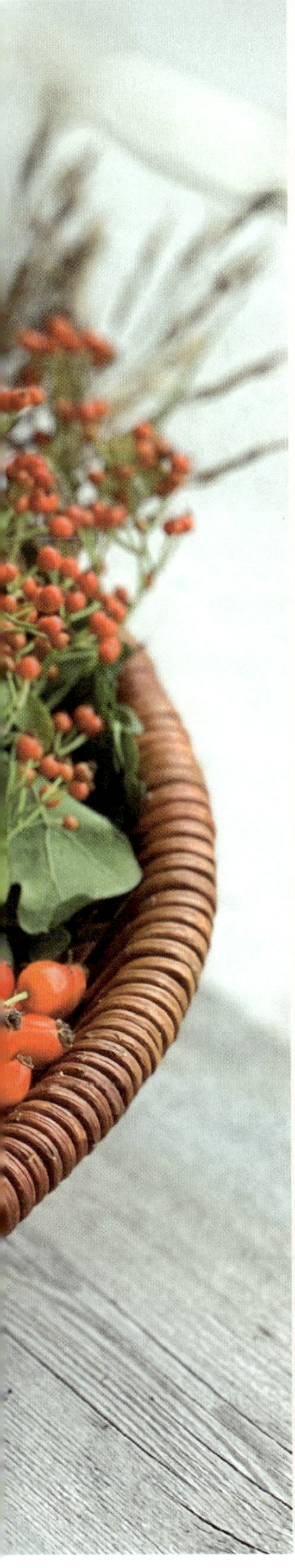

Beerenzeit

»Wenn es dem Sommer zu bunt wird, ist es Herbst.«

Monika Stuffler

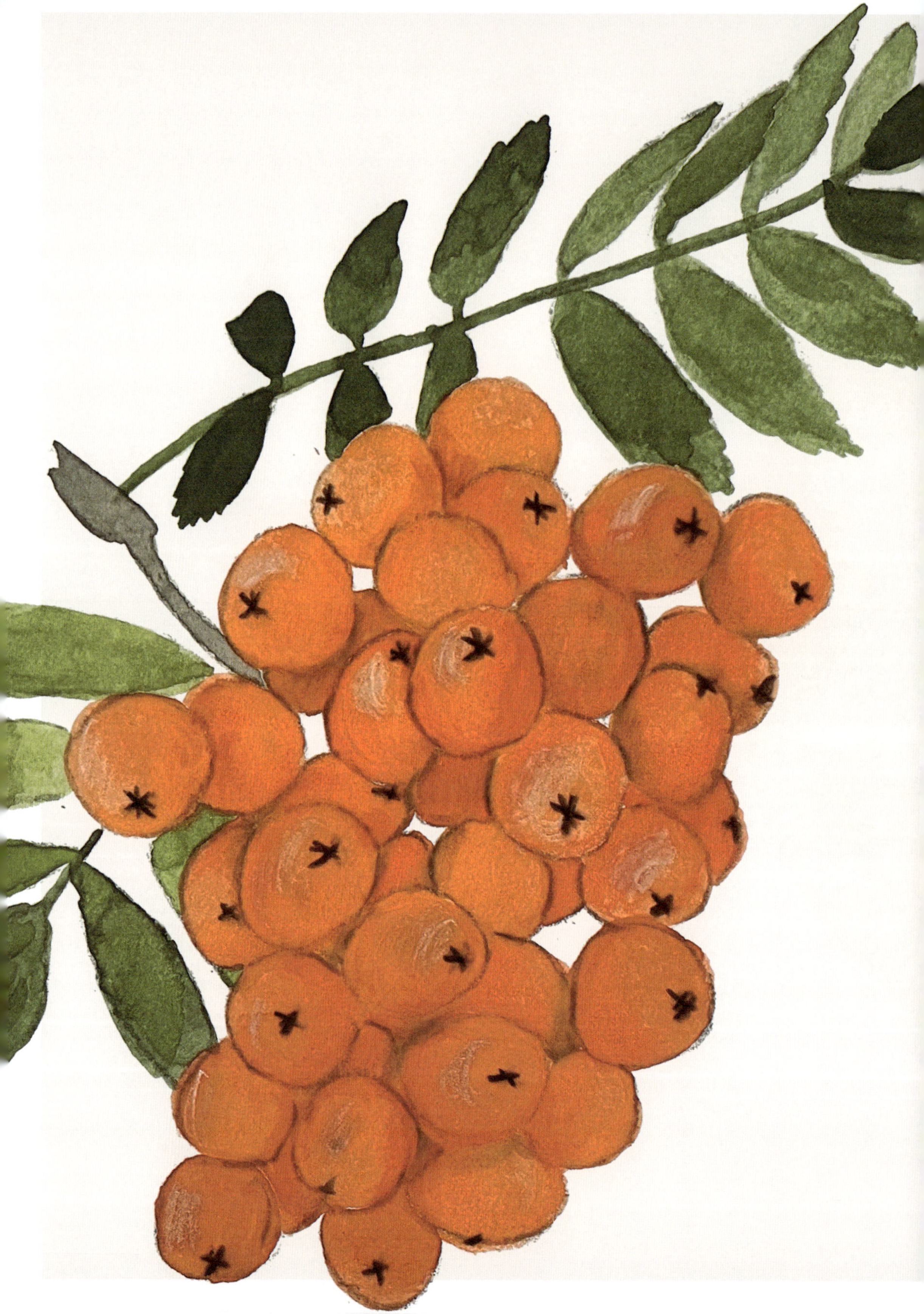

Das letzte Leuchten

Der Herbst zeigt sich oft ungestüm und wild. Das gold schimmernde Licht der bereits tiefer stehenden Sonne umspielt die Natur, die zu dieser Zeit noch einmal alles gibt. Baumkronen wiegen mächtig im Wind, bunte Blätter tanzen in der kühler werdenden Luft, Blüten und Beeren erstrahlen in den sattesten Farben – ein großes Finale, bevor der Winter mit all seinen Facetten Einzug hält.

Die Herbstzeit, sie ist Erntezeit. Traditionell wird zu dieser Zeit auch das Erntedankfest gefeiert, bei dem sich die Gläubigen bei Gott für die Ernte bedanken. Neben den Speisen dürfen hier auch bunte Sträuße, Kränze und Gestecke nicht fehlen. Und wer sagt denn, dass Blumenkränze nur aus Blumen bestehen müssen? Besonders zu Erntedank passen auch Kränze mit Leckereien wie Äpfel, Kirschen und Beeren. Passt nur auf, dass niemand auf die Idee kommt, euren Kranz anzuknabbern, wenn er so verführerisch aussieht.

Wenn der Herbst voranschreitet, heißt es langsam Abschied nehmen. Der Pflanzensaft zieht sich allmählich in seine Wurzeln zurück – mit ihm die Lebenskraft und auch Schönheit der Pflanzen. Im Einklang mit der Natur kehren auch wir uns zu dieser Zeit wieder stärker nach innen.

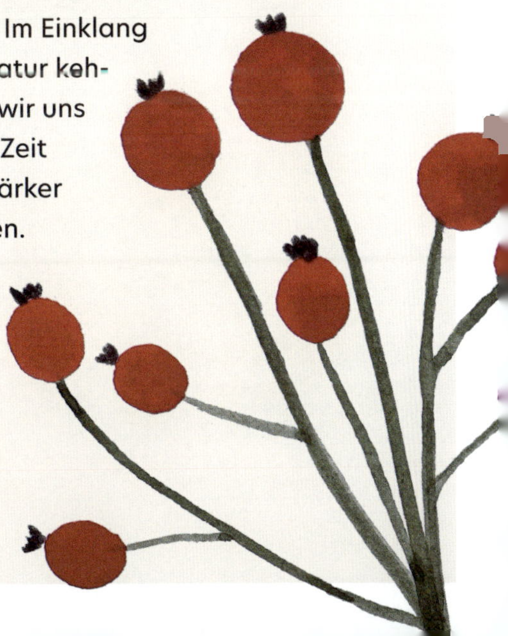

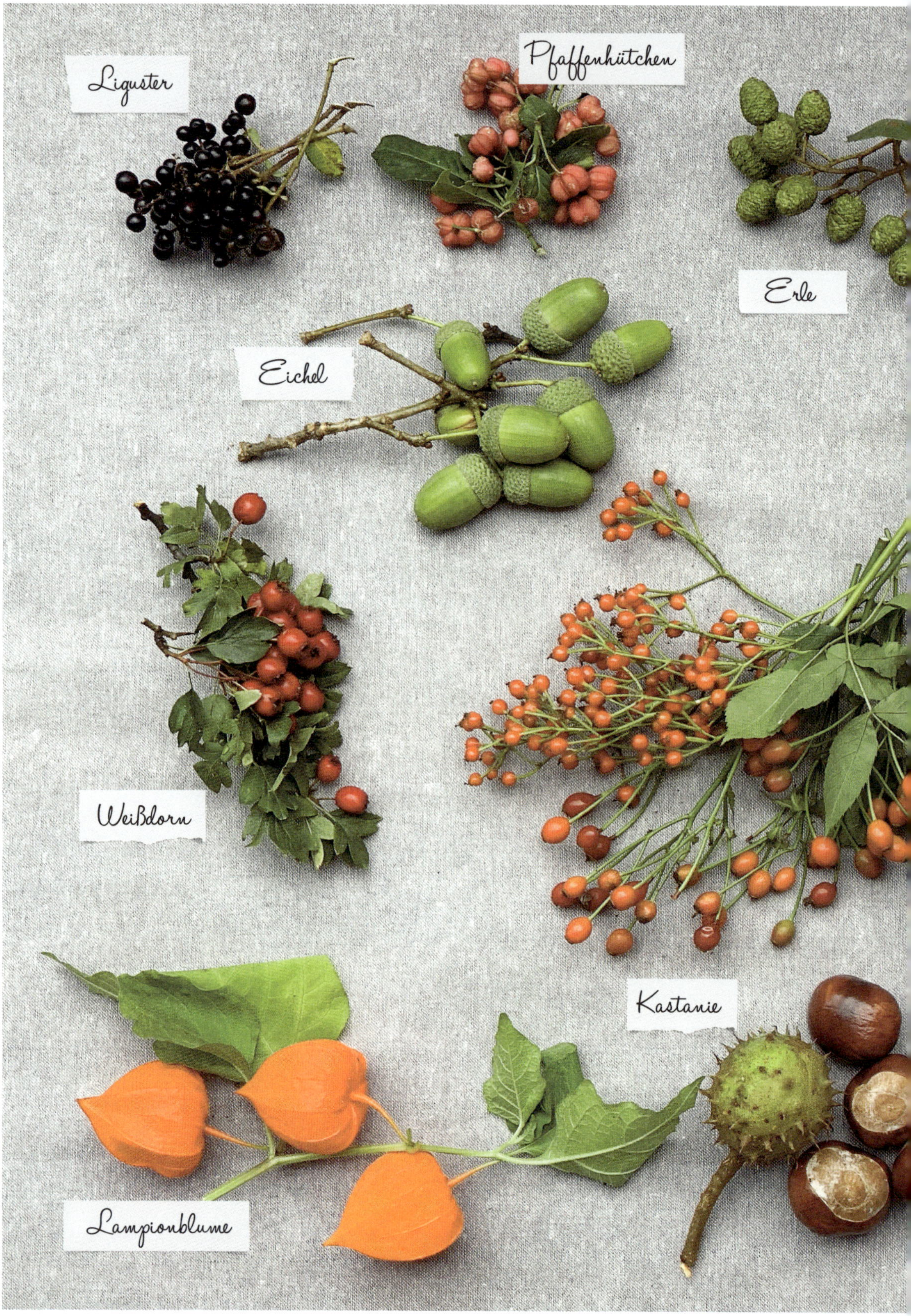
Liguster
Pfaffenhütchen
Erle
Eichel
Weißdorn
Kastanie
Lampionblume

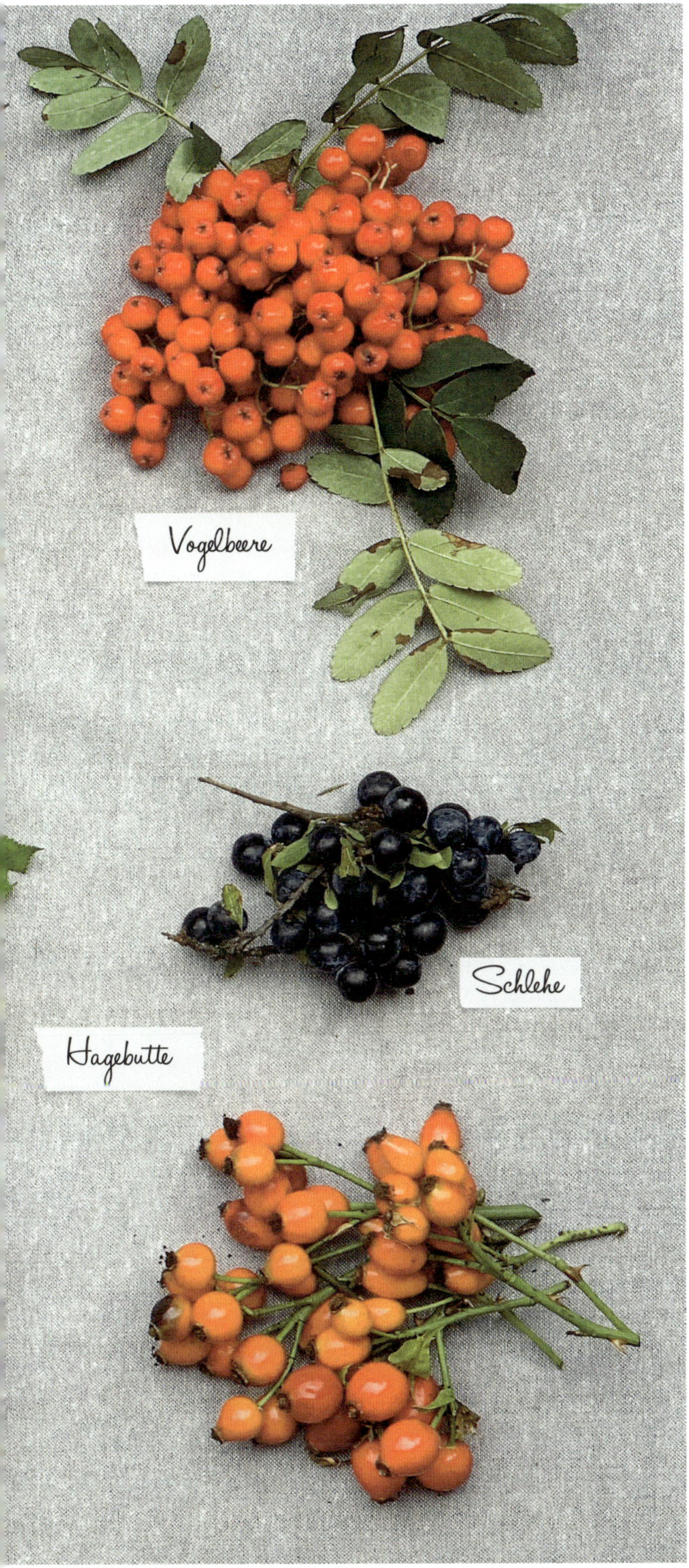

Beerenzeit

auf einen Blick

LIGUSTER
Liguster ist eine Heckenpflanze, extrem robust und anpassungsfähig. In barocken Gärten wurde er in verschiedenen Arten gerne verwendet. Die Freude an den schwarzen Beeren, die aus der Hecke sprießen, teilen wir mit unseren gefiederten Freunden.

PFAFFENHÜTCHEN
Das Pfaffenhütchen finden wir an Weg- und lichten Waldrändern, doch auch in unseren Gärten gedeiht die anspruchslose Pflanze wunderbar – am liebsten an einem sonnigen Plätzchen. Die Früchte des Pfaffenhütchens leuchten rosarot, doch wenn die Samen reif sind und die Hülle aufplatzt, kämpft sich ein zauberhafter orangefarbener Fruchtkern hervor. Sie erinnern an die Kopfbedeckung katholischer Kardinäle – daher auch ihr Name.

WEISSDORN

Weißdorn zählt zu den Rosengewächsen und blüht im Frühjahr wunderbar weiß. Im Herbst leuchten seine orangefarbenen Beeren ganz zauberhaft und bleiben bis in den Winter hinein. Für unsere Vögel sind sie eine wichtige Nahrungsquelle und für uns ein bekanntes Heilmittel bei Herzleiden.

EICHEL

Als äußerst majestätischer Baum und Repräsentant der Urmacht des Waldes wurde die Eiche früher mit Achtung und Ehrfurcht behandelt. Im Eichenhain versammelten sich die Völker schon vor Tausenden von Jahren, um wichtige Entscheidungen über Frieden und Krieg zu treffen. Die Früchte der Eiche, die Eicheln, waren eines der frühesten Nahrungsmittel der Menschheit. Getrocknete Eicheln werden auch heute noch zu Mehl verarbeitet.

ERLE

Die Erle gehört zu den Birkengewächsen und liebt die Feuchtigkeit – deshalb finden wir sie gerne an See- und Flussufern. Von den Kelten wurde sie dem Gott Brand geweiht und stand für die Schwelle zwischen Dunkelheit und Sonne. Für unsere Naturdekoration erfreuen wir uns am meisten an den reifen Erlenzäpfchen.

VOGELBEERE

Der Baum der Vogelbeere – selten auch ein Strauch – ist bei uns weitverbreitet. Für unser Landschaftsbild ist er eine wahre Freude. Im Mai und Juni blühen die weißen Blüten der Vogelbeere, und ab dem frühen Herbst leuchten ihre roten Beeren mit der Sonne um die Wette. Die Meinung, dass Vogelbeeren für uns giftig sind, ist weitverbreitet –, doch das ist nicht der Fall: In gekochter Form sind sie auch für uns gut verträglich.

SCHLEHE

Schlehen finden wir oft an sonnigen Waldrändern, und auch im eigenen Naturgarten vermehren sie sich schnell. Um sie zu sammeln, braucht es etwas Fingerspitzengefühl – denn ihre Dornen können ganz schön piksen. Die Beeren leuchten ab Oktober in einem wunderbaren Blau-Violett und eignen sich hervorragend für unsere Basteleien. Die Beeren sind auch kulinarisch ein Genuss – jedoch erst nach dem ersten Frost oder ein paar Tagen in der Tiefkühltruhe.

LAMPIONBLUME

Wie der Name schon verrät, gleicht die Lampionblume einem leuchtenden Lampion und darf daher voller Stolz seinen Namen tragen. Sie ist sehr ausdauernd und anspruchslos und blüht von Juli bis Oktober in tollem Orange. Wenn sie einmal einen festen Platz im Garten hat, kommt sie jedes Jahr von selbst wieder.

KASTANIE

Die meist sehr kräftigen Kastanienbäume werden bis zu 30 Meter hoch. Die Früchte des Baumes lassen sich sehr gut lagern – am liebsten kühl. Ihr könnt die kleinen Juwelen bei Herbstspaziergängen also getrost immer wieder mitnehmen, sodass ihr dann ohne große Mühe genügend Dekomaterial beisammenhabt.

HAGEBUTTE

Die heilkräftige Hagebutte ist die Frucht der Hundsrose. Oft hängen die rot leuchtenden Vitamin-C-Bomben den ganzen Winter über an den Zweigen und dienen Vögeln als wichtige Nahrungsquelle. Wenn ihr Hagebutten vor dem ersten Frost schneidet, sind sie noch schön prall und halten sehr lange – für Naturschmuck ideal. Wollt ihr in der Küche etwas damit machen, ist es genau umgekehrt: Da sollten die roten Kraftpakete vorher Frost bekommen haben.

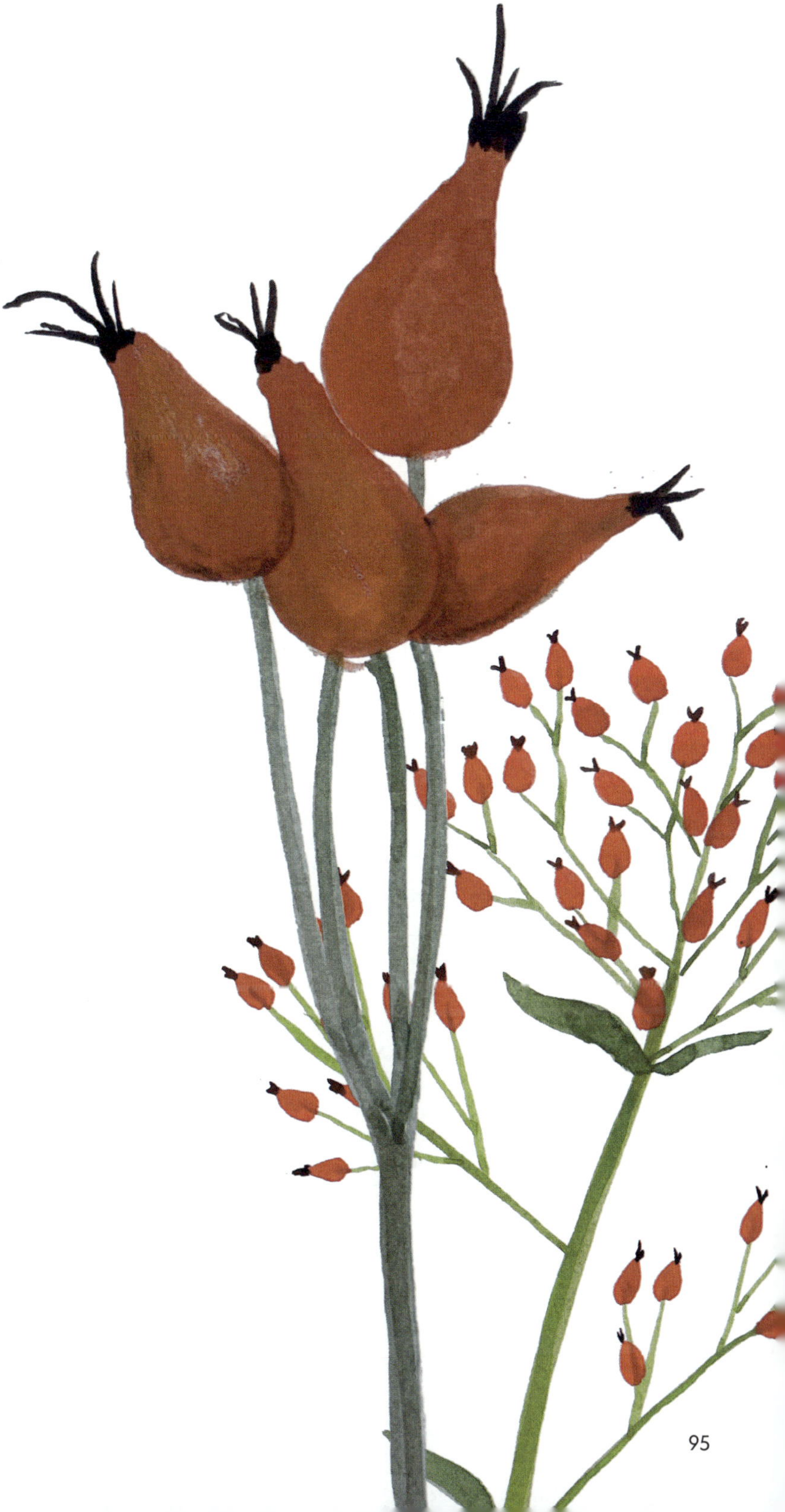

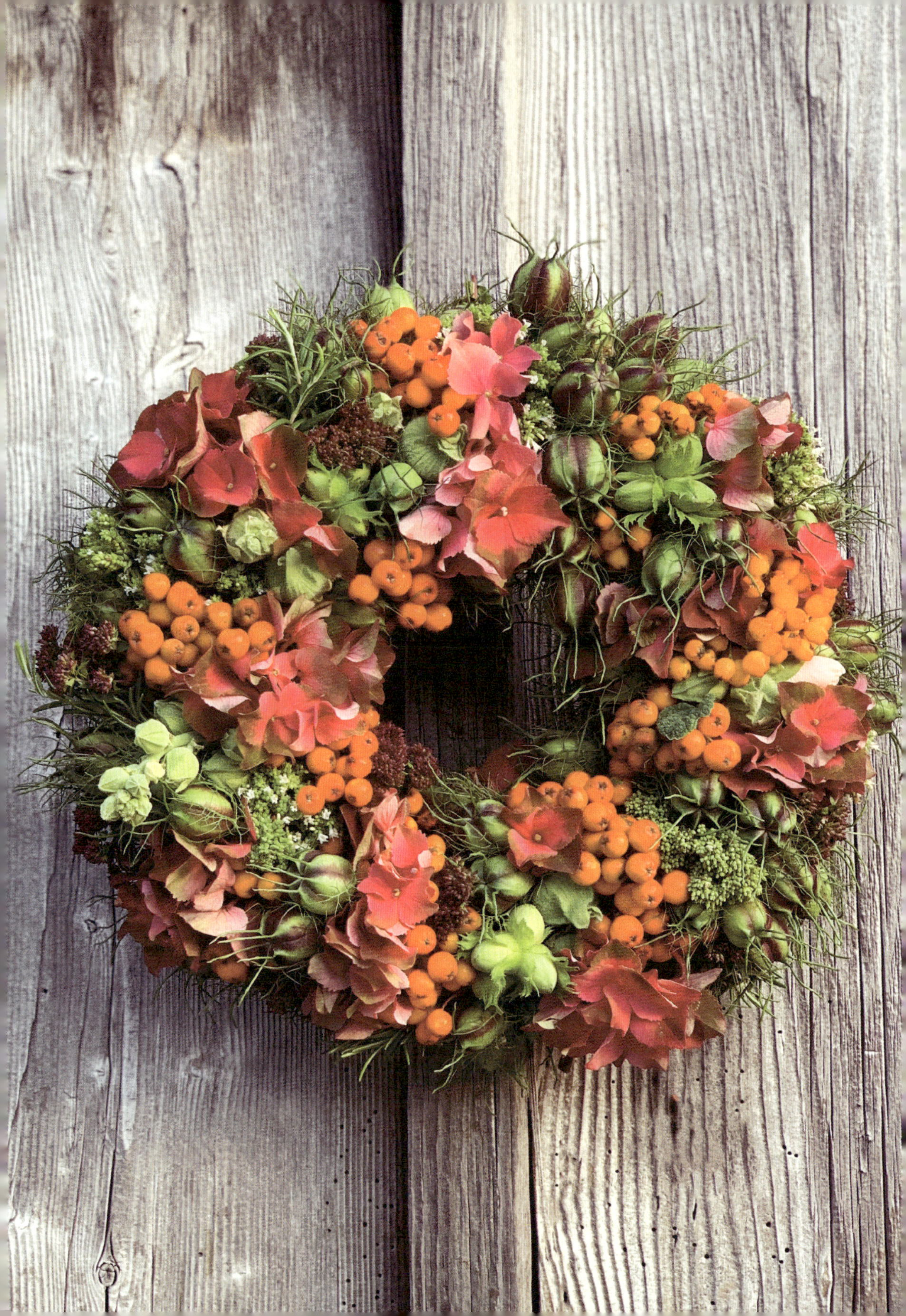

Der farbenfrohe Gretelkranz

weist Verehrer in die Schranken

Unser farbenfroher Gretelkranz strotz so vor Lebensfreude. Und auch Symbolik: Ließ ein Bauernmädchen einen Strauß mit Jungfernkraut im Feld zurück, gab sie ihrem Verehrer dezent zu verstehen, dass sie ihn nicht will. Das Kraut stand eindeutig für verschmähte Liebe. Es kommt sehr häufig in Bauerngärten vor und trägt viele verschiedene Namen wie Gretchen im Busch oder Gretl in der Stauden. Letzterer spielt auf eine österreichische Sage an, in der die reiche Bauerntochter Gretl in eine Blume verwandelt wird, nachdem sie sich vor Sehnsucht nach ihrer vom Elternhaus verbotenen Liebschaft verzehrt.

Die Malve hingegen überbringt eine angenehme Botschaft: »Ich schätze dich als meinen teuersten Freund.« Sie steht für Barmherzigkeit, Güte und Sanftheit. Alle Pflanzenteile lassen sich für medizinische Zwecke verwenden. Schon im Altertum feierte die Malve große Erfolge bei Augenleiden, Entzündungen und offenen Verletzungen, und auch als Notnahrung war sie für die arme Bevölkerung eine wohlwollende Bereicherung. Ihre Wurzeln sind sättigend und bekömmlich.

PFLANZEN

Jungfer im Grünen
Vogelbeere
Hortensie
Dost
Rosmarin
unreife Haselnuss
Fruchtstand der Malve

Technik: Kranz binden

Kranz binden

DAS WIRD BENÖTIGT:

Pflanzenmaterial
Gartenschere
Rohling
Draht

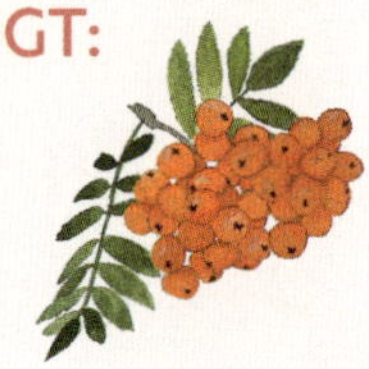

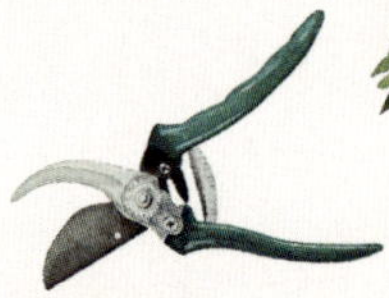

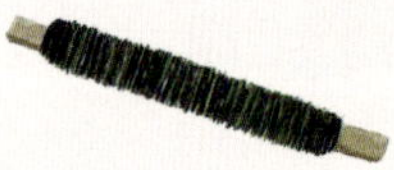

SO WIRD'S GEMACHT:

Vorbereitung ist alles! Das Pflanzenmaterial und das Werkzeug am besten gebrauchsfertig auf einem großen Tisch bereitlegen.

1. Die Pflanzen werden mit einer Gartenschere gleichmäßig auf etwa 15–20 cm Länge zugeschnitten.

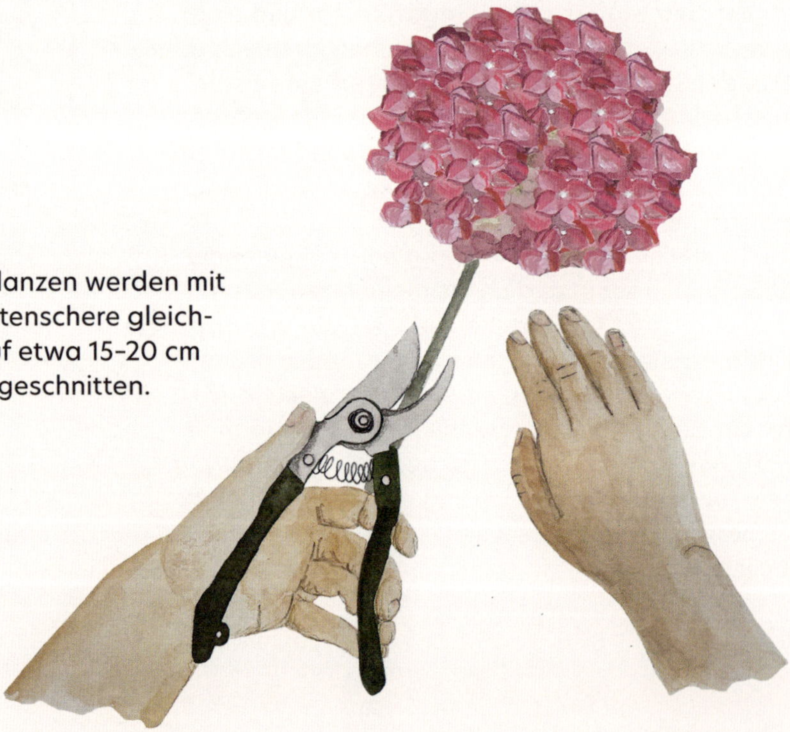

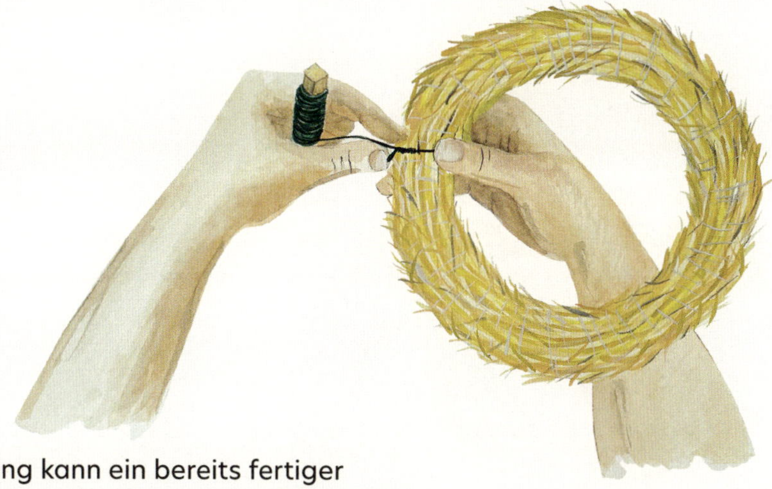

2. Als Rohling kann ein bereits fertiger Strohkranz gekauft oder ein selbst gebundener Unterkranz (Seite 38) verwendet werden. Zu Beginn wird der Bindedraht straff am Rohling befestigt und gut verdrillt.

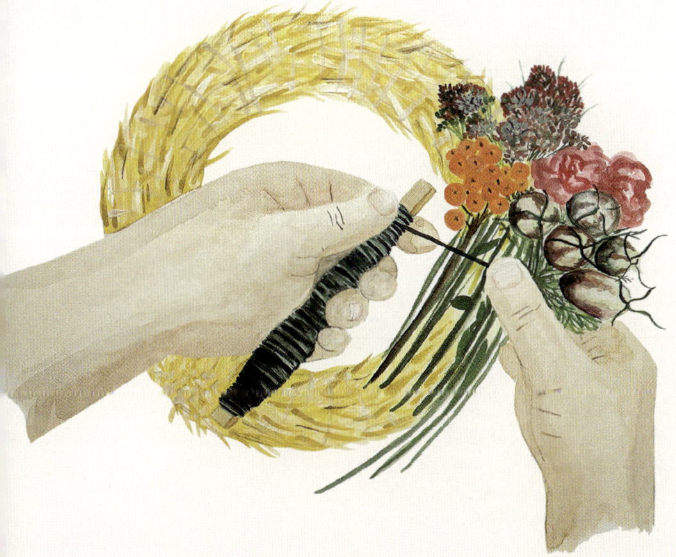

3. Nun werden verschiedene Pflanzen gebündelt und am Kranz angebracht. Ziel ist es, dass am Ende kein Rohling mehr zu sehen ist –, deshalb sollte gut darauf geachtet werden, dass rundherum gleichmäßig gearbeitet wird und die Pflanzen um den ganzen Kranz herum reichen. Wenn der Kranz ohnehin nur von der Vorderseite betrachtet werden soll – wie beispielsweise bei Holztüren oder Tischdeko –, kann auf der Rückseite Material gespart werden. Das erste Bündel wird direkt auf den Rohling gelegt und die Pflanzen am unteren Drittel mithilfe von Draht zwei-, dreimal umwickelt, damit auch alles schön fest sitzt. →

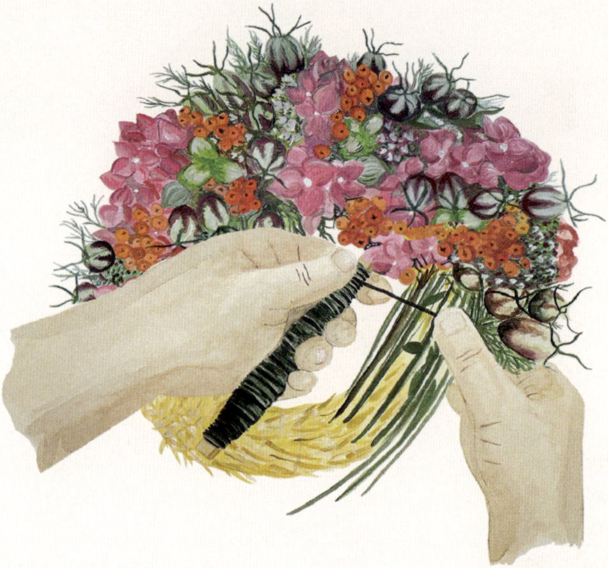

4. Auf diese Weise kommt nun Lage um Lage dazu. Für ein harmonisches Ergebnis empfiehlt es sich, die verschiedenen Pflanzensorten gleichmäßig zu verteilen.

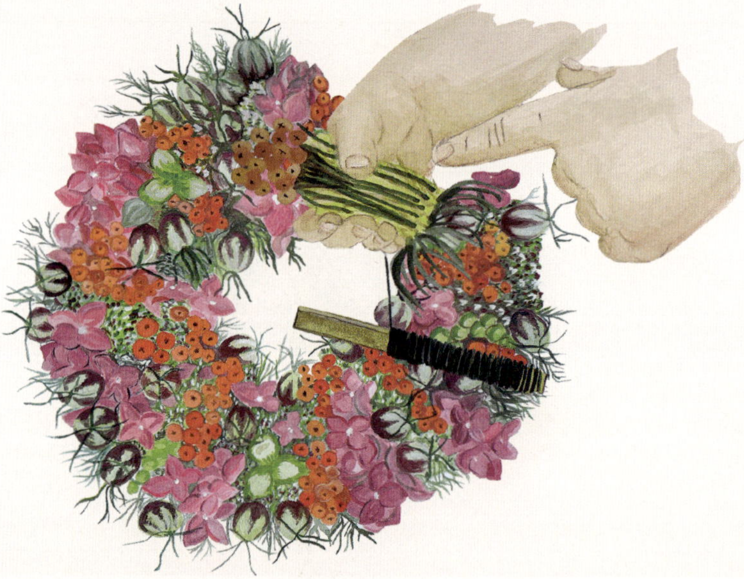

5. Fast geschafft: Damit der Kranz am Ende auch wie ein durchgehender Kranz aussieht und keinen erkennbaren Anfang oder Ende hat, ist es wichtig, am Schluss noch einmal sauber zu arbeiten. Dafür die Stiele des letzten Pflanzenbündels nehmen und sie unter dem ersten verstecken. Sollten die Stiele zu lang sein, könnt ihr diese auch etwas kürzen.

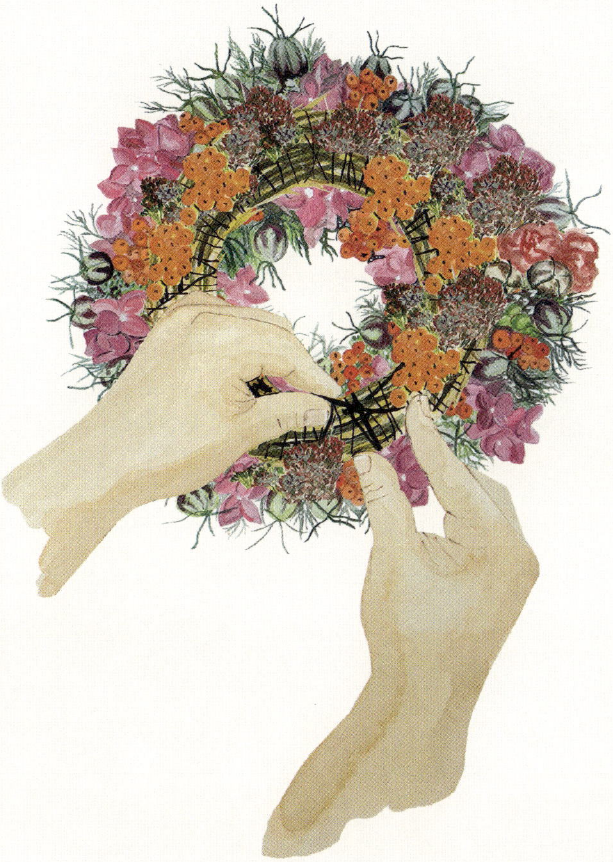

6. Nun muss nur noch der Draht fixiert werden, damit auch alles so schön hält, wie es sein soll. Dazu »nähen« wir mit dem Draht: Der Kranz wird umgedreht und der Draht mit einem Überstand von circa 20 cm abgeschnitten. Das Drahtende wird um die bisherigen Drahtschlaufen gefädelt und das Ende von circa 2 cm einfach in den Rohling gesteckt.

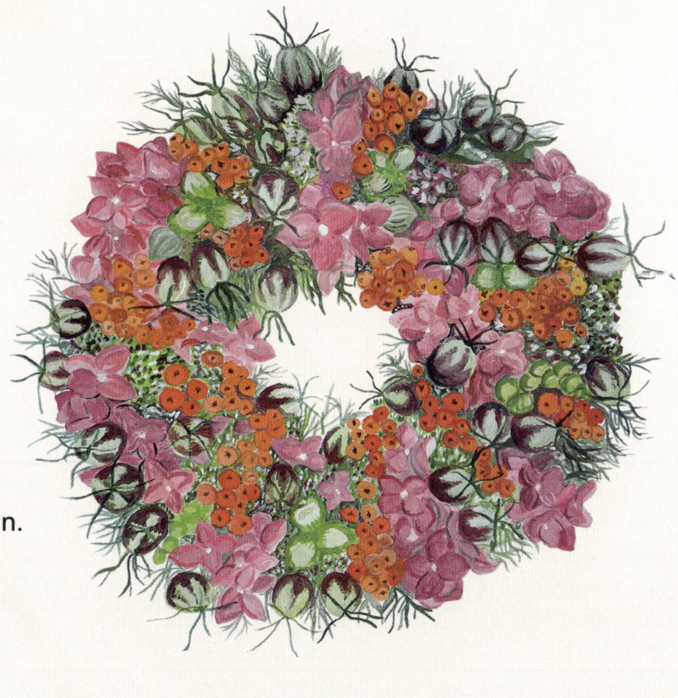

7. Bestaunen und freuen.

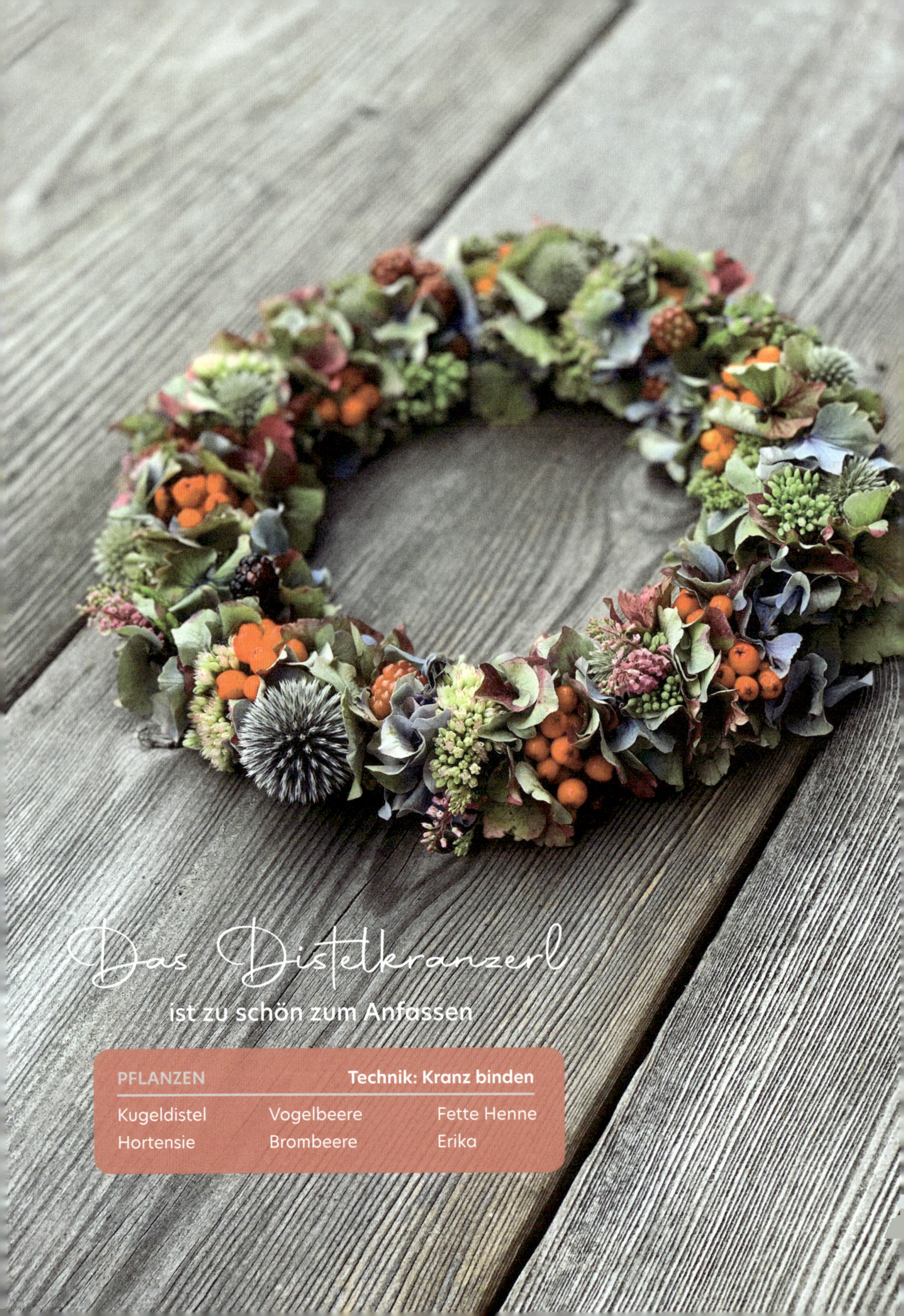

Das Distelkranzerl

ist zu schön zum Anfassen

PFLANZEN		Technik: Kranz binden
Kugeldistel	Vogelbeere	Fette Henne
Hortensie	Brombeere	Erika

Der kunterbunte Herbststrauß

leuchtet mit der Natur um die Wette

Zeit für einen farbenfrohen Saisonausklang: Eindrucksvoll zeigt dieser Strauß die ganze Fülle des Herbstes und den Farbenrausch, den er bringt.

Ganz besonders leuchtet die gelbe Sonnenblume. Als symbolträchtige Pflanze steht sie für Schönheit, Vollkommenheit, Lebenskraft und auch für Selbstdarstellung. Nicht umsonst vermittelt sie in der Blumensprache: »Ist dein Stolz denn gar nicht zu brechen?« Van Gogh beschrieb sie als »das reine Licht und die Liebe«. Ihre Essenzen sollen uns in unserer Persönlichkeit stärken und uns zu mehr Durchsetzungskraft verhelfen.

PFLANZEN

Sonnenblume
Dahlie
Lampionblume
Löwenmaul
Pfaffenhütchen
Schlehe
Dost
Enzianstrauch

Technik: Strauß binden

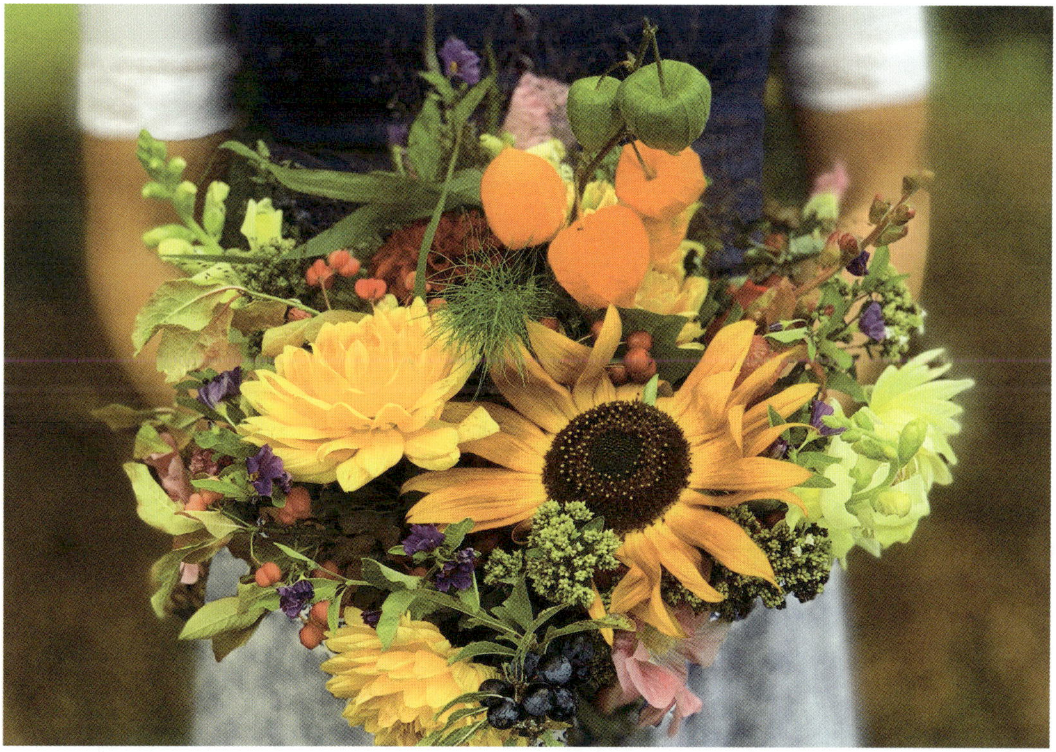

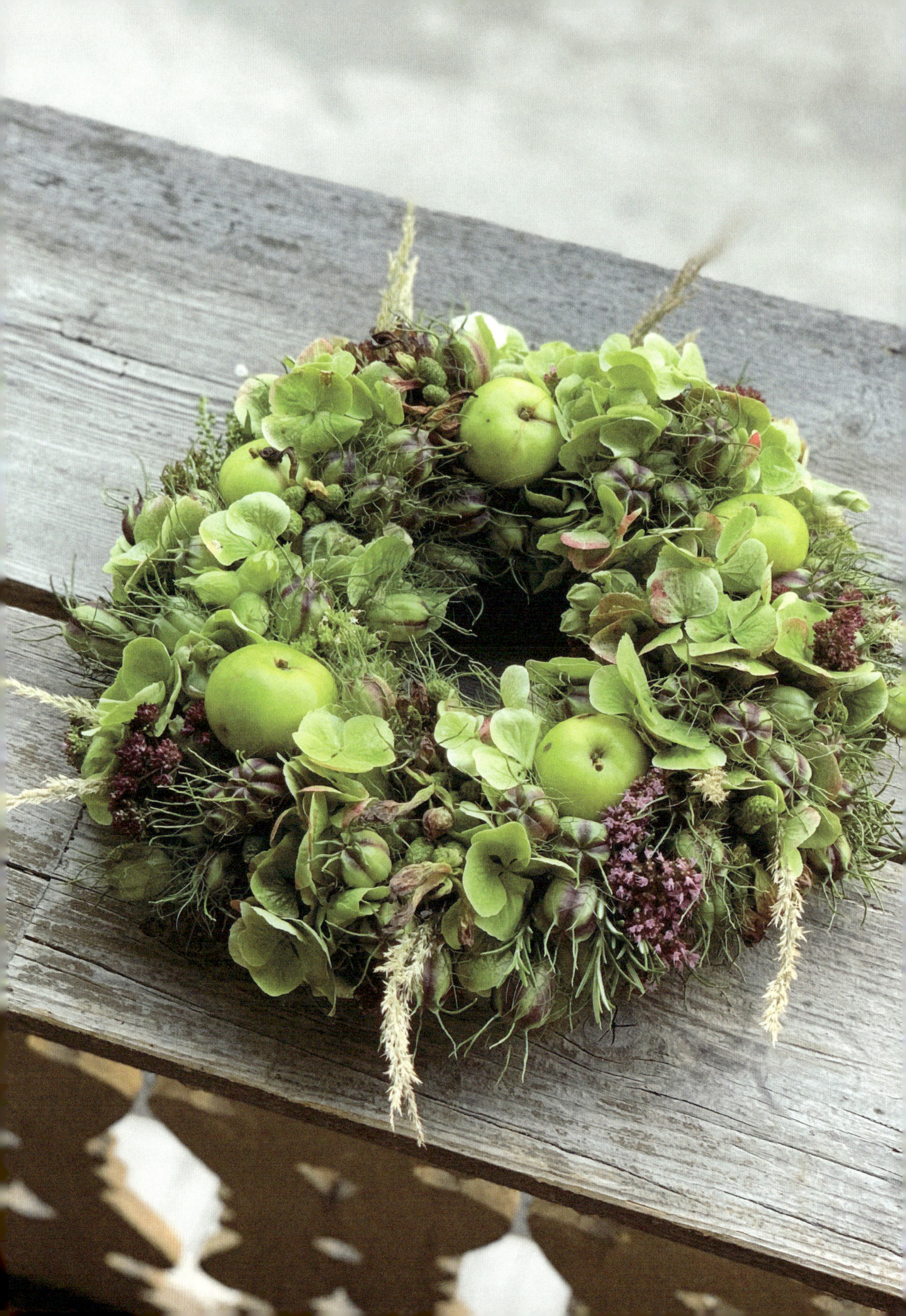

Der geschmackvolle Apfelkranz

grünt so grün

Gesundheitsbündel und unangefochtener Shootingstar in diesem Kranz: der Apfel. Wir machen sogar »Restlverwertung«, indem wir einfach die unreifen Äpfel nehmen, die vom Baum gefallen sind. Sie sind noch sehr klein und hart – und eignen sich gerade deshalb ganz hervorragend für unsere Kränze. Wusstet ihr, dass der Apfel eine sehr bedeutende Frucht ist? Von alters her gilt er als Sinnbild für Vollkommenheit, Schönheit, Glück, Macht und Herrschaft. Bereits in der Antike wurden Apfelbäume kultiviert und veredelt. Und dass Adam und Eva dieser sinnlich-verführenden Frucht nicht widerstehen konnten, ist auch kein Geheimnis ...

Der Reichsapfel wurde sogar zum Krönungszeichen der Kaiser erkoren und dem neuen Kaiser während der Zeremonie samt Krone und Zepter überreicht. Seine Geschichte geht bis ins Jahr 1014 zurück, heute wird er in der Schatzkammer in Wien aufbewahrt und kann dort noch bestaunt werden.

PFLANZEN

grüner Apfel
grüne Hortensie
Jungfer im Grünen
Dost
verschiedene Gräser

Technik: Kranz binden und Naturmaterialien andrahten

Naturmaterialien andrahten

DAS WIRD BENÖTIGT:

Pflanzenmaterial

Äpfel

ein Drahtstück pro Apfel
(je 50 cm Länge)

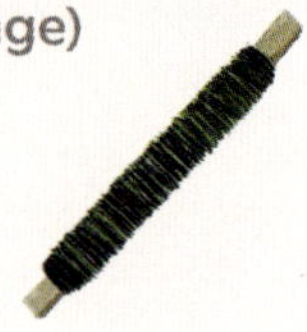

SO WIRD'S GEMACHT:

Gebunden wird der Kranz wie der Gretelkranz (Seite 98). Das besondere hier ist die Befestigung der Äpfel. Da der Apfel ein recht großes Eigengewicht hat, ist es wichtig, ihn besonders stabil am Kranz anzubringen. Dafür behelfen wir uns mit Draht.

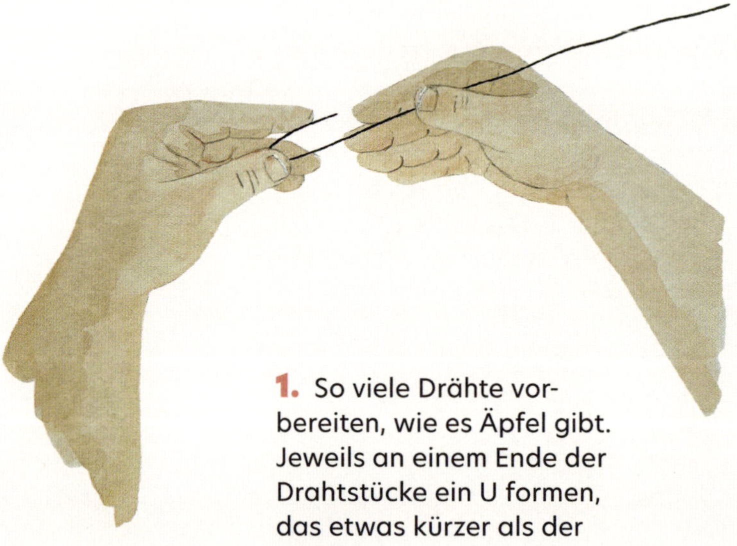

1. So viele Drähte vorbereiten, wie es Äpfel gibt. Jeweils an einem Ende der Drahtstücke ein U formen, das etwas kürzer als der Apfel ist.

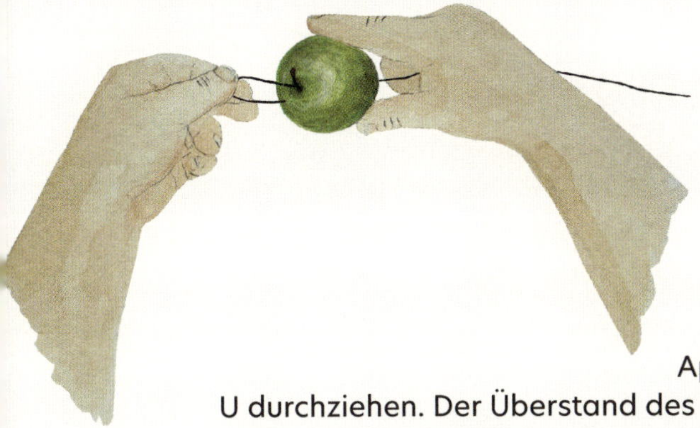

2. Einen Apfel zur Hand nehmen und das lange Ende eines Drahtstücks auf der Oberseite ganz nah am Apfelstiel durch den Apfel stecken und bis zum geformten U durchziehen. Der Überstand des längeren Endes steht nun auf der Unterseite des Apfels heraus. Das andere Ende – also das kurze Ende vom U – ebenfalls wieder eng neben dem Stiel einstechen und so weit in den Apfel schieben, bis auf der Oberseite kein Draht mehr zu sehen ist. Wenn ihr sauber gearbeitet habt, sieht man dem Apfel gar nicht an, dass er »durchdrahtet« wurde.

3. Die Äpfel am besten zusammen mit dem anderen Pflanzenmaterial nach und nach in den Kranz einbinden. Dafür den Apfel schön am Kranz platzieren und mit dem auf der Unterseite herausstehenden Überstand des Drahtes am Kranz fixieren. So oft wiederholen, bis das gesamte Drahtstück um den Kranz herumgewickelt ist.

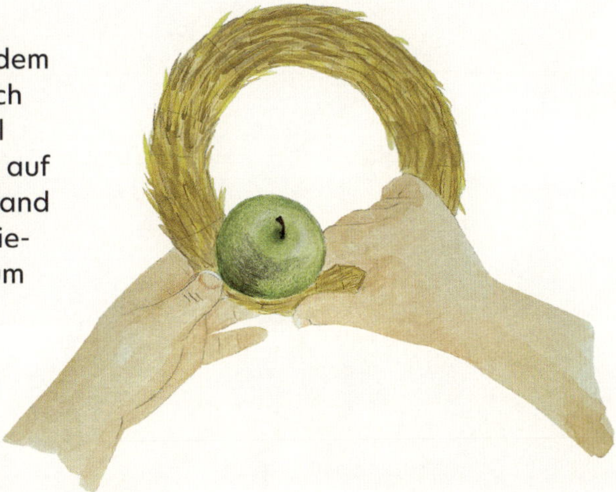

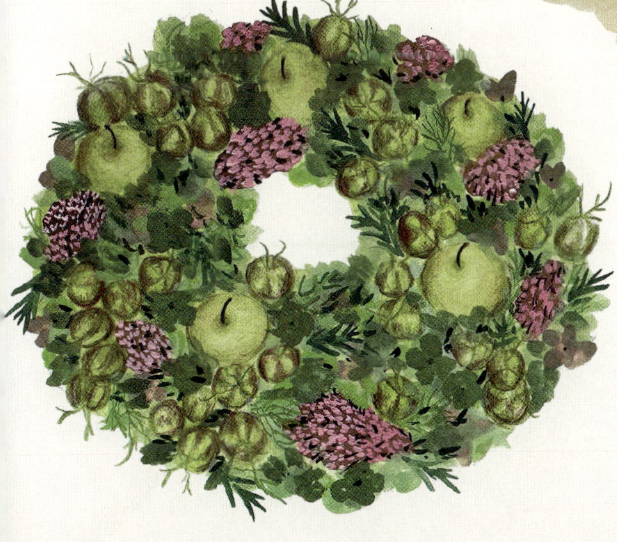

4. Bestaunen und freuen.

PFLANZEN | **Technik: Kranz binden**

- Hopfen
- Strohblume
- Pfaffenhütchen
- Fette Henne
- Dost
- Erika
- grüne Hortensie

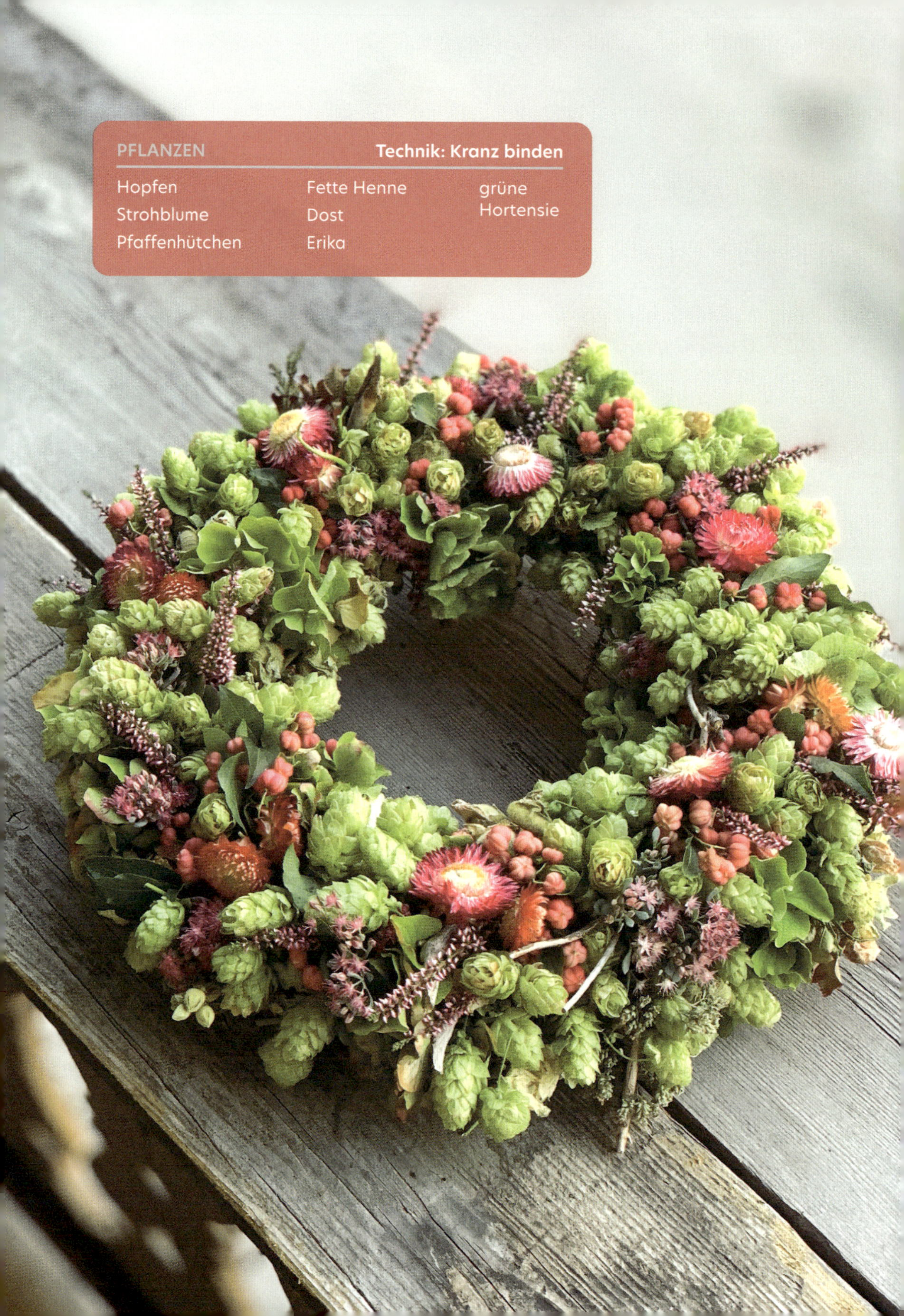

Der aromatische Hopfen

ist nicht nur im Bier ein Genuss

Richtig gelesen – Hopfen gehört nicht nur ins Bier. In unserem Hopfenkranz spielt er die dekorative Hauptrolle.

Im 8. Jahrhundert wurde der Hopfen von den Slaven nach Mitteleuropa gebracht und feiert seitdem immense Erfolge – vor allem natürlich in der Bierindustrie. Vielleicht wusstet ihr, dass Hopfen eine beruhigende Wirkung hat. Deshalb entspannt ein kühles Feierabendbier auch nach einem gestressten Tag. Doch Vorsicht, nur nicht übertreiben: Als erste Braumeister haben Mönche schnell erkannt, dass zu viel davon einschläfernd wirkt – deshalb wurde der Hopfen auch schnell als »Erotiktoter« bekannt.

Als mehrjährige Schlingpflanze eignet er sich auch zum Begrünen von Zäunen und Sichtschutzwänden. Die Kulturpflanze ist bei uns heimisch, winterhart und gedeiht jahrzehntelang sehr pflegeleicht am selben Standort. Sowohl die dekorative als auch heilende Wirkung hat nur die weibliche Hopfenpflanze. Sie wirkt bei Schlafstörungen, Appetitlosigkeit, sämtlichen Magenbeschwerden und balanciert den Östrogenhaushalt. Also auch hier neben dem Kranzerlbinden ruhig ein Tässchen Hopfentee oder auch mal ein Gläschen Bier genießen.

In der Blumensprache signalisiert der Hopfen: »Ich lasse mich nicht überrumpeln!« und steht für unbeschwerte Lebensfreude, Lebenskraft und Ausdauer. Übrigens: Jakob Grimm schrieb, wer einen Kranz aus Hopfen trage, verkünde ein heiteres Gemüt.

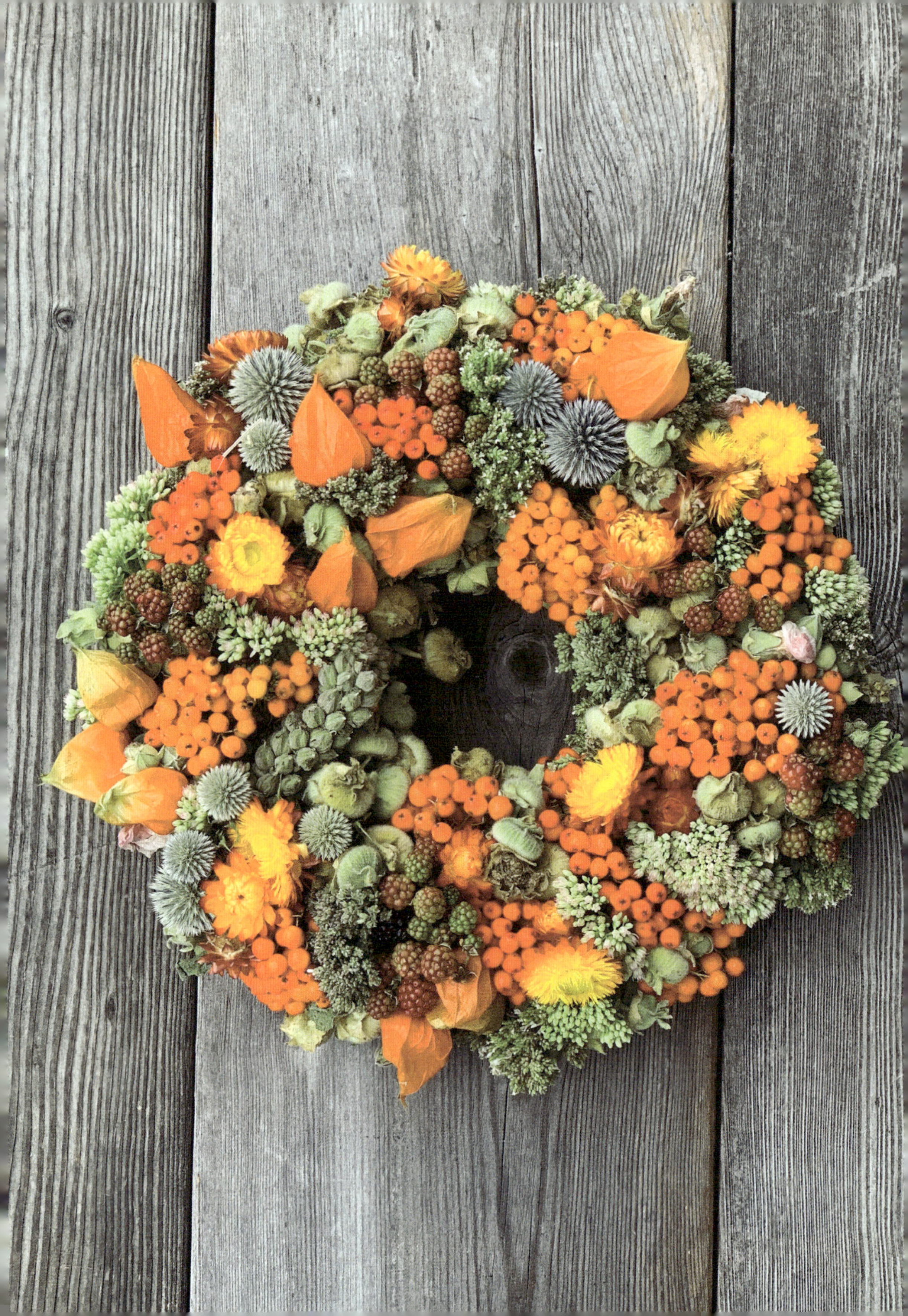

Sommer in Orange

lässt schlechte Laune verblassen

Als Signalfarbe wird Orange oft mit Warnung und alarmierenden Sirenen verbunden. Auch bei der Vogelbeere denken die meisten nur an: Finger weg, giftig! Das stimmt jedoch nicht: Die reifen Beeren können zwischen August und September problemlos gesammelt und für diverse Basteleien verwendet werden. Auch Vögel, Säugetiere und Insekten finden in der Vogelbeere eine wichtige Nahrungsquelle – und die haben immer noch den besten Instinkt. Scheut euch nicht davor, die Vitamin C reichen Beeren zu Schnaps oder Marmelade zu verarbeiten. Wichtig ist nur, dass ihr sie kocht. Die rohen Beeren enthalten Parasorbinsäure, die bei Menschen zu Magenproblemen führen kann. Diese Säure wandelt sich durch die Hitze in Sorbinsäure um, die gut verträglich ist. Auch den Blättern und Blüten der Vogelbeere wird eine besondere Heilwirkung zugeschrieben. Getrocknet können sie als Tee gegen Husten, Bronchitis, Gicht, Rheuma und sämtliche Magen-Darm-Beschwerden verwendet werden. Also beim Sammeln für das Kranzerl nebenbei ruhig an die Gesundheit denken.

Lampionblume und Strohblume tun ihr Übriges, um den Kranz so richtig zum Leuchten zu bringen. Die grün-gräulichen Töne der restlichen Pflanzen beruhigen das Gesamtbild – und dennoch ist jede einzelne ein Designerstück, an dem es viel zu entdecken gibt.

PFLANZEN

Vogelbeere
Lampionblume
Strohblume
Samenstand der Königskerze
Kugeldistel
unreife Brombeere
Fette Henne
Samenstand der Malve
Dost

Technik: Kranz binden

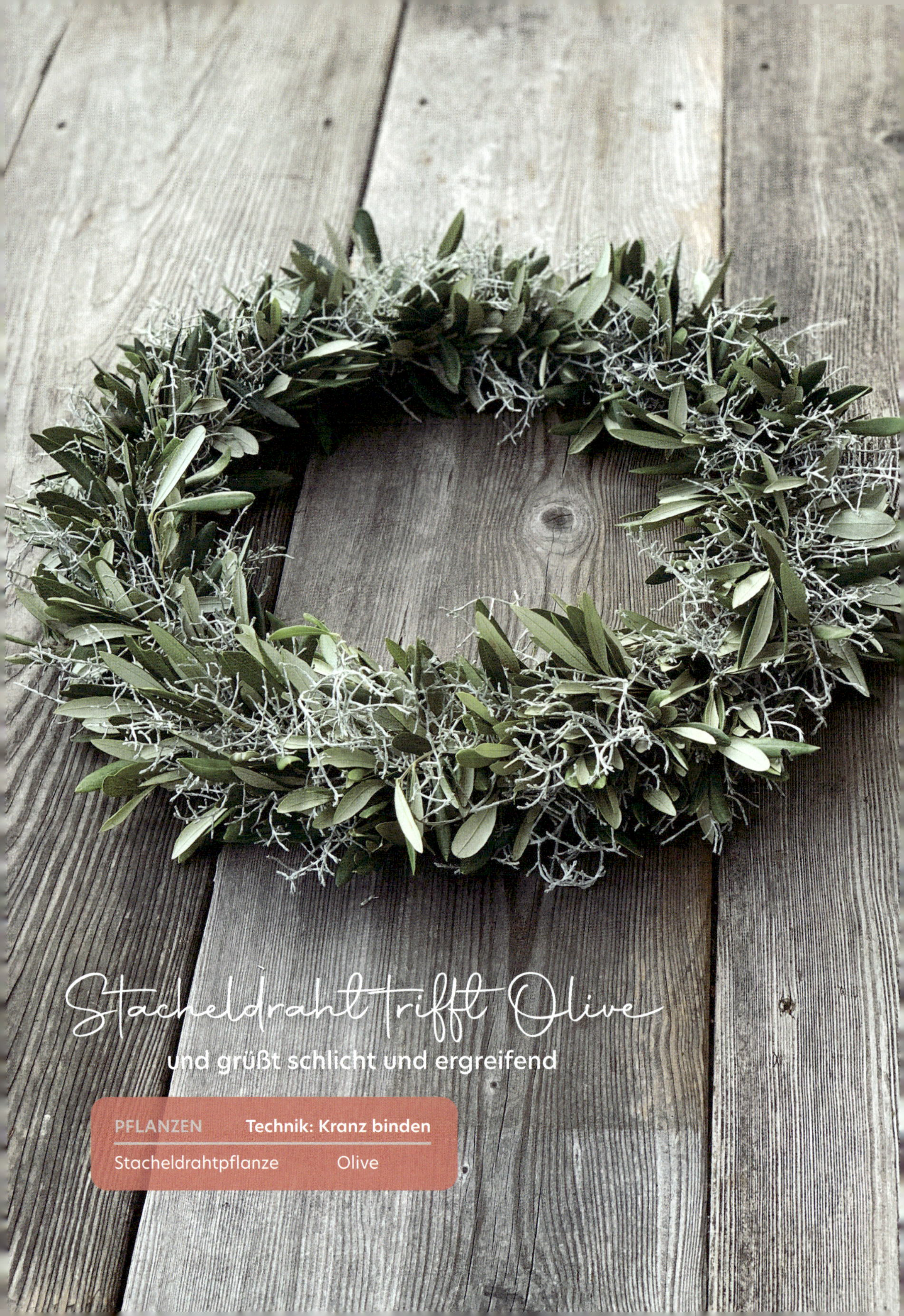

Stacheldraht trifft Olive

und grüßt schlicht und ergreifend

PFLANZEN	Technik: Kranz binden
Stacheldrahtpflanze	Olive

Der dekorative Brombeerkranz

vereint zwei Herzensfarben

PFLANZEN

unreife Brombeere
Apfel
Strohblume

grüne und pinke Hortensie
Buchs

Technik: Kranz binden und Naturmaterialien andrahten

Rosa trifft Grün – im indischen Chakra zwei Farben, die zusammengehören und dem Herzen zugeordnet sind. Sie stehen für jede Art von Heilung, und das spürt man bei der bloßen Betrachtung des Kranzes.

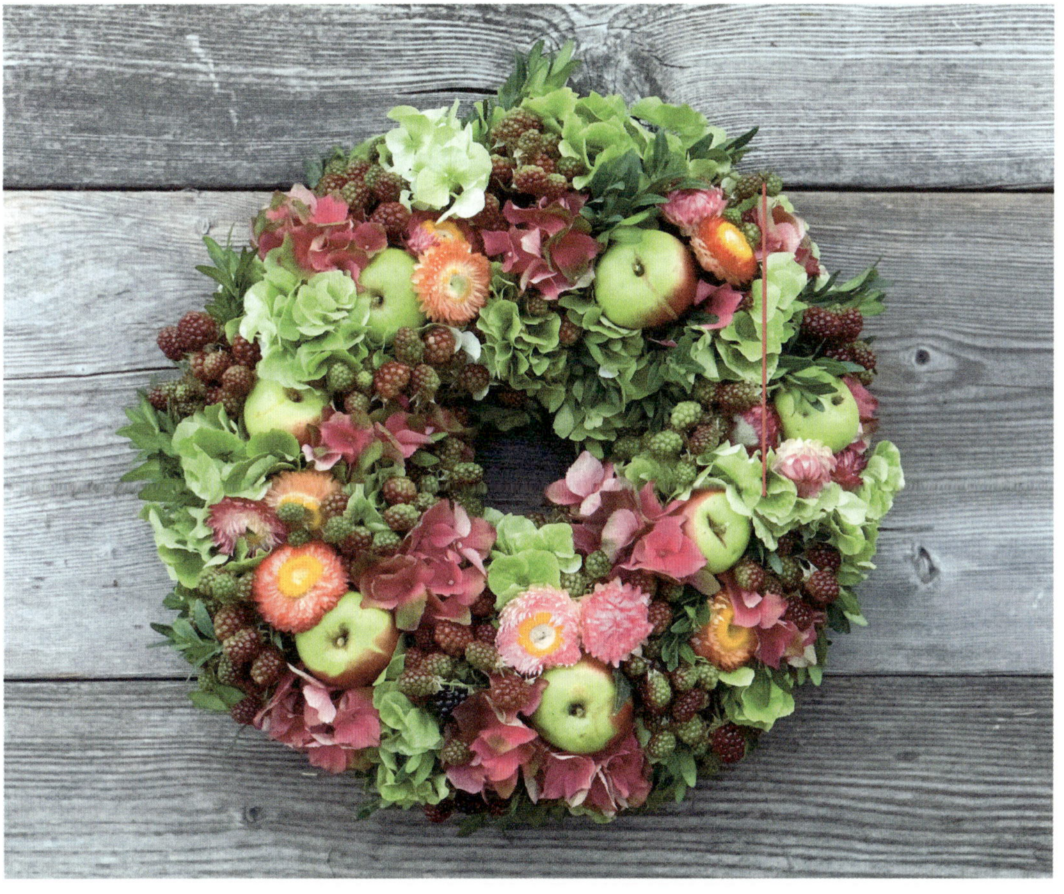

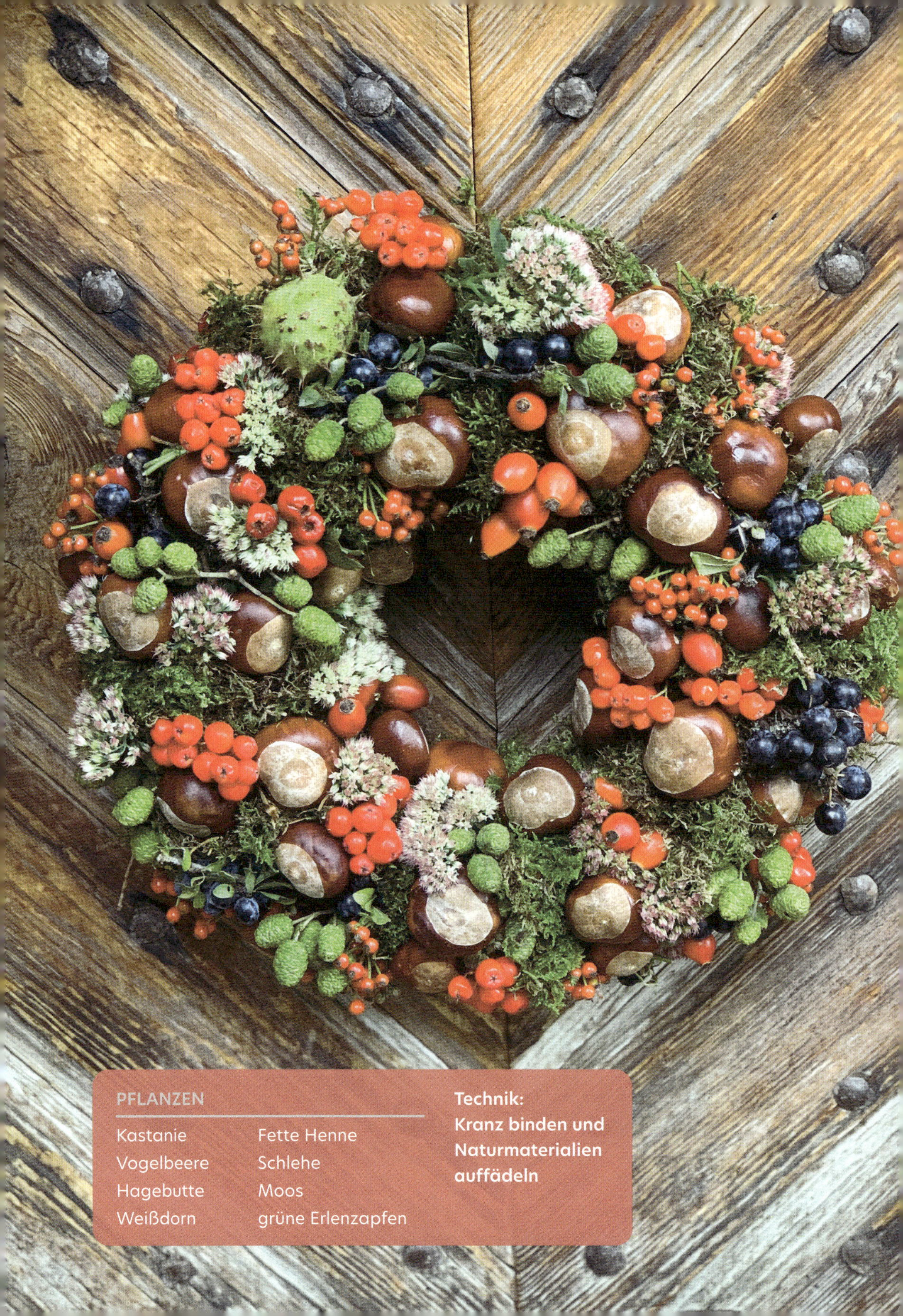

PFLANZEN

Kastanie
Vogelbeere
Hagebutte
Weißdorn
Fette Henne
Schlehe
Moos
grüne Erlenzapfen

Technik:
Kranz binden und Naturmaterialien auffädeln

Der Kastanienkranz

leuchtet auch an grauen Herbsttagen

Braun, Rot und Grün sind Farbtöne der Erde. Wir verbinden mit ihnen Bodenständigkeit und Authentizität. Sie alle tragen ein dunkles Schimmern in sich und überzeugen durch innewohnende Eleganz und Natürlichkeit – diese Attribute zaubern wir mit unserem Kastanienkranzerl auf die Haustür.

Kastanien und Herbst gehören einfach zusammen –, doch Kastanien und Basteln wohl auch! In Kindheitstagen hat man die braun glänzenden, nussgroßen Kugeln wie wild gesammelt. Einer mittelalterlichen Sage nach sollen die ersten drei Kastanien – oder eine andere ungerade Zahl –, die man findet, Glück bringen. Für unsere Naturdeko finden wir auch die stacheligen Fruchtbecher reizend.

Die Fruchtkerne der Kastanie, die meist ab September reif von den Bäumen fallen, spiegeln Lebenskraft und Fruchtbarkeit wider – die Urkräfte der Erde. Im antiken Griechenland wurde die Kastanie dem Gott Zeus geweiht und als »Eichel des Zeus« bezeichnet. Die mächtigen Kastanienbäume stehen auch für Weitblick, Stärke und Schutz. Das finden wir sehr passend und freuen uns, dieser großartigen Frucht eine Bühne zu bieten, die ihr gebührt.

Übrigens: Kastanien enthalten sogenannte Saponine, die seifenähnliche Eigenschaften aufweisen. Aus Rosskastanien lässt sich deshalb sogar Waschmittel machen.

Unter den erdigen und leuchtenden Farben blitzt der Weißdorn so kokett hervor, als wolle er sagen: »Seien wir vorsichtig, dass keiner unser Geheimnis entdeckt.« Im Mittelalter diente die mysteriöse Pflanze sowohl als Symbol der Hoffnung als auch der Vorsicht. Einer Legende nach soll der Weißdorn aus dem Blitz hervorgetreten sein, und noch immer soll in seinen roten Früchten heiliges Feuer wohnen. Als Herrscher über Blitz und Donner kommt auch hier wieder der Göttervater Zeus ins Spiel – und so schließt sich der Kreis.

Naturmaterialien auffädeln

DAS WIRD BENÖTIGT:

Naturmaterialien zum Auffädeln
weiteres Pflanzenmaterial
Rohling
Gartenschere
Bohrer (3 mm stark)
Draht

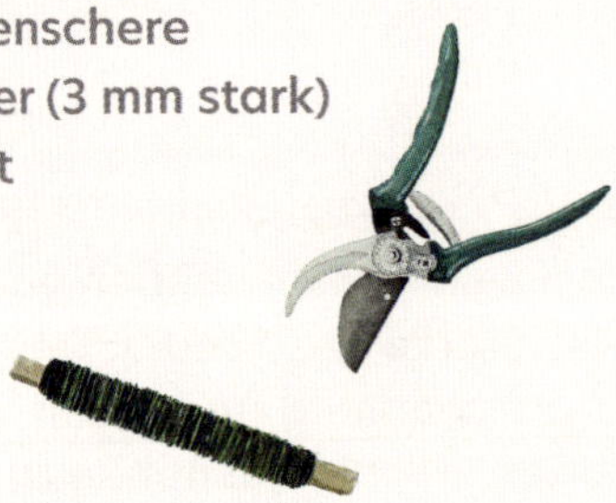

SO WIRD'S GEMACHT:

Kastanien können auf zwei verschiedene Arten am Kranz fixiert werden – entweder mit der Heißklebepistole geklebt oder durchbohrt und aufgefädelt. Die Bohrvariante ist auf jeden Fall die stabilere – deshalb haben wir uns für sie entschieden.
Wie immer: Vorbereitung ist alles! Pflanzenmaterial und das Werkzeug am besten gebrauchsfertig auf einem großen Tisch bereitlegen und mit der Gartenschere gleichmäßig auf etwa 10 cm Länge schneiden.
Zu Beginn den Bindedraht durch Verdrillen straff am Rohling befestigen.

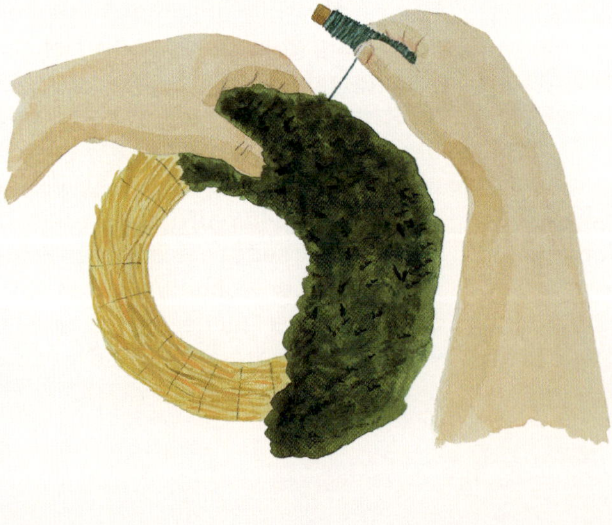

1. Moos rund um den Rohling legen und mehrfach mit Draht umwickeln.

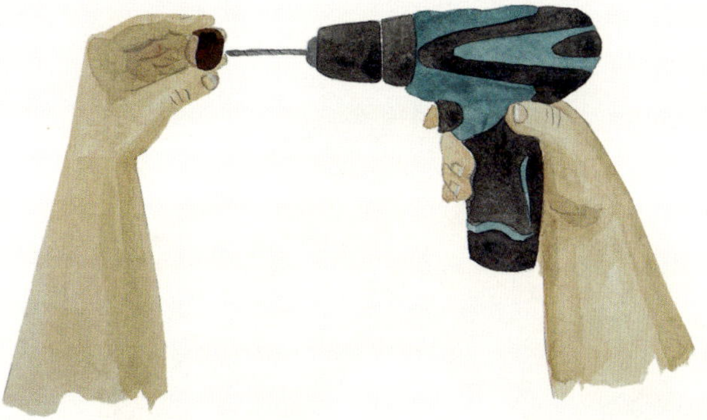

2. Jede Kastanie in der Mitte durchbohren.

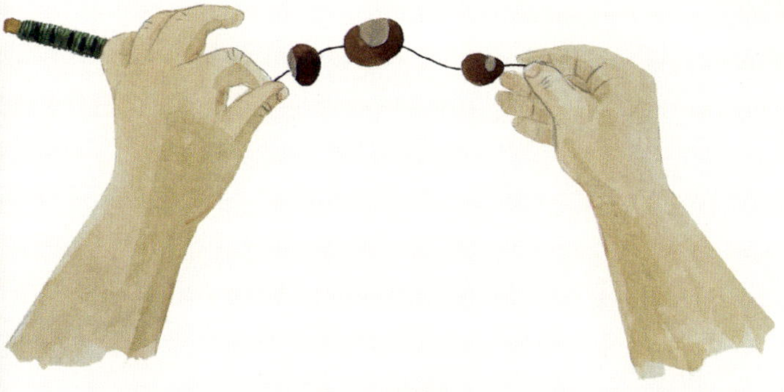

3. Als Nächstes die Kastanien auf einen Draht von ungefähr 1 m Länge auffädeln und sie mit einem Abstand von 3–5 cm – je nach Geschmack – hintereinander reihen.

4. Den Draht mit den aufgefädelten Kastanien um den Kranz herumwickeln, bis eine ganze Runde geschafft ist. Die Kastanien dann nach Belieben positionieren. →

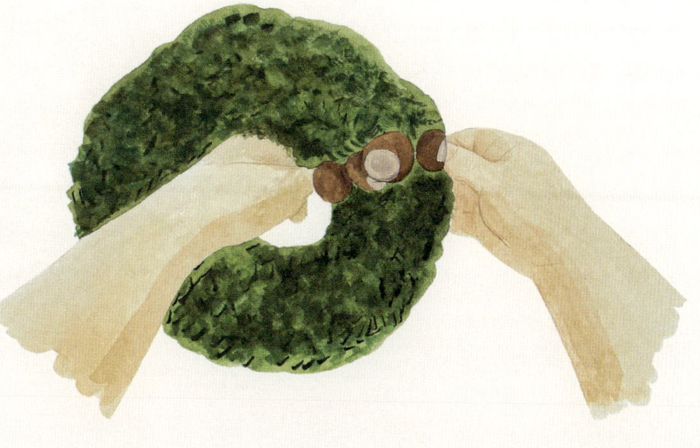

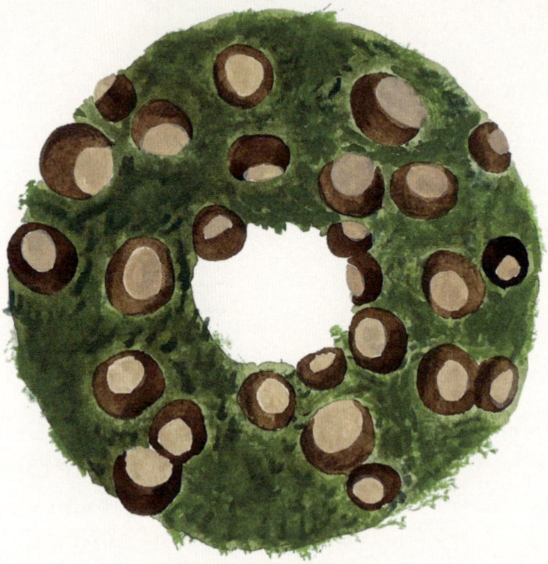

6. Nun muss nur noch der Draht fixiert werden, damit auch alles so schön hält, wie es gerade ist. Den Kranz umdrehen und das Drahtstück mit circa 20 cm Überstand abschneiden. Das Drahtende nun um die bisherigen Drahtschlaufen fädeln und das Ende von circa 2 cm einfach in den Rohling stecken.

7. Nun werden die anderen Naturmaterialien ebenfalls mit dem Draht schön rund um den Kranz angeordnet befestigt. Auch hier muss das Ende des Drahtes wieder fixiert werden. Bestaunen und freuen.

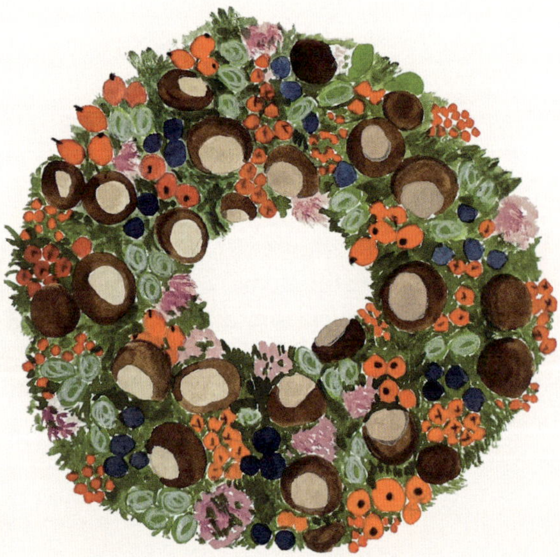

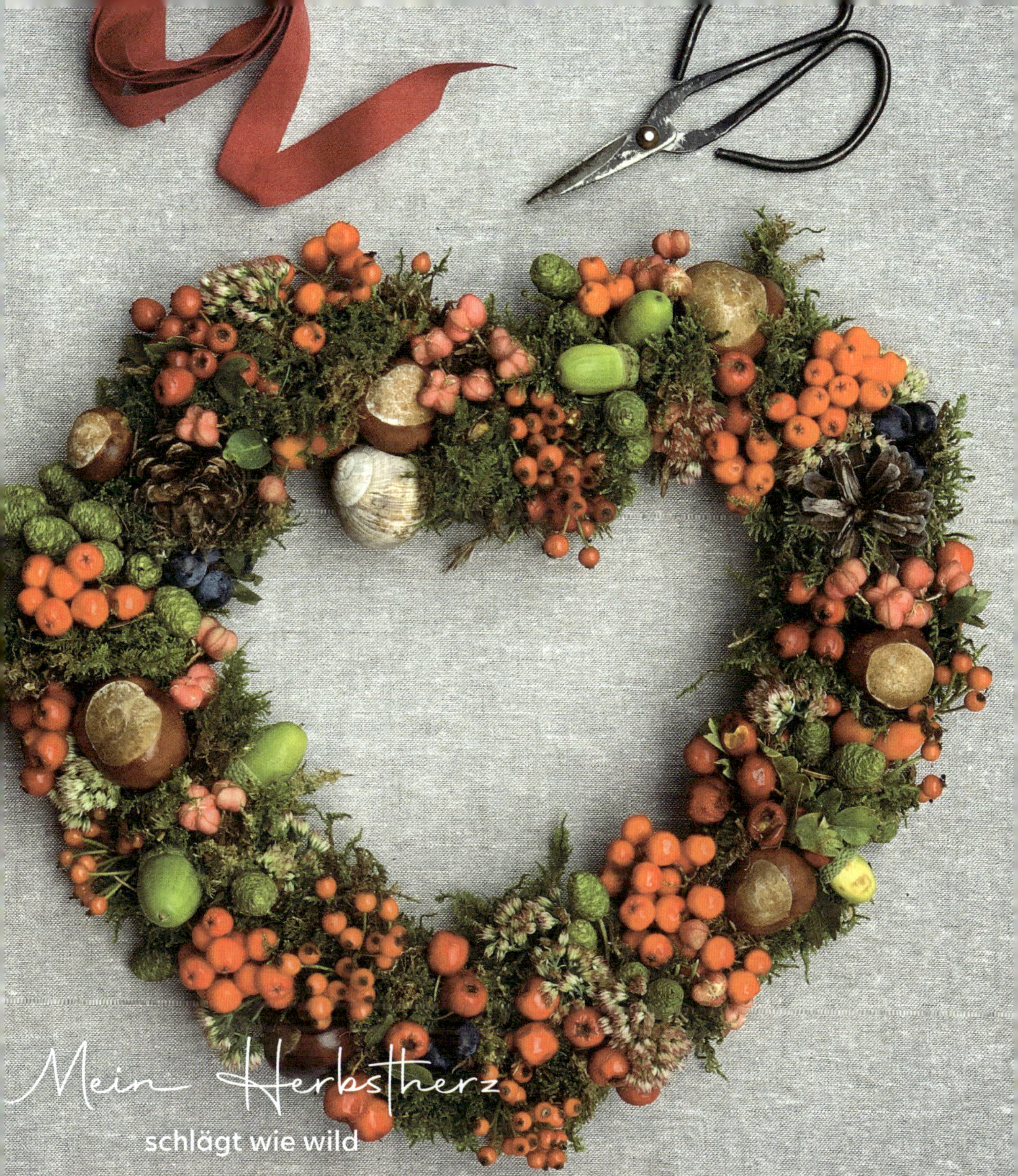

Mein Herbstherz

schlägt wie wild

PFLANZEN **Technik: Kranz binden, Rohling in Herzform**

Kastanie	Fette Henne	Kiefernzapfen
Vogelbeere	Schlehe	Eichel
Hagebutte	Moos	Schneckenhaus
Weißdorn	grüne Erlenzapfen	

Der gesteckte Herbstkranz

kommt von Herzen

PFLANZEN

Rose
Lampionblume
Kastanie
Vogelbeere

Erika
Hagebutte
Hortensie
Eichel

Fruchtstand der wilden Möhre
Liguster
grüne Erlenzapfen

Technik: Kranz stecken

In unserem gesteckten Herbstkranz lassen sich die unvergleichbare Pracht und Fülle des Herbstes einfangen und bündeln. Der Kranz hält sich auch sehr gut. Wenn man die Rosen nach dem Verwelken entfernt, glänzt der Kranz noch für einige Zeit munter weiter, und vor allem die Lampionblumen geben noch lange ihre Strahlkraft zum Besten.

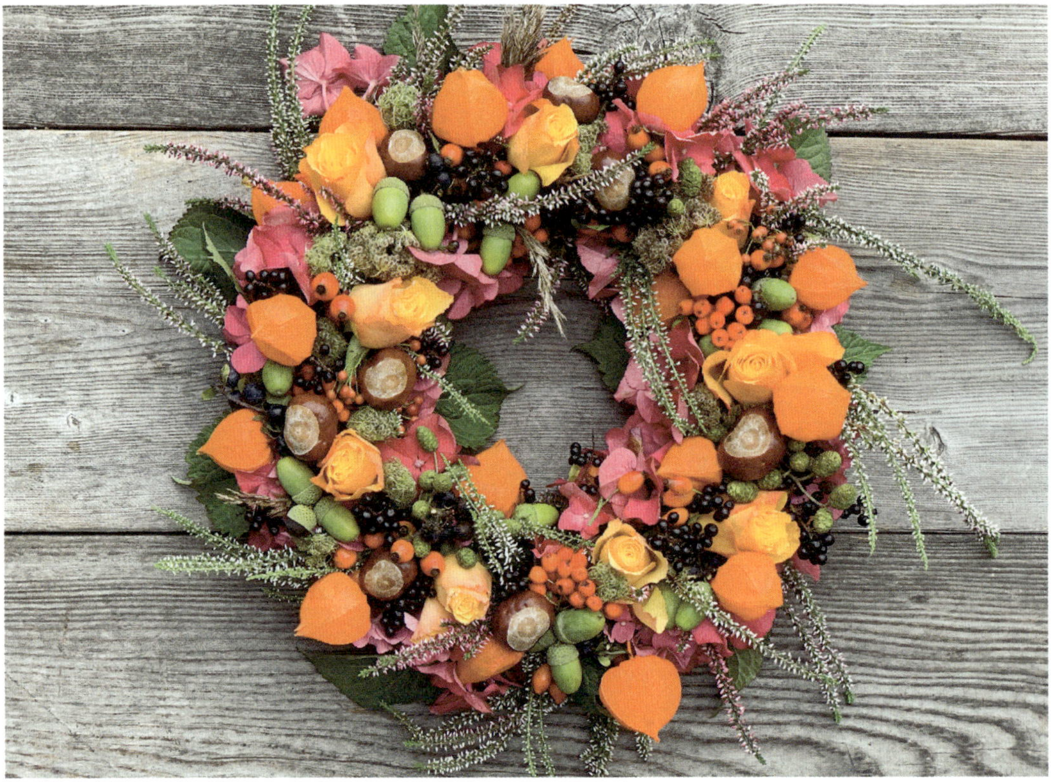

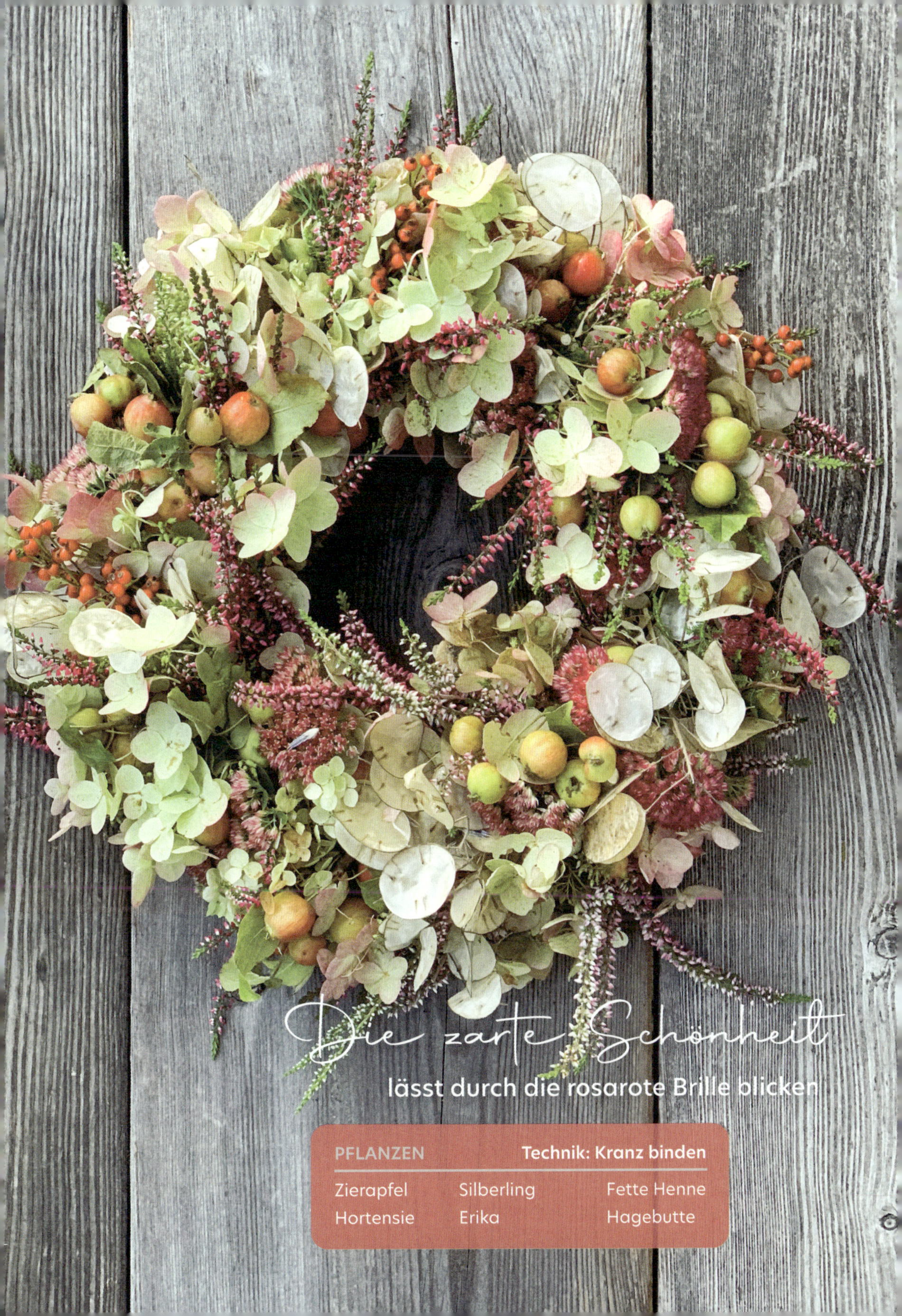

Die zarte Schönheit

lässt durch die rosarote Brille blicken

PFLANZEN — **Technik: Kranz binden**

Zierapfel	Silberling	Fette Henne
Hortensie	Erika	Hagebutte

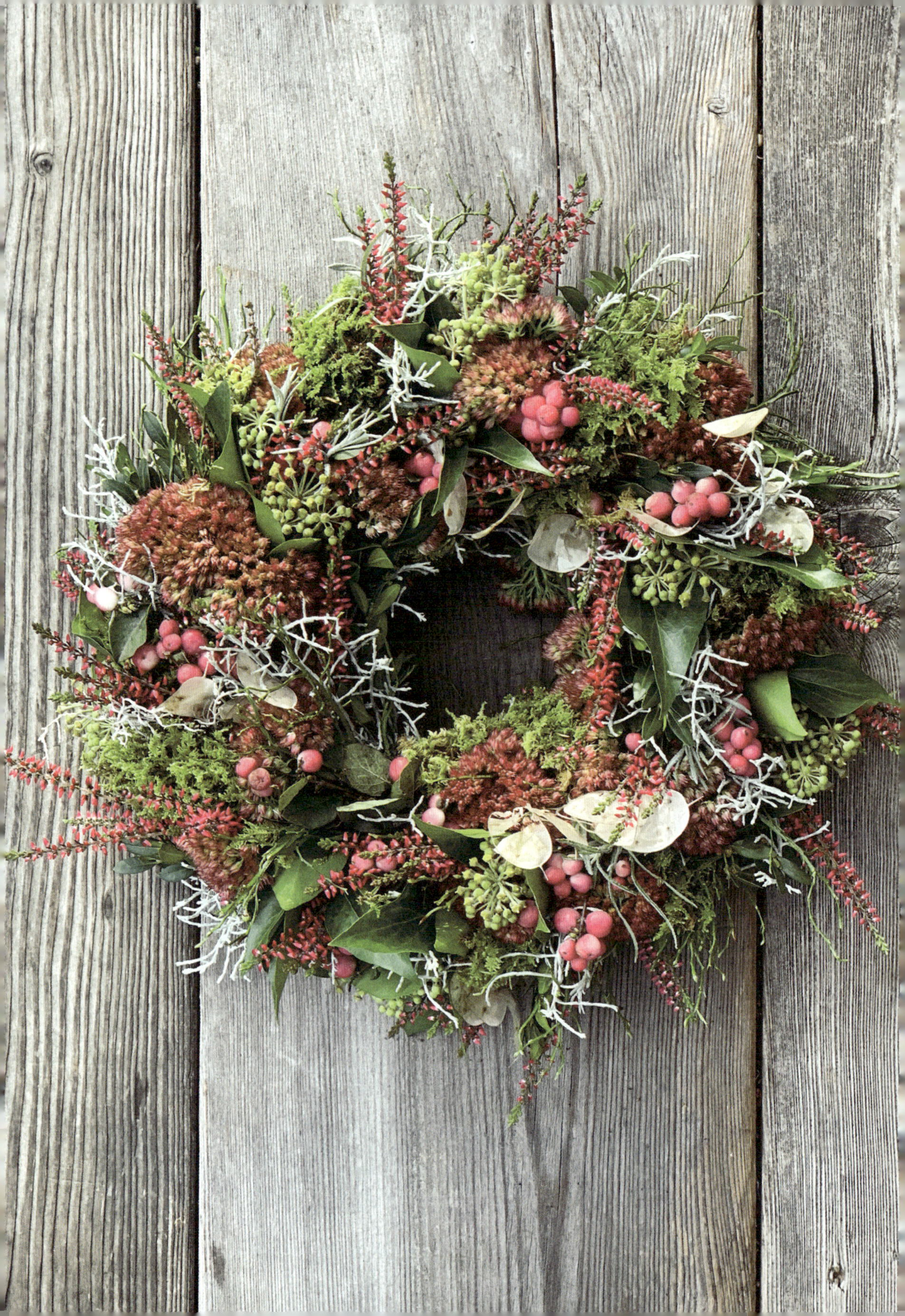

Das Schneekranzerl

erhellt graue Tage

Oh, wie schön leuchtet die rosafarbene Schneebeere. Sie stammt ursprünglich aus Amerika und wurde ab dem 19. Jahrhundert in Europa vorgefunden, bei uns ist sie inzwischen in verwilderter Form als Strauch angekommen. Das schneeweiße bis pinke Wunderwerk versprüht seinen Charme bis tief in den Winter hinein. Die Schneebeere wird gerne als »Knallerbsenstrauch« bezeichnet, denn die Früchte kann man wunderbar und lautstark platzen lassen. Das macht sie vor allem bei Kindern beliebt – doch Vorsicht: Die Früchte sind leicht giftig und sollten nicht verzehrt werden.

Die mondförmigen Silberlinge lassen den Kranz ganz verwunschen wirken. Was viele nicht wissen: Silberlinge können gut selbst angepflanzt werden, sind pflegeleicht und im Garten ein echter Hingucker.

Die Pflanzen in dieser wilden Schönheit halten sich durch die Bank sehr gut, sodass ihr lange Freude daran haben werdet.

Die Fette Henne kommt längere Zeit ohne Wasser aus und hält sich wacker. Kein Wunder also, dass sie unter anderem für Ausdauer und Langlebigkeit steht.

PFLANZEN

Schneebeere
Moos
Silberling
Fette Henne
Erika
Buchs
Stacheldrahtpflanze
Efeu
Blaubeerkraut

Technik: Kranz binden

PFLANZEN — **Technik: Kranz binden**

Rose
unreife Brombeere
Hagebutte
Moos
Fette Henne
Buchs
Erika
Efeu

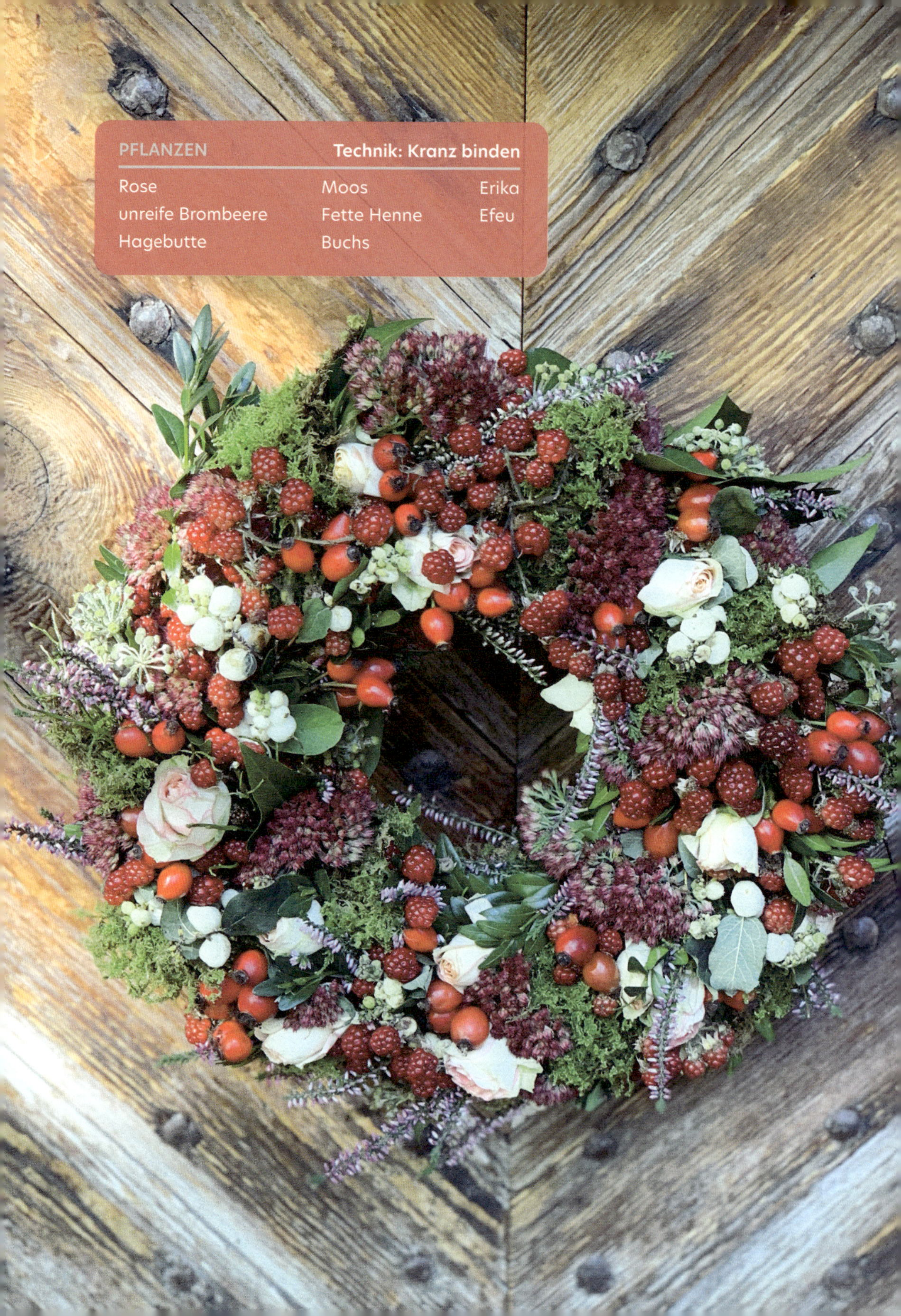

Die rote Beerenschönheit

verrät die romantische Seite

Bühne frei für unser Beerenensemble – und seine zarten Mitspieler aus Blüten und Blättern.

In diesem Kranz leuchtet vor allem die Hagebutte unwiderstehlich in purem Rot. Sie entsteht aus der Rose – doch ist nicht die verblühte kleine Schwester, sondern ihr wertvoller Kern. Daher wird sie auch gerne als die »Seele der Rose« bezeichnet. Sie ist das Symbol der Zuneigung, Fruchtbarkeit und Verehrung der Toten. In der Blumensprache will sie uns vermitteln: »Verstoß mich nicht!« Vielleicht erinnert sich der ein oder andere auch an Kindheitstage, an denen man aus den Kernen der Hagebutte »Juckpulver« erstellt hat. Verantwortlich für den Juckreiz sind die kleinen Widerhaken, die sich an den Härchen der Kerne befinden – doch hier in unbeschädigter Pracht muss sich keiner scheuen, die Früchte anzufassen. Zieht euch am besten Handschuhe an, wenn ihr Hagebutten erntet, die Zweige haben Dornen, wie man es von Rosen nun mal kennt.

Die Heidepflanze Erika lockert den Kranz mit ihren sanften Stängeln wunderbar auf. Erika zählt zu unseren immer gern verwendeten Bastelstars. Sie ist auf Herbst-Winter-Wanderungen anzutreffen und in heimischen Beeten ein absoluter Gutgeist. Sie blüht jedes Jahr aufs Neue wie ein üppiger Teppich, ohne dass sie große Zuwendung benötigt. Erika ist auch ganz gerne allein für sich, und so vermittelt sie in der Blumensprache: »Ich liebe die Einsamkeit.«

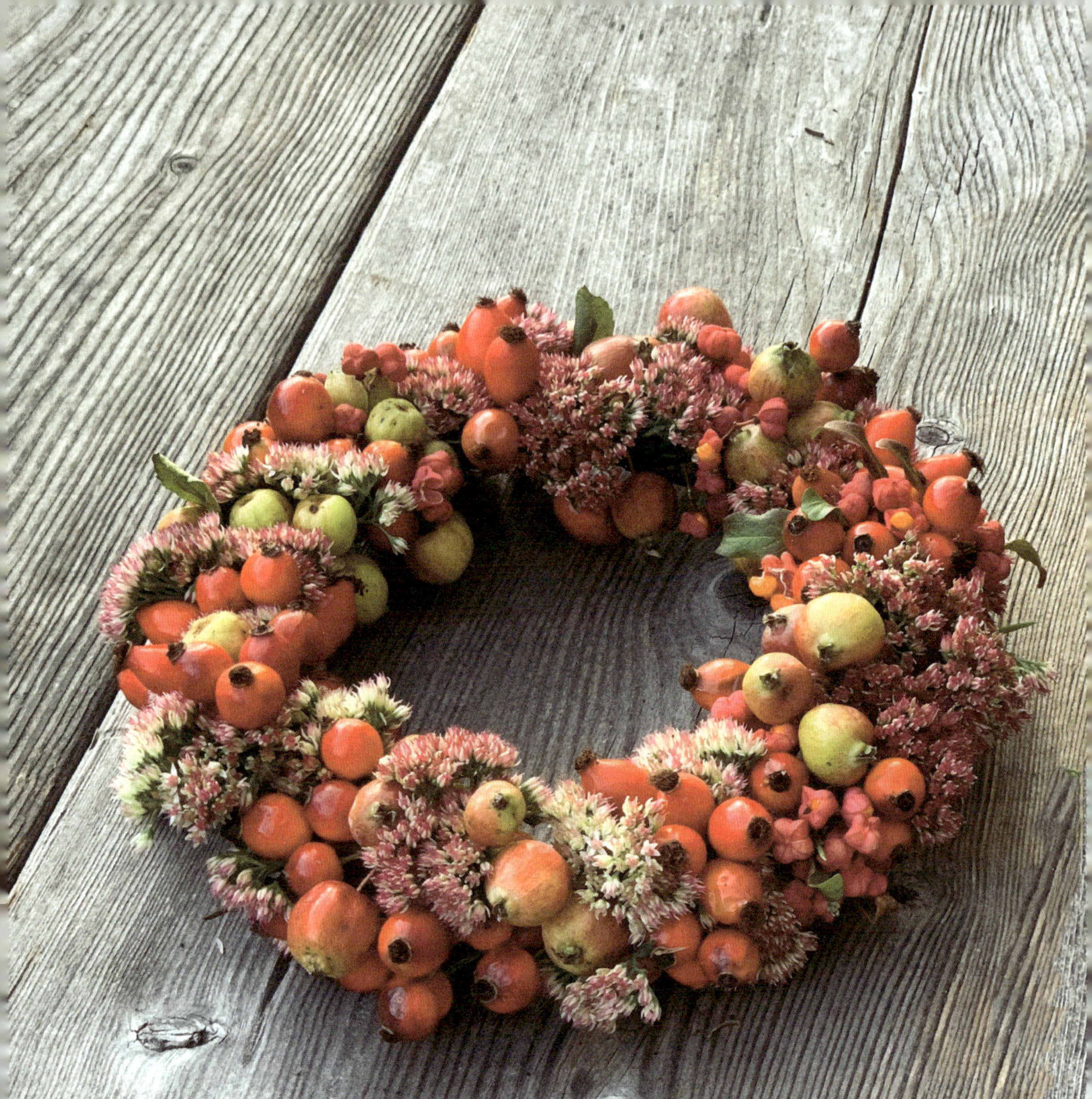

Der Fruchtige

enthält geballte Beerenpower

PFLANZEN	Technik: Kranz binden
Zierapfel	Erika
Hagebutte	Fette Henne
Lavendellaub	Buchs
unreife Brombeere	Weißdorn

Der Boho-Kranz

schmückt lässig und leger

Wenn sich die Blüten langsam zurückziehen, werden Gräser zum Blickfang der herbstlichen Szenerie. Berührt sie die Sonne, wandeln sie sich zu funkelnden Skulpturen. Selbst vom Frost geküsst, bleiben sie majestätisch stehen und wiegen sich sanft, ja fast tanzend im Wind. Der bekannte Gartenphilosoph Karl Foerster (1874–1970) bezeichnete sie als »Haar der Mutter Erde«. Seiner Meinung nach gleicht ein Garten ohne Gräser einem Orchester ohne tonangebenden Dirigenten – ein deutliches Plädoyer für ein halmenreiches Zuhause.

PFLANZEN

Schilfgras
Fruchtstand des Beifuß

Technik: Kranz binden

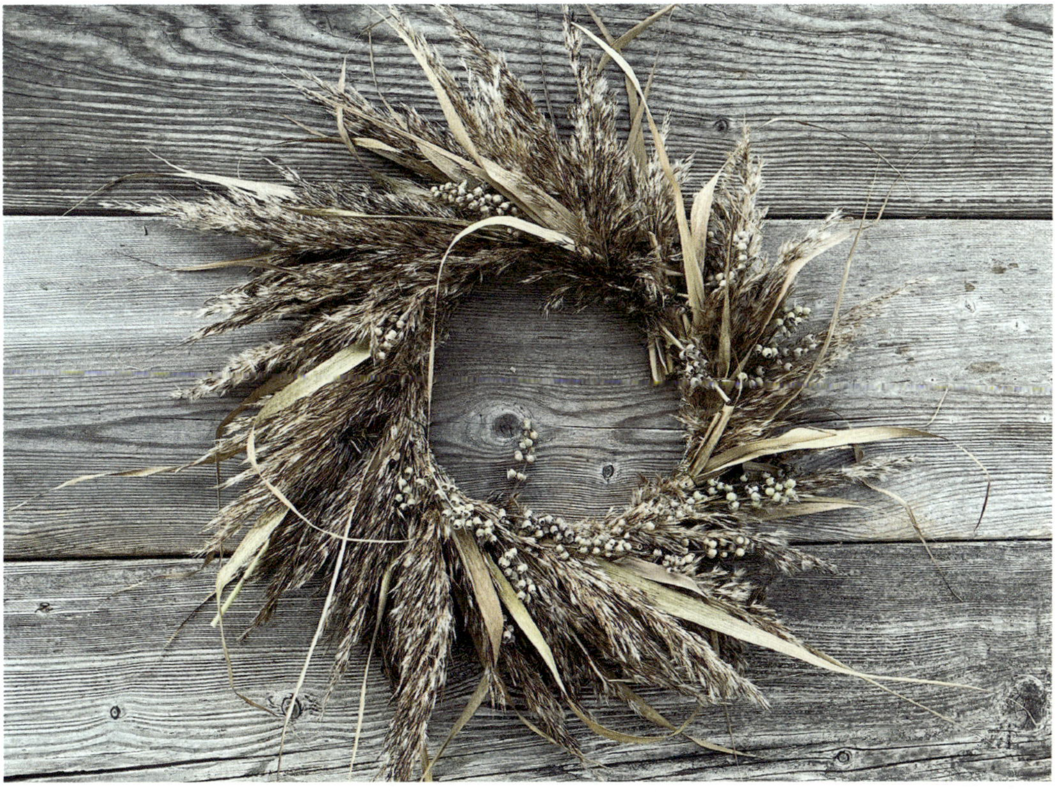

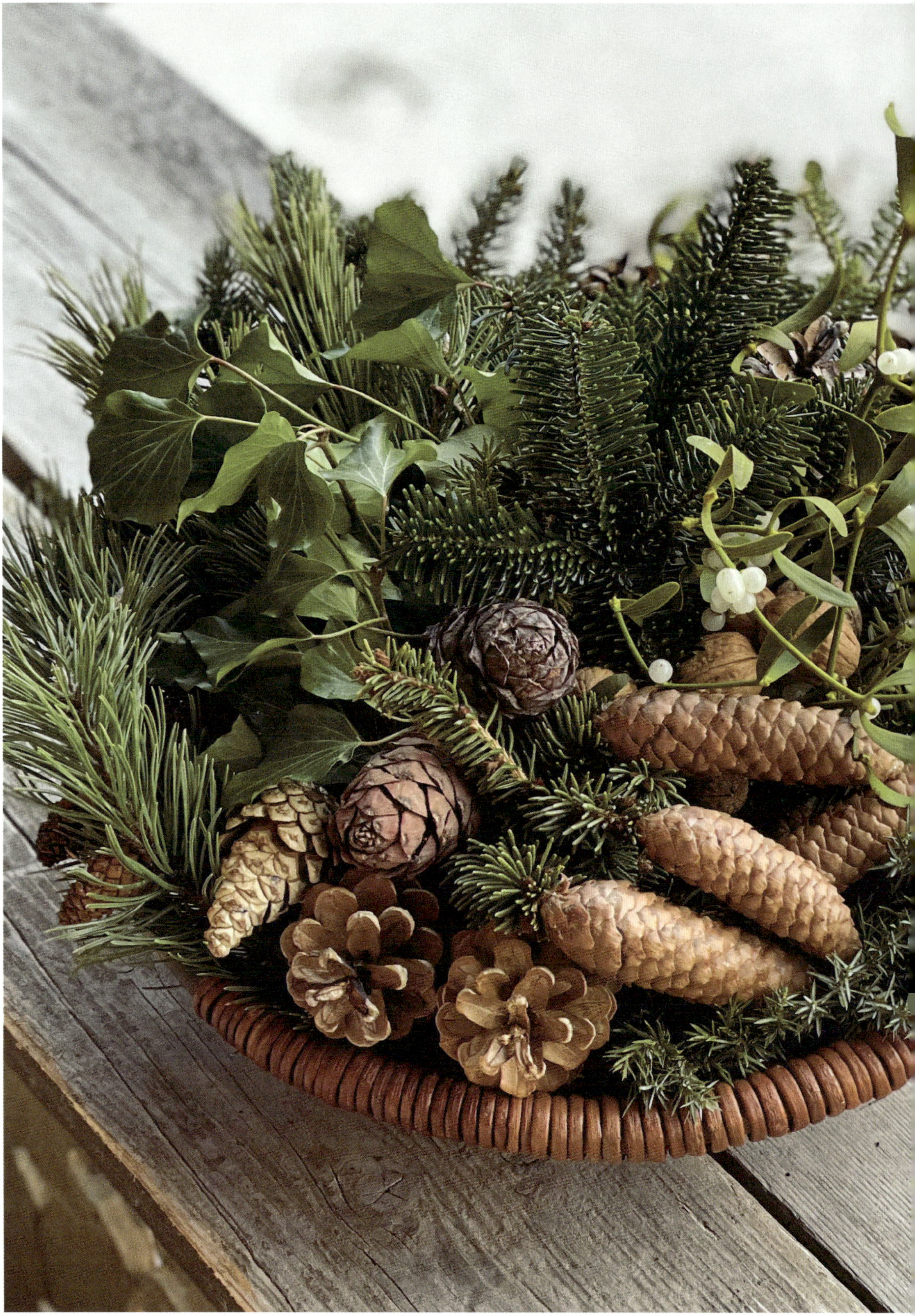

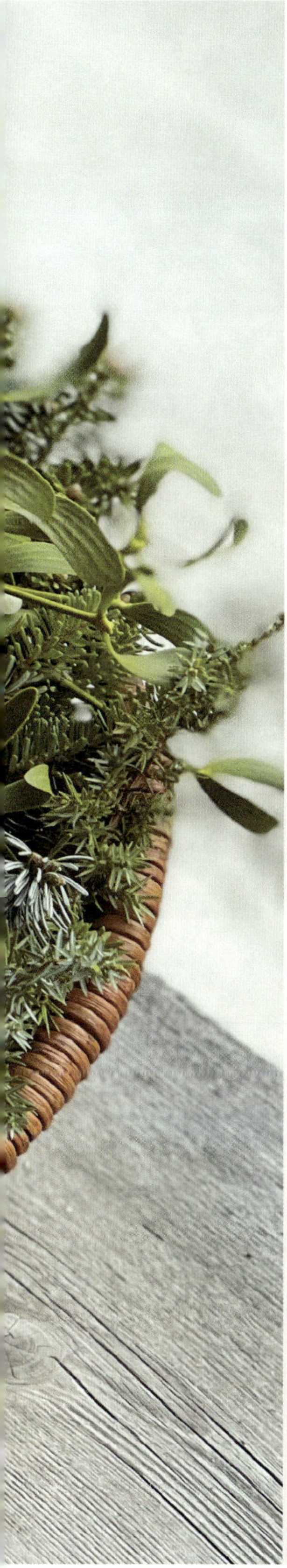

Zapfenzeit

»In jedem Winter steckt
ein zitternder Frühling.«

Khalil Gibran

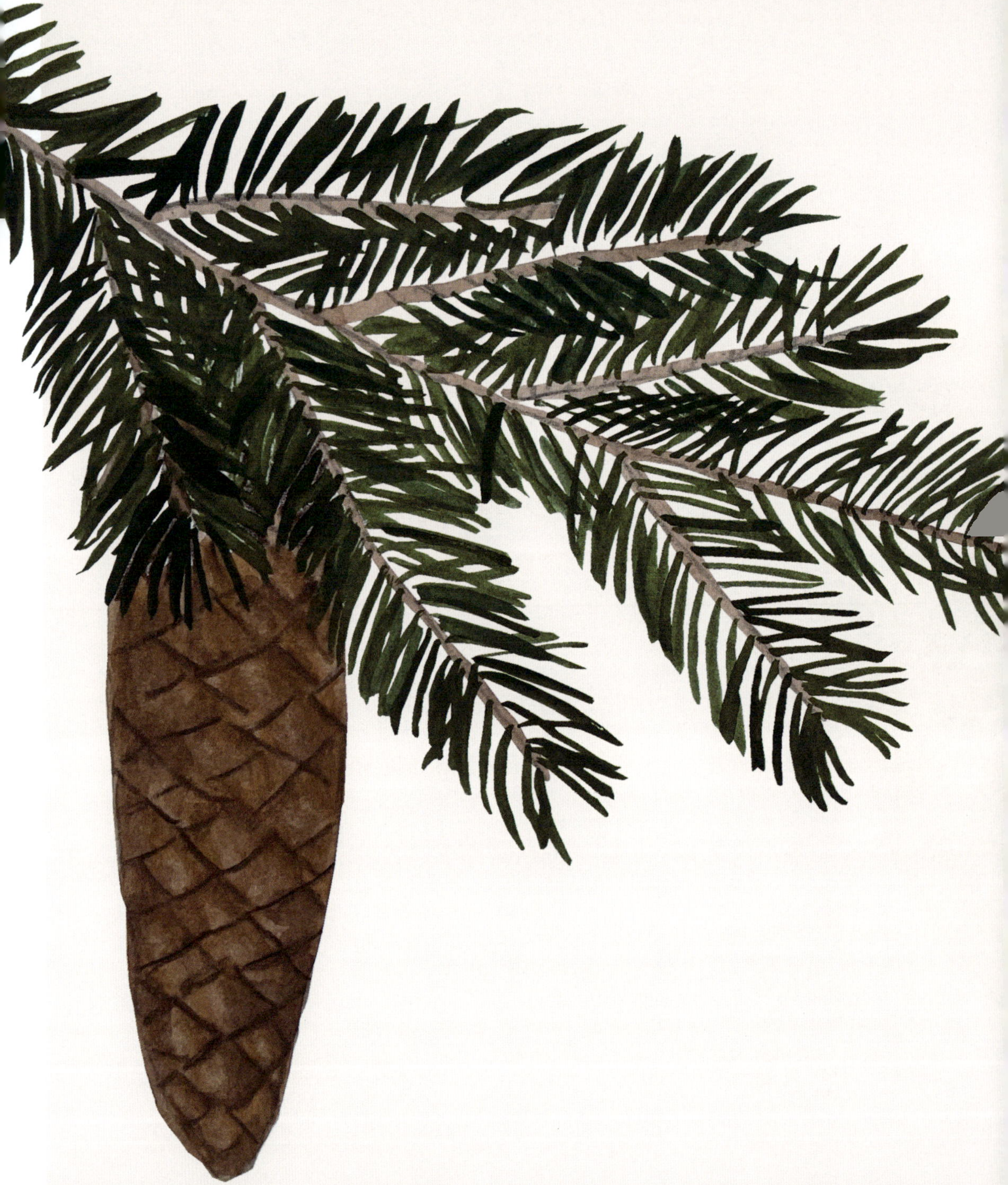

Zweige und Zapfen läuten den Winter ein

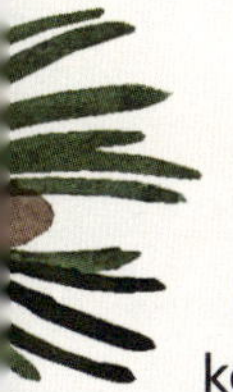

Wohl kaum eine Jahreszeit ist romantischer als der Winter. Die Natur kommt zur Ruhe, auch wir kehren uns stärker nach innen und verbringen mehr Zeit zu Hause. Die Tage werden kürzer, die Nächte länger. Dunkle Zeiten stehen bevor, und das ist auch gut so – denn dann können wir es uns so richtig gemütlich und heimelig machen.

Doch selbst im weißen Kleid und Winterschlaf fehlt es der Natur nicht an Schätzen, die wir für Kränze und Basteleien verwenden können – sie sind eben nur nicht mehr so bunt und offensichtlich wie in den warmen Jahreszeiten. Sieht man etwas genauer hin, ist dennoch vieles zu entdecken: Zweige, Zapfen, Rinden und auch ein paar Farbkleckse von Winterbeeren und märchenhaften Winterblühern erwarten uns direkt vor der Haustüre und wollen in die eigenen vier Wände verpflanzt werden. Leuchtendes Moosgrün, sanftes Braun und überraschende Rottöne kreieren eine Farbwelt, die harmonischer nicht hätte entworfen werden können.

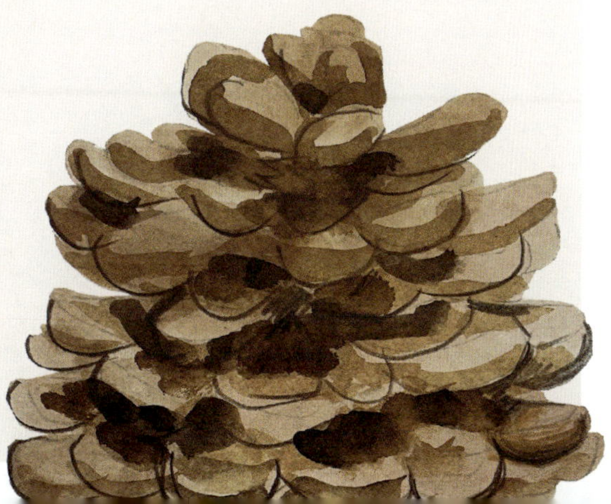

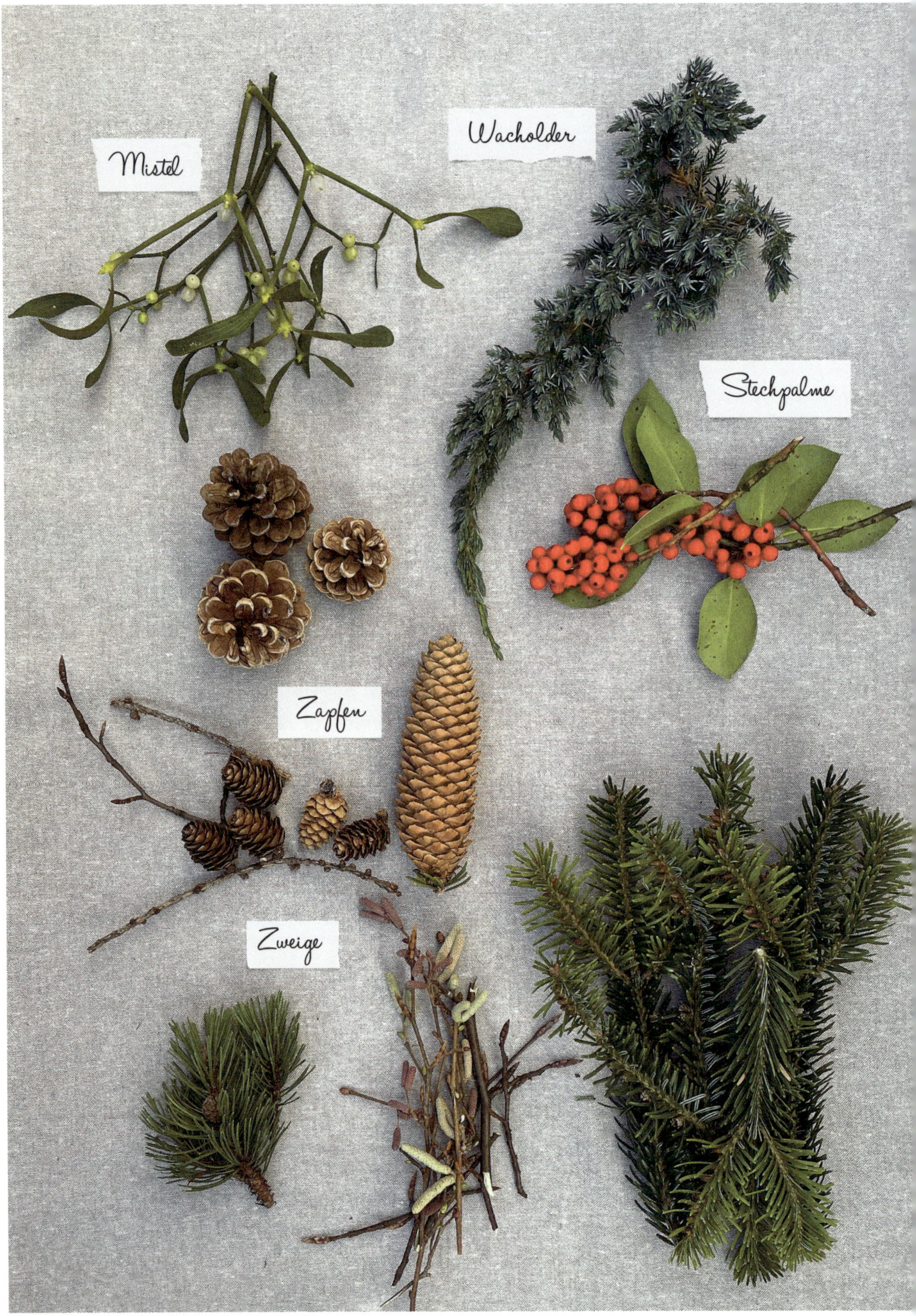
Mistel
Wacholder
Stechpalme
Zapfen
Zweige

Zapfenzeit
auf einen Blick

ZWEIGE
Zweige sind wahre Allroundtalente. An Hauseingängen, auf Fensterbrettern oder für Tischarrangements: Sie sehen immer gut aus und verströmen mit ihrem oft harzigen Duft ein heimeliges Gefühl. Ein Geschenk zur Winterzeit mit einem Zweig und einem schönen Band umwickelt, bekommt gleich eine persönliche und liebevolle Note.

ZAPFEN
Wusstet ihr, dass Zapfen wetterfühlig sind? Ihre Struktur lässt sie das Klima fühlen. Ist es feucht, bleiben die Schuppen geschlossen, ist es trocken, öffnen sie diese und verteilen sie im Wind – kleine Wetterpropheten also, die uns über das Wetter und die Natur, in der wir leben, unterrichten und uns so wieder ein Stück zurück zur Ursprünglichkeit führen.

STECHPALME
Die Beeren der Stechpalme sind ab Oktober reif, für uns jedoch giftig. Für Vögel nicht – nachdem die Beeren Frost bekommen haben, piksen sie sie gerne vom Strauch runter. Beim Sammeln also immer genügend Beeren für die Tiere am Baum lassen.

WACHOLDER
Wacholder gehört zu den Zypressengewächsen und tritt in circa 70 verschiedenen Arten auf. Der Wacholder mit seinen Beeren ist eine sehr kräftige Heilpflanze und vor allem als Würzpflanze in der Küche bekannt. Seine ausdrucksstarken Beeren bringen Charakter in unsere Basteleien. Wusstet ihr, dass Wacholderbeeren drei Jahre benötigen, bis sie reif sind? Das Farbspektrum der unterschiedlichen Reifestationen reicht von grün bis fast schwarz. Wacholder wird gerne auch als Kranewitt oder Feuerbaum bezeichnet.

MISTEL
In unseren Breitengraden gibt es hauptsächlich die weißbeerige Mistel, die auf Tannen, Kiefer- und Laubholzbäumen wie Linden-, Weiden-, Apfel- oder Pappelbäumen entsteht. Als Halbschmarotzer wohnt sie bereits ab März in den Baumkronen – wird jedoch meist erst sichtbar, wenn die Bäume wieder kahl sind. Die weißen Beeren sind im Dezember reif, der optimale Zeitpunkt für unsere Winterbasteleien. Der Haken an der Sache? Zu den Baumkronen kommt man nicht so leicht, und ohnehin ist die Mistel eine geschützte Pflanze, die nicht einfach gesammelt werden darf. Zum Glück fallen Mistelzweige immer wieder vom Baum ab und liegen dann zur freien Entnahme am Wegesrand. Auch auf Naturmüllplätzen und Schnittgutplätzen von Waldarbeitern sind sie gerne dabei – Augen also offen halten.

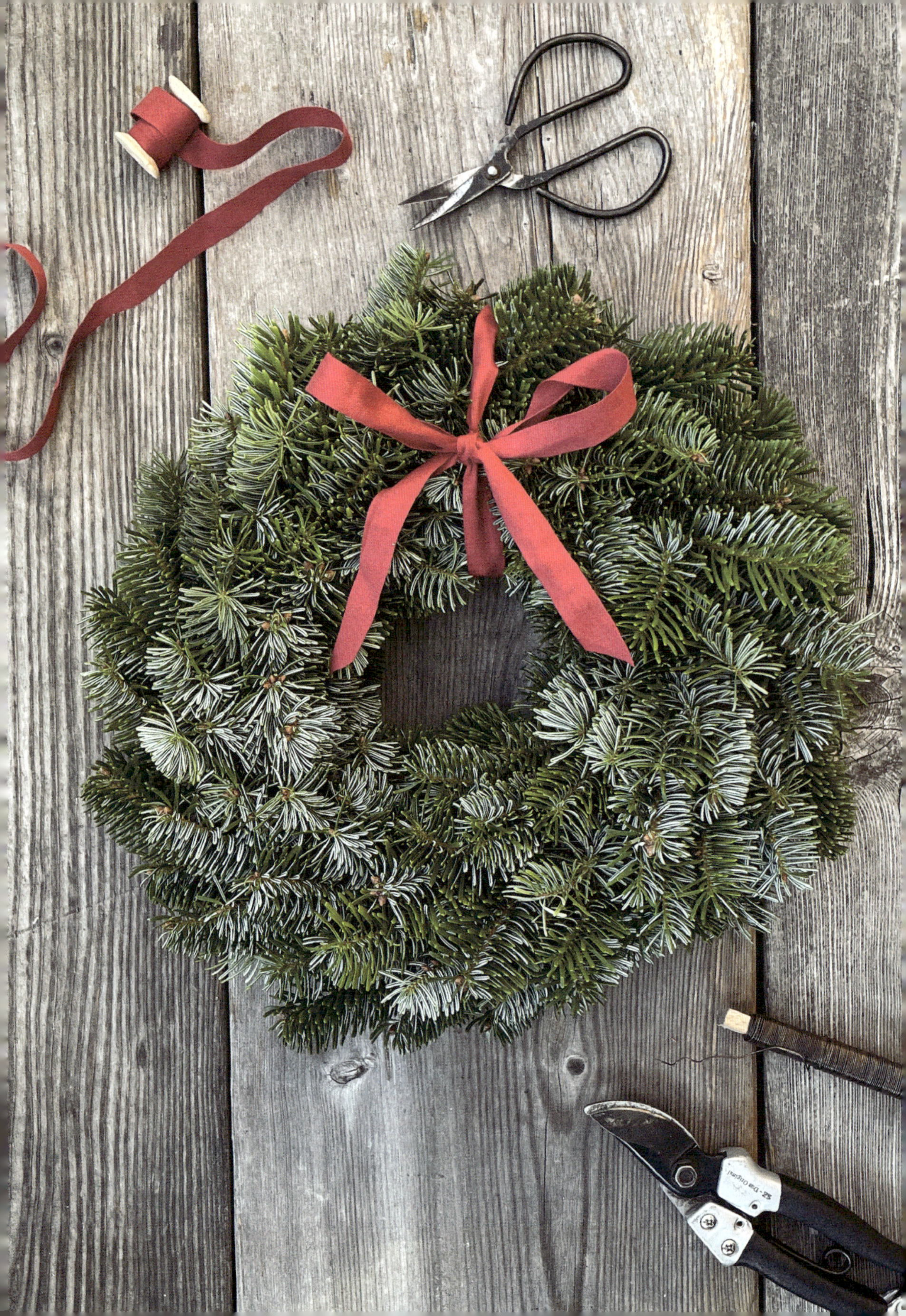

Der winterliche Basiskranz

ist wunderbar wandelbar

Dieser schlichte Kranz eignet sich hervorragend als Basis für sämtliche Winterkränze – ist aber auch pur eine unkomplizierte Schönheit: Mascherl drauf und fertig.

Die Tanne wurde schon von den Germanen als »Mittwinterbaum« bezeichnet. Sie erfreuten sich an ihrem beständigen Wachstum und verliehen ihr das Attribut der Lebenskraft. Auch von anderen immergrünen Bäumen und Sträuchern können die Zweige für den Basiskranz verwendet werden, beispielsweise von der Fichte, der Kiefer oder dem Wacholder.

Das Endergebnis steht und fällt wie immer mit dem Material: Achtet beim Sammeln der Zweige darauf, dass ihr möglichst viele gleichmäßige schöne »Dreieräste« mit nach Hause nehmt. Den Rohling könnt ihr hier wieder fertig kaufen oder aus den übrigen, groberen Ästen zur gewünschten Größe formen. Der Vorteil vom selbst gemachten Rohling ist, dass er nicht so leicht durchschimmert – außerdem ist er die ressourcenschonendere Variante.

Das Tollste am Basiskranz ist, dass er nach dem Ableben und Abdekorieren einfach direkt ins Feuer geworfen werden kann – praktisch und ein schönes Ritual obendrein. Im Feuer bleibt nur der Draht über, den ihr entsorgen könnt, sobald er ausgekühlt ist.

PFLANZEN

Nadelbaumzweige

Technik: Kranz binden

Winterlichen Basiskranz binden

DAS WIRD BENÖTIGT:

Zweige
Draht
Gartenschere
Rohling

SO WIRD'S GEMACHT:

Einen Basiskranz zu binden, rentiert sich gleich doppelt: Er dient entweder pur als Dekoration oder bildet eine wunderbare Basis für weitere Basteleien. Am besten eignen sich Dreieräste dafür, aber ebenso ein paar schöne Einzelzweige werden benötigt.

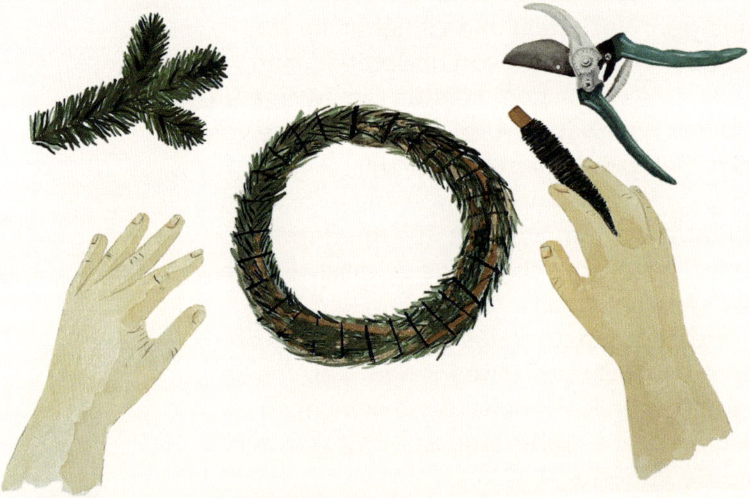

1. Zweige und Werkzeug gebrauchsfertig auf einem großen Tisch vorbereiten. Da die Äste teilweise noch verharzt sind und etwas kleben können, am besten Zeitungspapier unterlegen. Mit der Gartenschere die Zweige auf eine Länge von circa 15 cm schneiden.

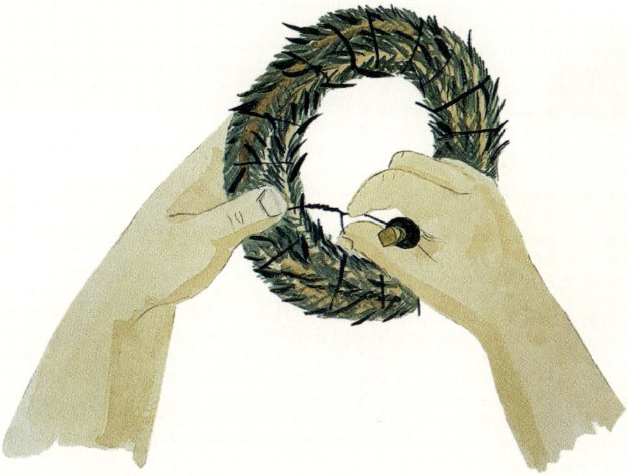

2. Den Bindedraht durch Verdrillen fest am Rohling befestigen.

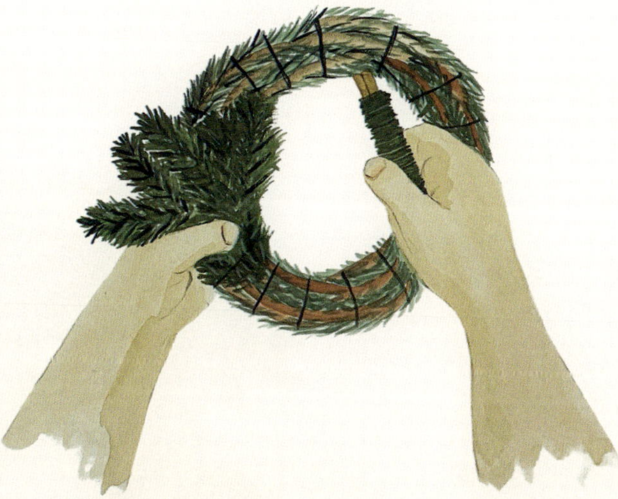

3. Nun ein erstes Bündel an Zweigen zuerst an der Oberseite und weiters rund um den ganzen Kranz anbringen, indem das untere Drittel der Zweige mit Draht am Rohling fixiert wird – gerne zwei, drei Runden drehen, damit auch alles schön fest sitzt. Wichtig ist, dass gleichmäßig gearbeitet wird. Wenn der Kranz hauptsächlich auf der Oberseite betrachtet wird – zum Beispiel bei der Verwendung als Tischdeko –, kann auf der Unterseite Material gespart werden. →

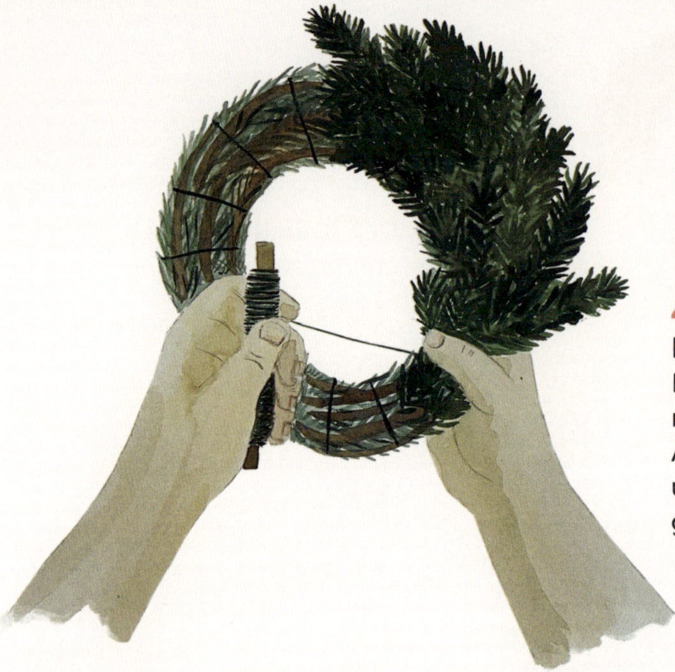

4. Je mehr Material ihr anbringt, umso üppiger wird der Kranz – die Stärke kann also nach Belieben variiert werden. Auf diese Weise wird nun Lage um Lage rund um den Kranz gewickelt.

5. Fast geschafft: Damit Anfang und Ende des Kranzes am Schluss nicht erkennbar sind, ist es wichtig, bei der Fertigstellung noch mal ganz sauber zu arbeiten. Die Stiele des letzten Pflanzenbündels werden gut unter dem ersten versteckt. Sollten die Stiele zu lang sein, werden diese etwas gekürzt.

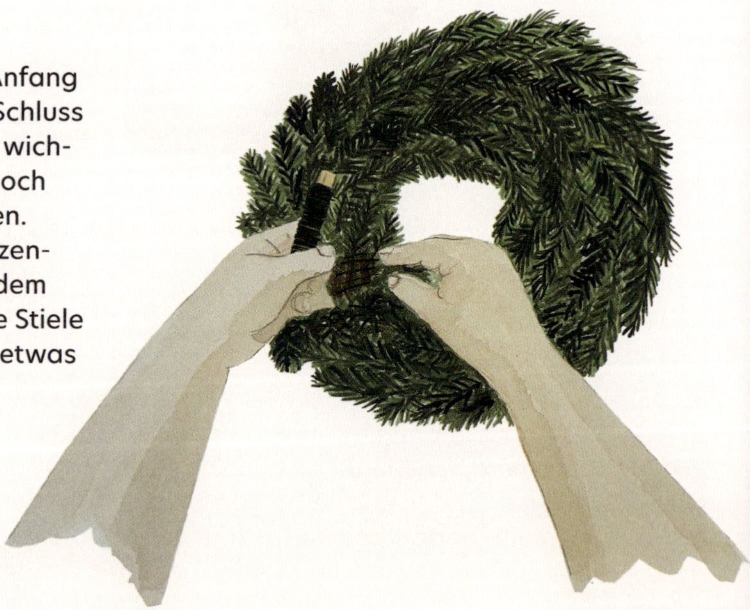

6. Nun muss nur noch der Draht fixiert werden. Dafür den Kranz umdrehen und den Draht mit einem Überstand von circa 20 cm abschneiden. Das Drahtende nun »vernähen«, sprich: es abwechselnd unter und ober den Drahtschlaufen durchfädeln. Das Ende von circa 2 cm einfach in den Rohling stecken.

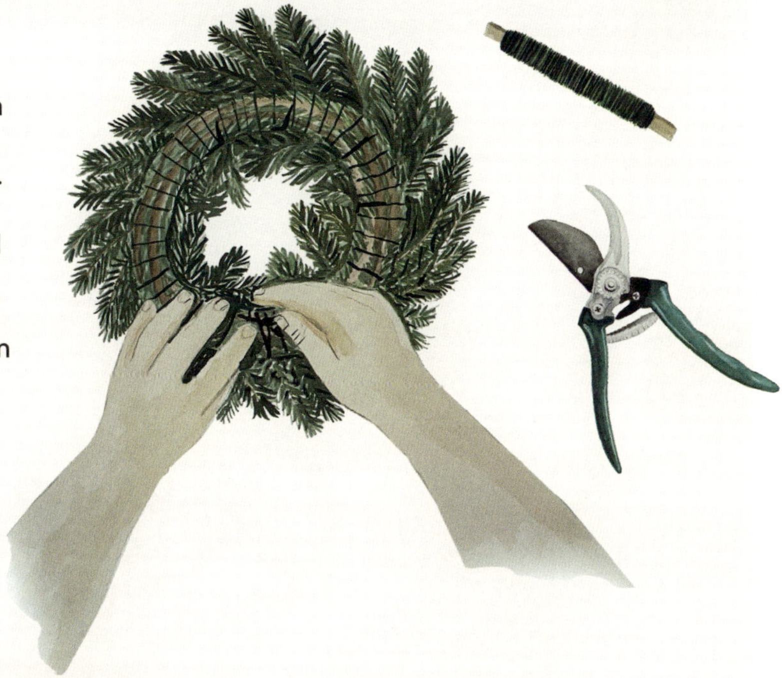

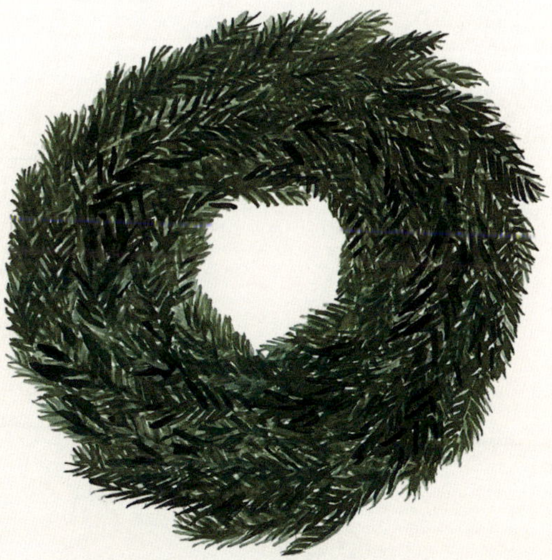

7. Bestaunen und freuen.

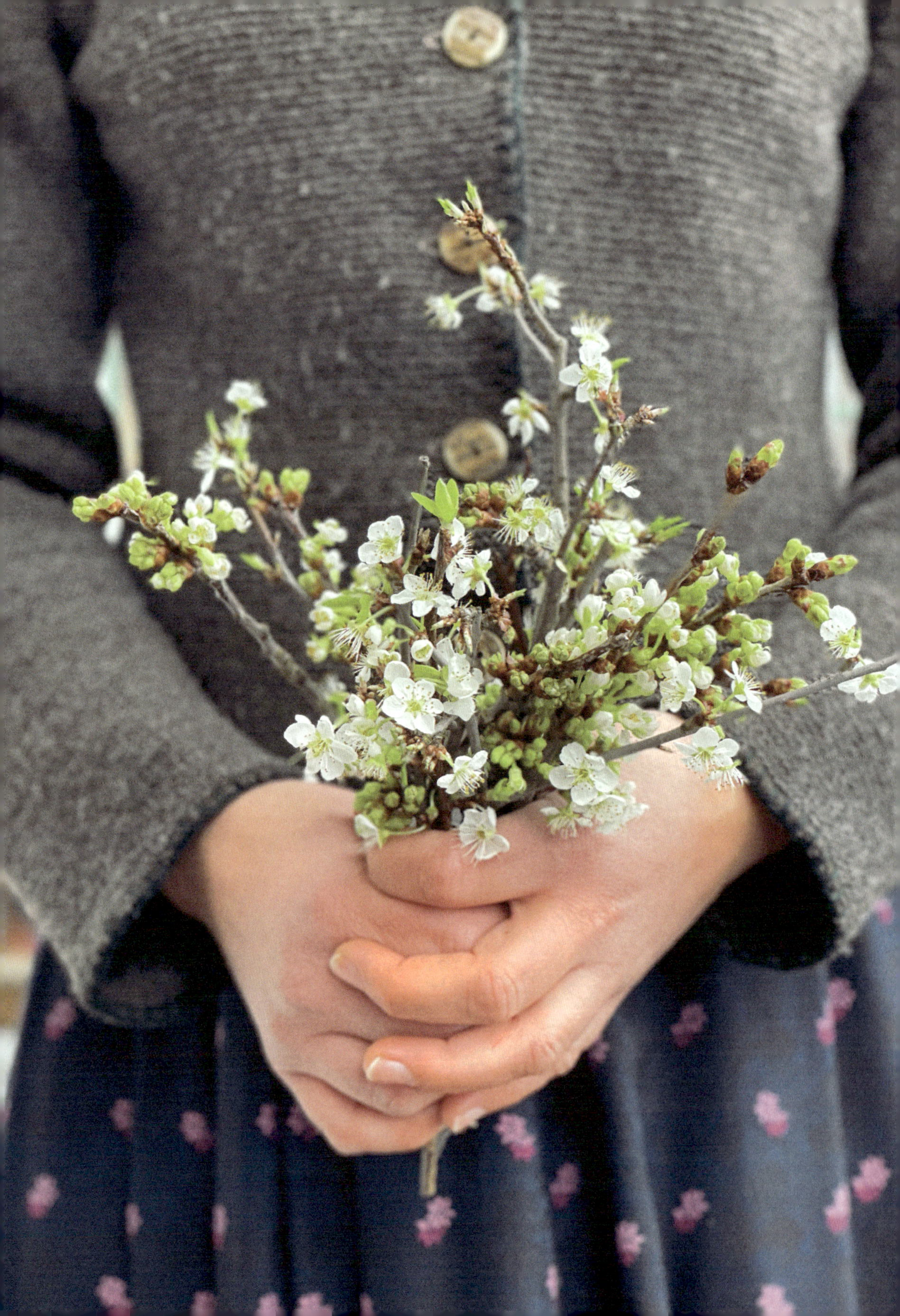

Blühende Zweige

lindern den Winterblues

PFLANZEN

- Obstbaumzweige

Ihr sehnt euch bereits nach etwas Blühendem, die Natur steckt aber noch im Winterschlaf? Wir kennen einen Trick, der den Frühling schon etwas früher ins Haus holt: Schneidet ein paar Zweige ab und steckt sie in eine Vase mit lauwarmem Wasser, das ihr alle paar Tage wechselt. Ihr werdet sehen: Nach einigen Tagen habt ihr wunderschön blühende Zweige in eurem Zuhause. Geeignet dafür sind Obstbäume wie Apfel-, Pflaumen-, Kirschen- oder auch Schlehenbäume und Sträucher. Wichtig ist nur, dass die Zweige bereits Frost bekommen haben – aber das ist im Winter normalerweise ja der Fall …

Am Barbaratag, dem 4. Dezember, hat das Einwässern von Zweigen lange Tradition. Der Tag ist der heiligen Barbara von Nikomedia (heutiges Izmir in der Türkei) gewidmet – einer verehrten Märtyrerin aus dem dritten Jahrhundert – und erinnert bis heute an die Legenden, die sie umranken. Die vielen Überlieferungen präsentieren ihre Geschichte stets etwas unterschiedlich. Zumeist wird aber berichtet, dass Barbara – eine reiche Kaufmannstochter aus heidnischem Hause – von ihrem Vater in einen Turm gesperrt worden sein soll, weil sie sich dem christlichen Glauben angeschlossen hatte. Mit einer Träne soll Barbara dort einen verdorrten Kirschbaumzweig benetzt haben, der daraufhin zu blühen begann und ihr Trost und

Hoffnung schenkte. Für ihre Standhaftigkeit im Glauben soll sie letztendlich von ihrem Vater eigens enthauptet worden sein. Im Moment des Todes soll der Kirschzweig ein zweites Mal erblüht, ihr Vater hingegen sofort vom Blitz getroffen worden sein.

Seit dem Spätmittelalter zählt Barbara zu den 14 Nothelfern – in der katholischen Tradition besondere Schutzpatrone, die im Gebet angerufen werden. Zum Gedenken an sie werden seit dem zwölften Jahrhundert am 4. Dezember Zweige geschnitten und das »Barbarawunder« bestaunt. Damit sollen auch frühlingshafte Kräfte beschworen werden, die den Winter überwinden. Denn wie alle Nothelfer bestimmt die heilige Barbara auch die Wetterregeln.

Nach alter Überlieferung heißt es, wenn die Gehölze, die bei aufgehender Sonne ins Haus geholt und dort ins Wasser gestellt werden, zur Weihnachtszeit erblühen, bringen sie Glück fürs neue Jahr. Psssst – hier könnt ihr etwas tricksen: Wenn ihr merkt, dass die Knospen zu früh zu blühen beginnen, stellt sie einfach in einen kälteren Raum. Wenn sie im umgekehrten Fall zu sehr auf sich warten lassen, stellt sie an einen warmen Ort, zum Beispiel neben den Ofen oder die Heizung. Dem Glücksorakel helft ihr damit etwas auf die Sprünge. Ihr werdet sehen, wie entzückend die zarten Blüten Herz und Zuhause erwärmen und nach und nach ihren ganz besonderen Zauber verbreiten.

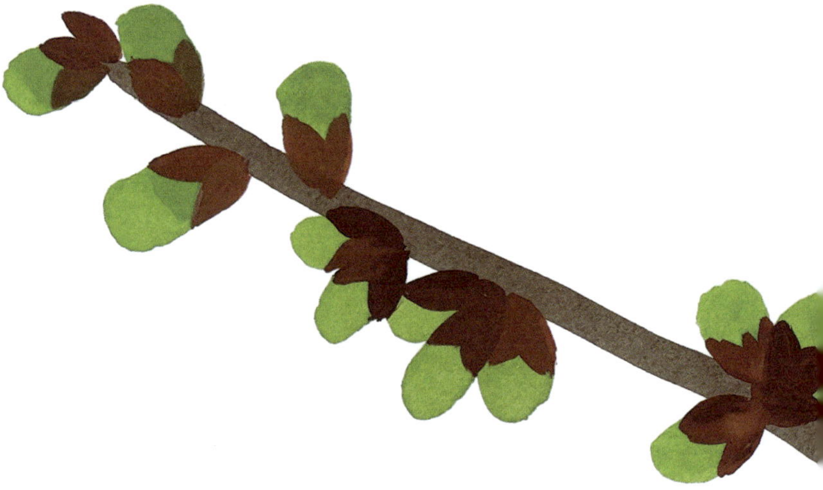

»Geht Barbara im Klee,
kommt's Christkind
im Schnee.

Barbara im weißen
Kleid, verkündet
gute Sommerzeit.«

Aus dem Volksmund

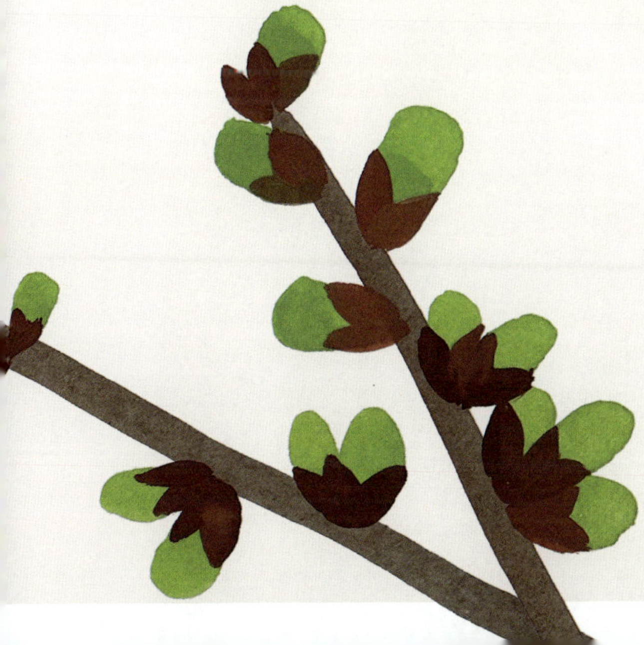

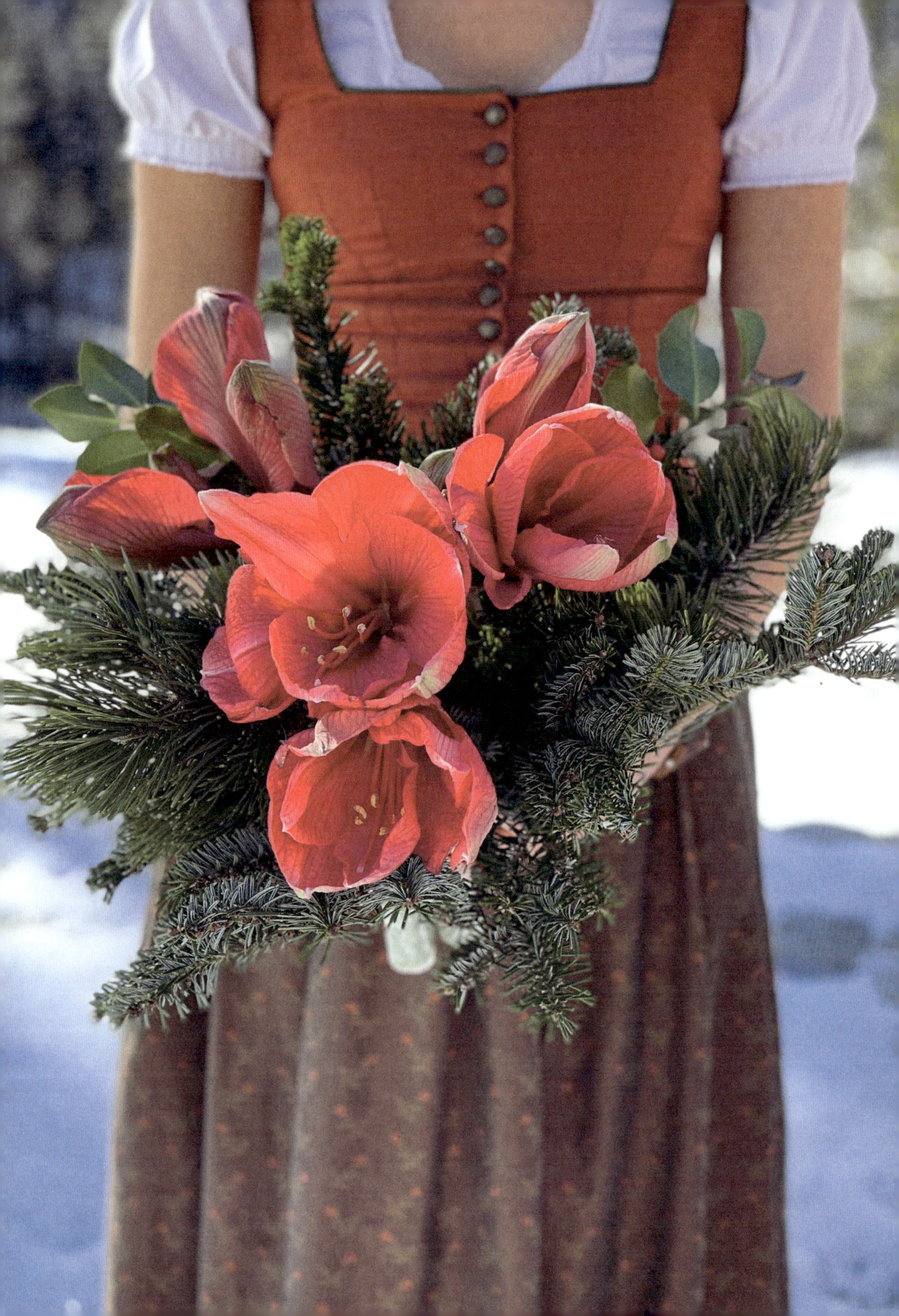

Der Winterstrauß

spielt mit seinen Reizen

Kein Blumenstrauß im Winter? Oh doch, und was für einer: Umringt von Kiefer, Tanne und Stechpalme, ist die Amaryllis der Shootingstar im winterlichen Strauß. Die prachtvolle Zwiebelpflanze wird auch als Rittersstern bezeichnet und bringt mit ihrer beeindruckenden sternförmigen Blüte etwas Leben und Farbe in graue Wintertage. Ihrer Entwicklung zuzusehen, ist etwas Besonderes, denn die kleine Knospe entfaltet sich rasch zur Megablüte und thront stolz in ihrem großen Blütentrichter.

Achtet darauf, dass ihr die Vase nicht mit zu viel Wasser füllt und das Wasser regelmäßig wechselt. Nach dem Kürzen der Amaryllis ist es ratsam, den Schaft knapp an der Schnittstelle mit Klebeband zu umwickeln – dadurch kann sich der Stängel nicht aufdrehen, und die Pflanze ist länger mit Wasser versorgt. Die Amaryllis ist übrigens giftig für uns, also immer gut Hände waschen, wenn ihr sie angefasst habt, oder Handschuhe anziehen, wenn ihr damit arbeitet.

PFLANZEN

Amaryllis
Tanne
Kiefer
Stechpalme

Technik: Strauß binden

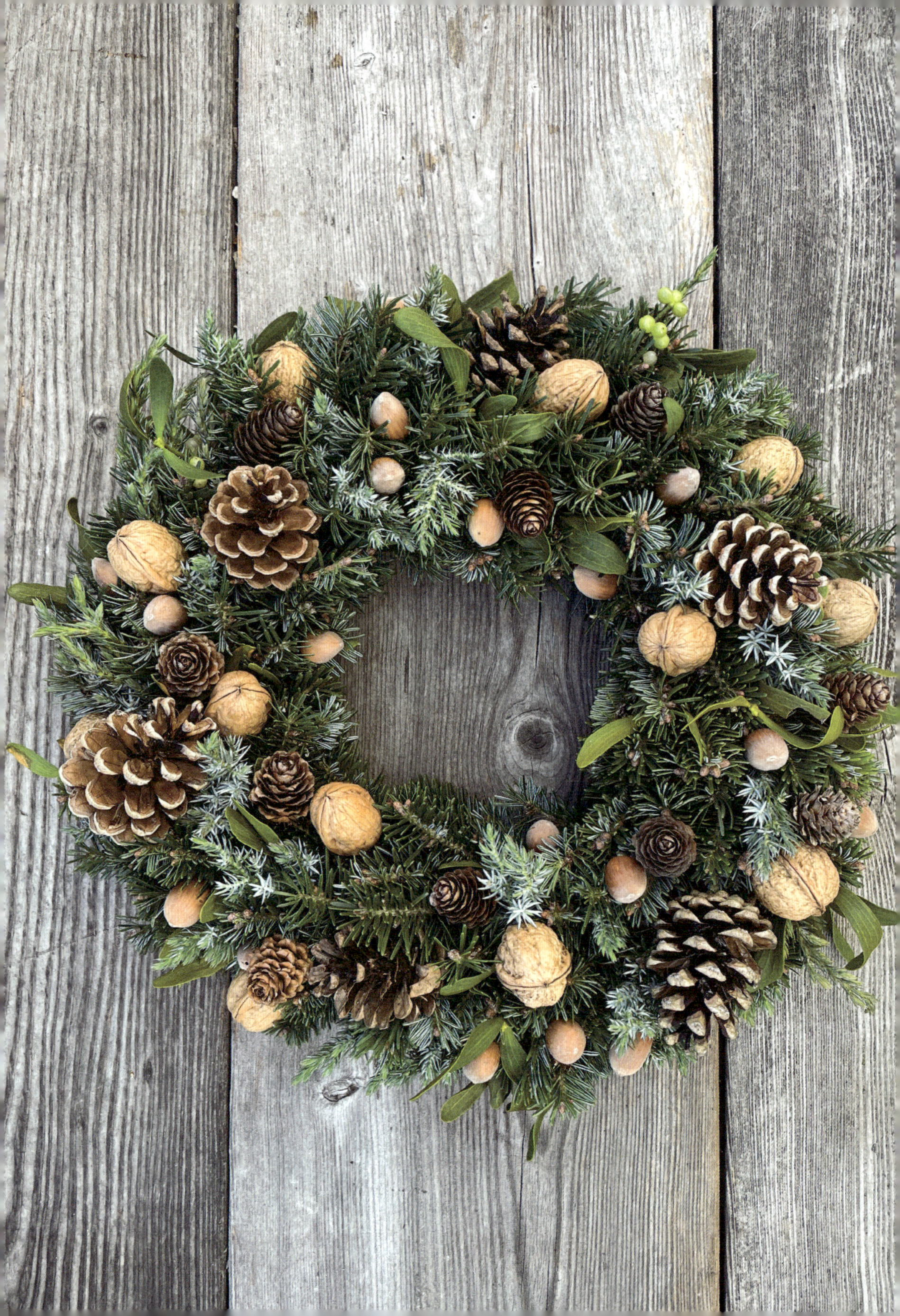

Der Nussknacker

erzählt wundersame Geschichten

Hereinspaziert ins Winterwunderland. Unser Nussknackerkranz bereitet Gästen bereits am Eingang ein fröhliches Willkommen. Ihr könnt ihn auch am Tisch aufstellen, hier schenkt er dem Raum ein warmes Ambiente – oder ihr macht einfach gleich zwei davon.

Wusstet ihr, dass die Haselnuss unserem Schutz dienen und Wünsche erfüllen soll? Sie steht für einen glückhaften Neuanfang – das können wir doch alle ab und zu brauchen. In der Frühzeit soll die Haselnuss den Verstorbenen für den Beginn des Lebens im Jenseits mit ins Grab gelegt worden sein.

Die Walnuss steht ebenso für Schutz, aber auch für verborgene Weisheit, Fruchtbarkeit und Sinnlichkeit. Sie weist eine verblüffende Ähnlichkeit mit unserem Gehirn auf. Die Signaturenlehre geht davon aus, dass Pflanzen, die einem bestimmten Körperteil oder Organ gleichen, für eben dieses hilfreich sind. In diesem Sinne ist es wohl nicht verwunderlich, dass die Walnuss unsere Gehirnfunktion, Konzentration und Kreativität steigert.

PFLANZEN

Tanne
Mistel
Wacholder
Lärchenzapfen
Kiefernzapfen
Walnuss
Haselnuss

Technik: Kranz binden und Naturmaterialien ankleben

Naturmaterialien ankleben

DAS WIRD BENÖTIGT:

Basiskranz aus Nadelbaumzweigen
Materialien zum Schmücken
Heißklebepistole
Zeitungspapier

SO WIRD'S GEMACHT:

Der Nussknacker ist eine verzierte Variante des Basiskranzes, das Grundgerüst wird also auf die gleiche Weise erstellt (Seite 136). Um die Zapfen am Kranz zu platzieren, kommt die Heißklebepistole zum Einsatz.

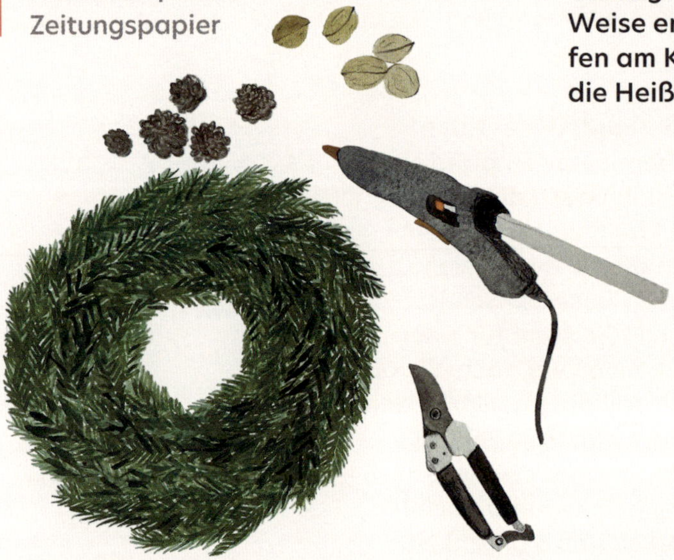

1. Den bereits fertigen Basiskranz, die Heißklebepistole und die Materialien zum Schmücken in Kategorien geordnet und gebrauchsfertig auf einem großen Tisch auflegen. Großzügig Zeitungspapier auslegen und die Heißklebepistole anstecken.

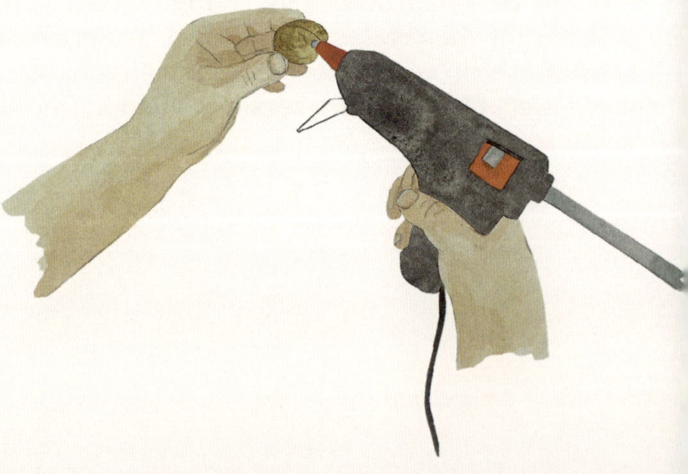

2. Sobald sie heiß ist, einen kleinen Klecks Kleber auf der Unterseite eines Zapfens oder einer Nuss anbringen.

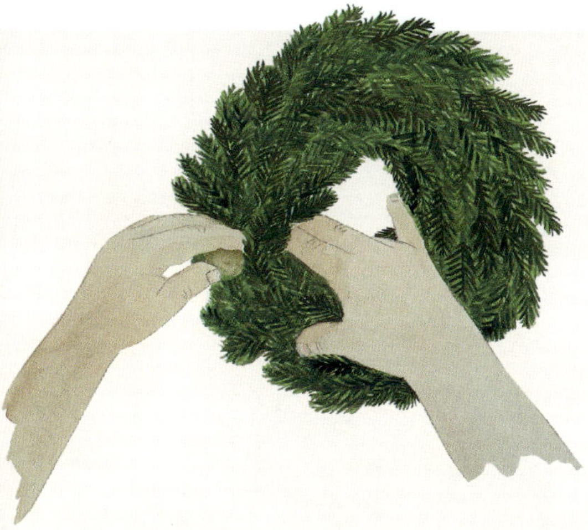

3. Sofort an der gewünschten Stelle am Kranz platzieren. Ein paar Sekunden festhalten, dann loslassen und mit dem nächsten Stück fortfahren.

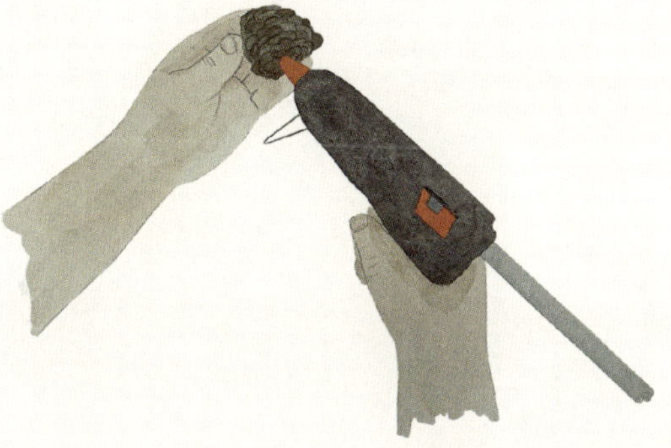

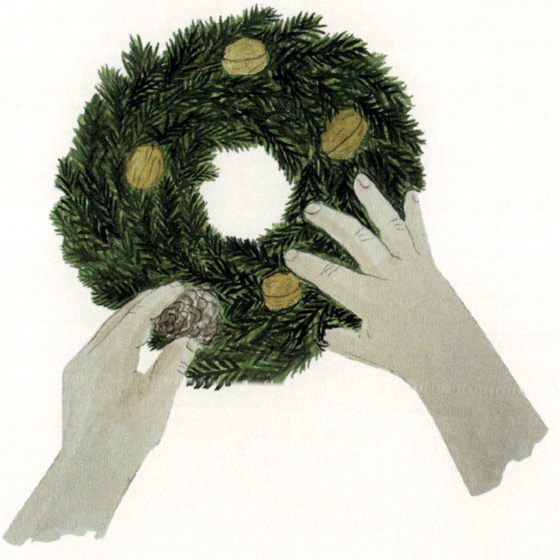

4. Für ein gleichmäßiges und harmonisches Ergebnis die Naturmaterialien in regelmäßigen Abständen am ganzen Kranz verteilen. Nachdem das letzte Stück angebracht wurde, die Heißklebepistole abstecken – und erst wegräumen, wenn sie erkaltet ist.

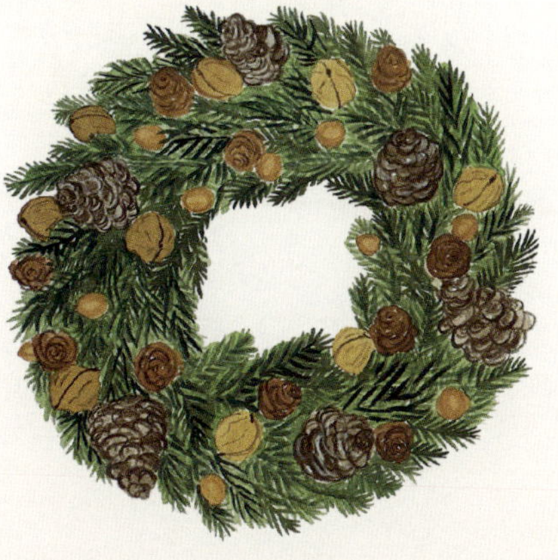

5. Bestaunen und freuen.

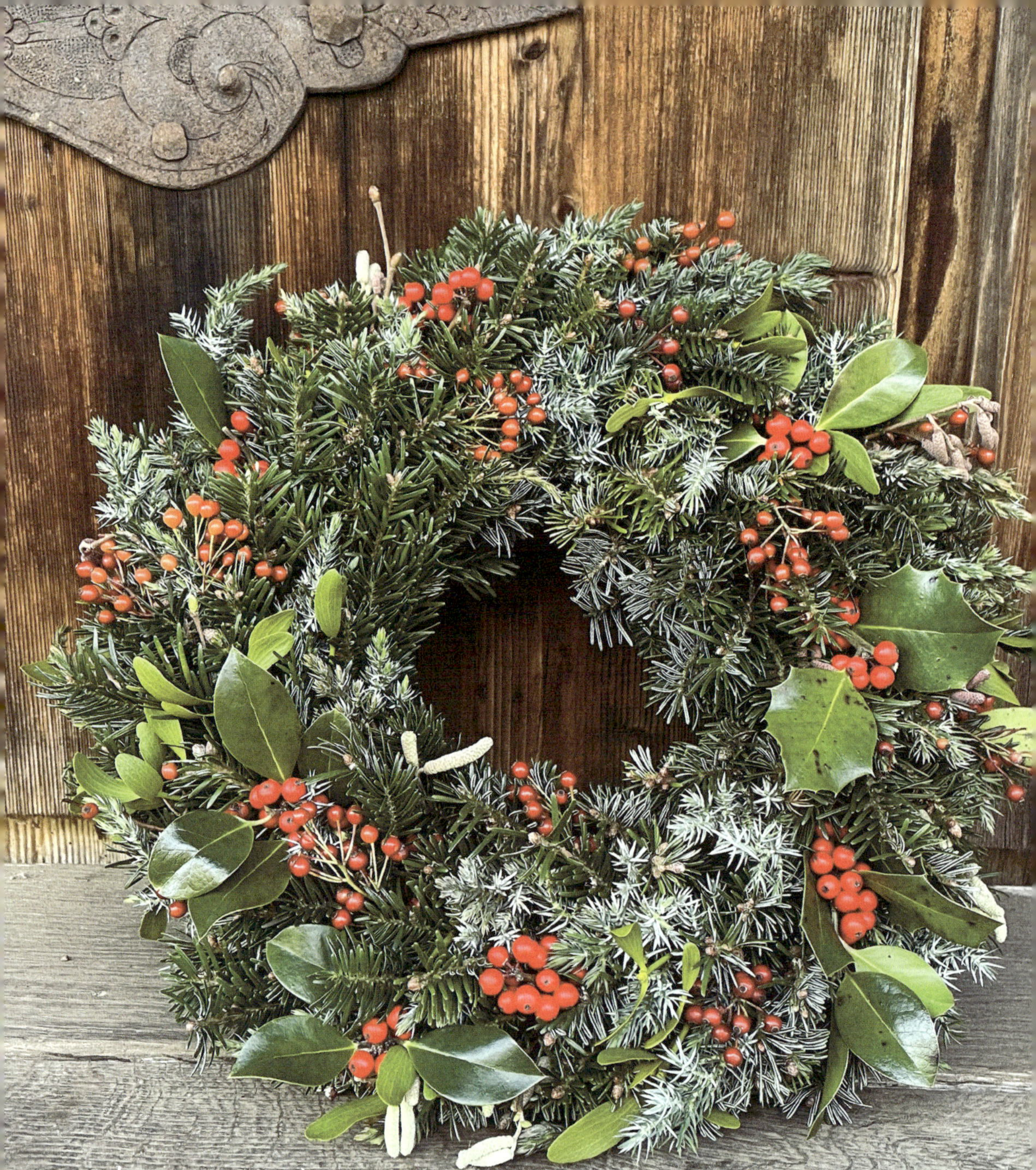

Der Winterfarbklecks

Ein bisschen Farbe muss sein

PFLANZEN		Technik: Kranz binden
Tanne	Hagebutte	Blütenstand der Haselnuss
Stechpalme	Wacholder	

Der Wacholderkranz

tanzt mit den Schneeflocken

Das Weiß der Schneebeeren harmoniert in diesem Kranz wunderbar mit dem etwas silbrigen Grünton des Wacholders. Wacholder wächst meist als Einzelgänger auf kargen Böden und kann beim Sammeln ganz schön piksen – also am besten Handschuhe zur Ernte anziehen. Im Volksmund wird dem Wacholder nachgesagt, dass er Eingänge zur Welt von Zwergen, Riesen und verborgenen Schätzen überwuchert. Also immer genau hinsehen, was sich hinter einem Wacholderstrauch verbirgt. In der Blumensprache ist der Wacholder ganz schön mutig, denn er fragt: »Bist du morgen allein? So werde ich kommen!«

PFLANZEN

Schneebeere
Tanne
Wacholder
Lärchenzapfen
Kiefernzapfen
Blütenstand der Haselnuss

Technik: Kranz binden und Naturmaterialien andrahten

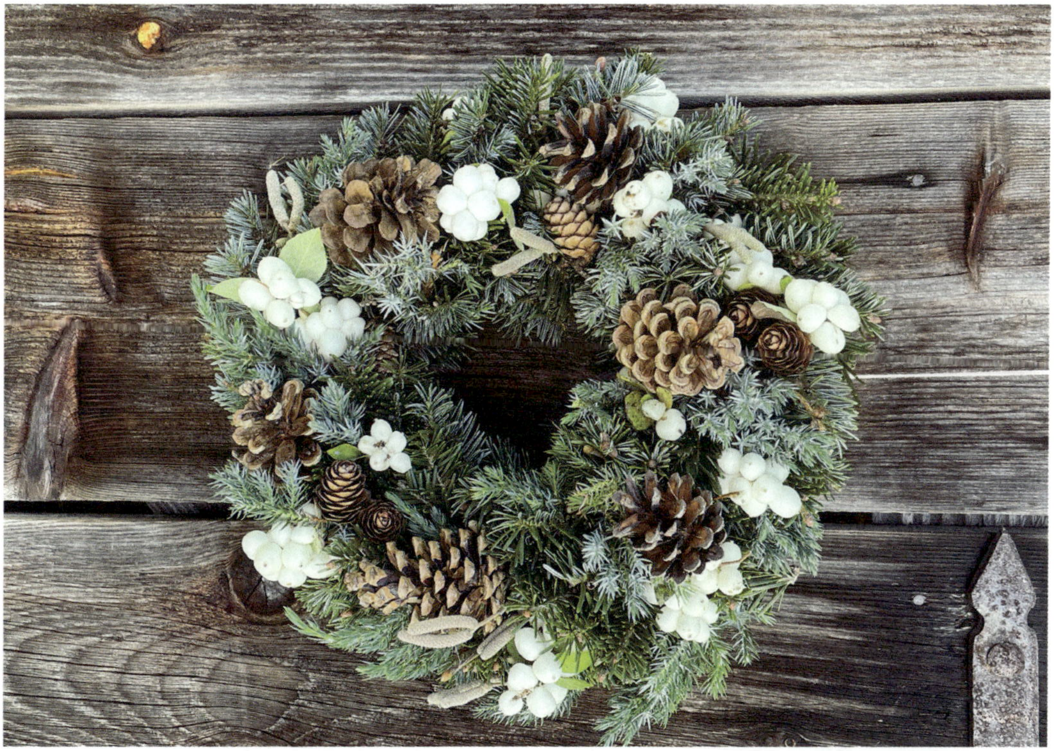

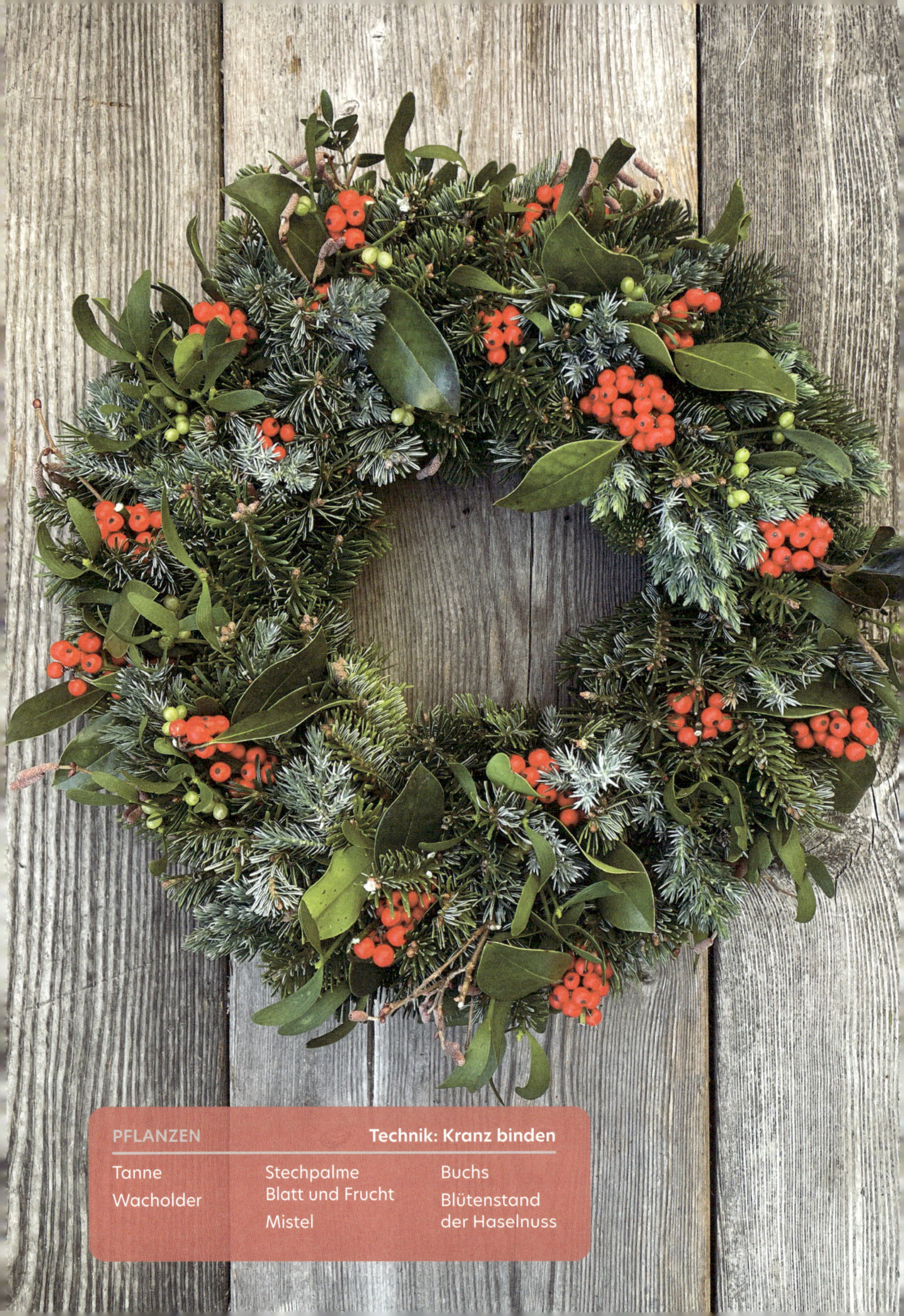

PFLANZEN

Technik: Kranz binden

Tanne
Wacholder

Stechpalme
Blatt und Frucht
Mistel

Buchs
Blütenstand
der Haselnuss

Der weihnachtliche Türkranz

bringt Feiertagslaune auf

Wenn die Natur im Winterschlaf steckt, leuchten die roten Beeren der Stechpalme ganz zauberhaft – kein Wunder, dass die Römer sie mit ewigem Leben, Glück und Gesundheit verbanden. Über die dunkle Jahreszeit hinweg dienen uns die roten Wunderbeeren als Symbol für Hoffnung und Liebe, und wir sind dankbar, dass sie uns den Winter über leuchten.

In unserer Winterschönheit spitzelt neben Stechpalme und Hagebutte vor allem die Mistel hervor. Mal als Schmarotzer, mal als wunderbare Heilerin – rund um die Mistel ranken sich viele Mythen. Allen Geschichten gemein ist, dass es sich um einen sehr geheimnisvollen Baumbewohner handeln muss. Selbst in *Asterix*-Comics hat sich die Mistel eine Rolle verschafft: Bei Vollmond klettern die keltischen Druiden auf Eichen, um die darauf wachsenden Mistelzweige abzuschneiden und daraus einen Zaubertrank zuzubereiten. Für die Germanen galt die Mistel als Glücksbringer und wurde jedes Jahr zur Wintersonnenwende abgeschnitten. In der nordischen Mythologie löste die Mistel den Untergang des Götterreichs Asgard aus.

Heutzutage wird die Mistel eher mit Küssen in Verbindung gebracht: *Under the Misteltoe* – wer kennt dieses Lied nicht? Es heißt, wer unter einem Mistelzweig steht, wird geküsst. In vielen Ländern wird zur Weihnachtszeit ein Mistelzweig über dem Hauseingang angebracht, wenn sich Paare dort küssen, soll es Glück bringen.

Doch auch die Heilwirkung der Mistel ist geschätzt und mittlerweile auch wissenschaftlich bewiesen. Sie senkt den Blutdruck und hilft bei Unruhe und Verdauungsproblemen.

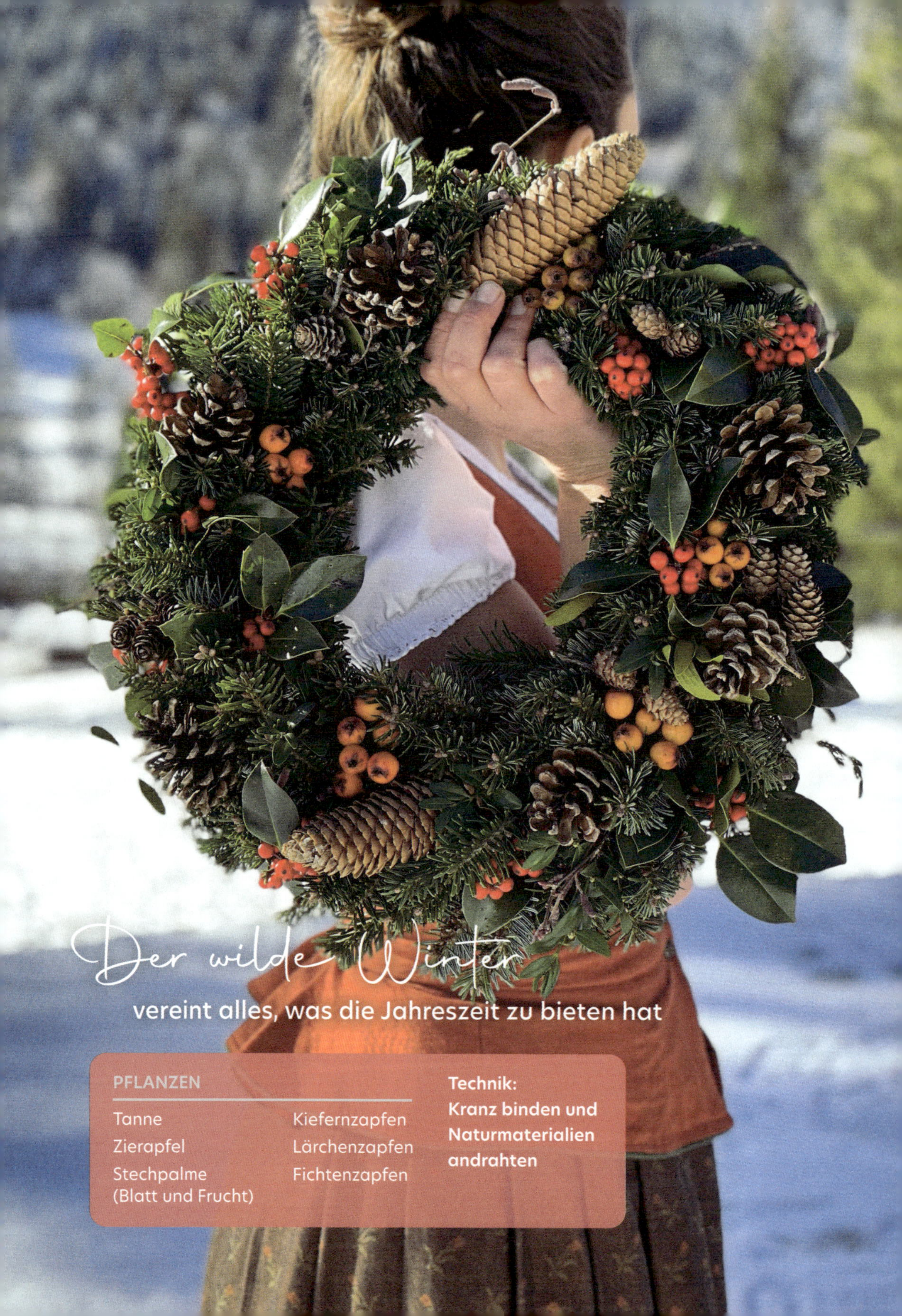

Der wilde Winter

vereint alles, was die Jahreszeit zu bieten hat

PFLANZEN

Tanne	Kiefernzapfen
Zierapfel	Lärchenzapfen
Stechpalme (Blatt und Frucht)	Fichtenzapfen

Technik:
Kranz binden und Naturmaterialien andrahten

Der Zapfenkranz

bringt Wintergefühle

PFLANZEN

Tanne
Mistel
Kiefernzapfen

Technik: Kranz binden und Naturmaterialien andrahten

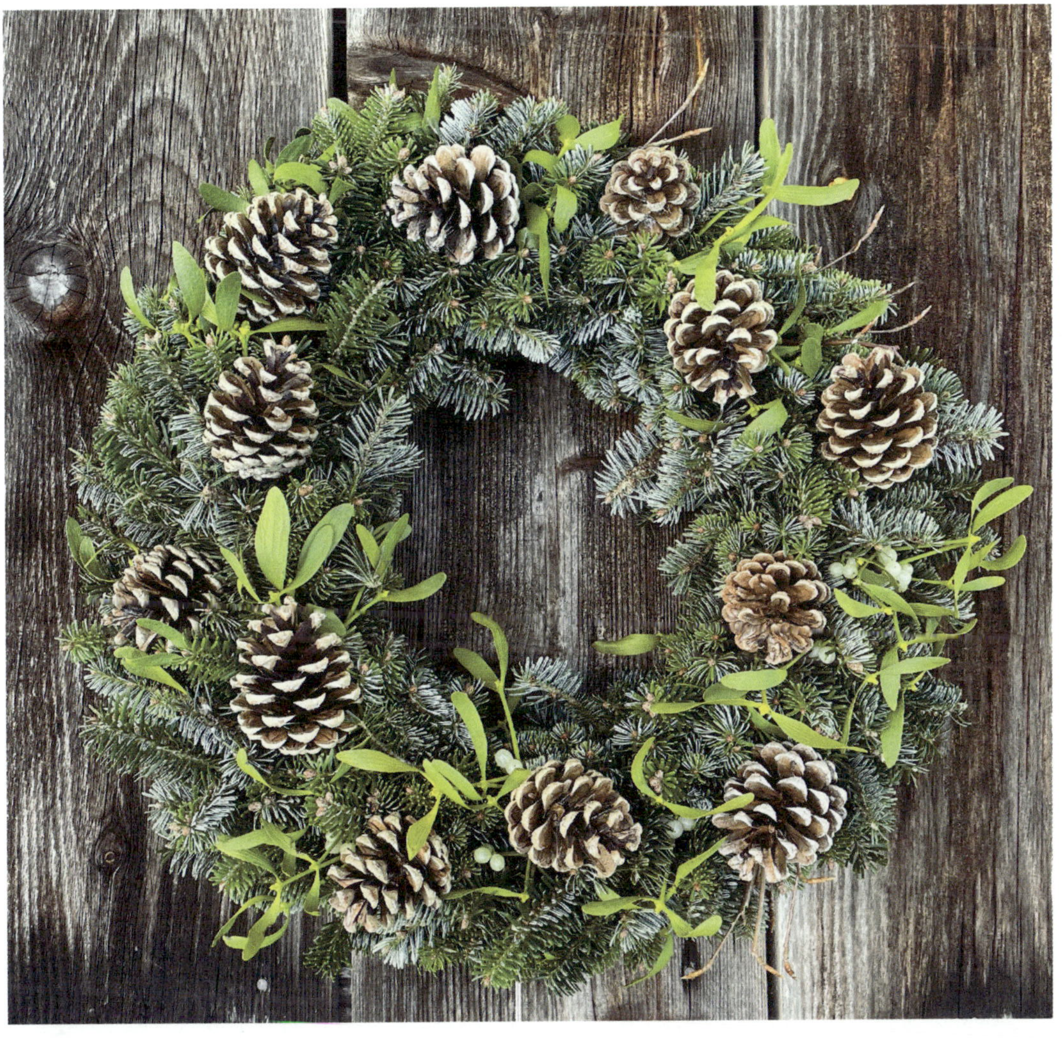

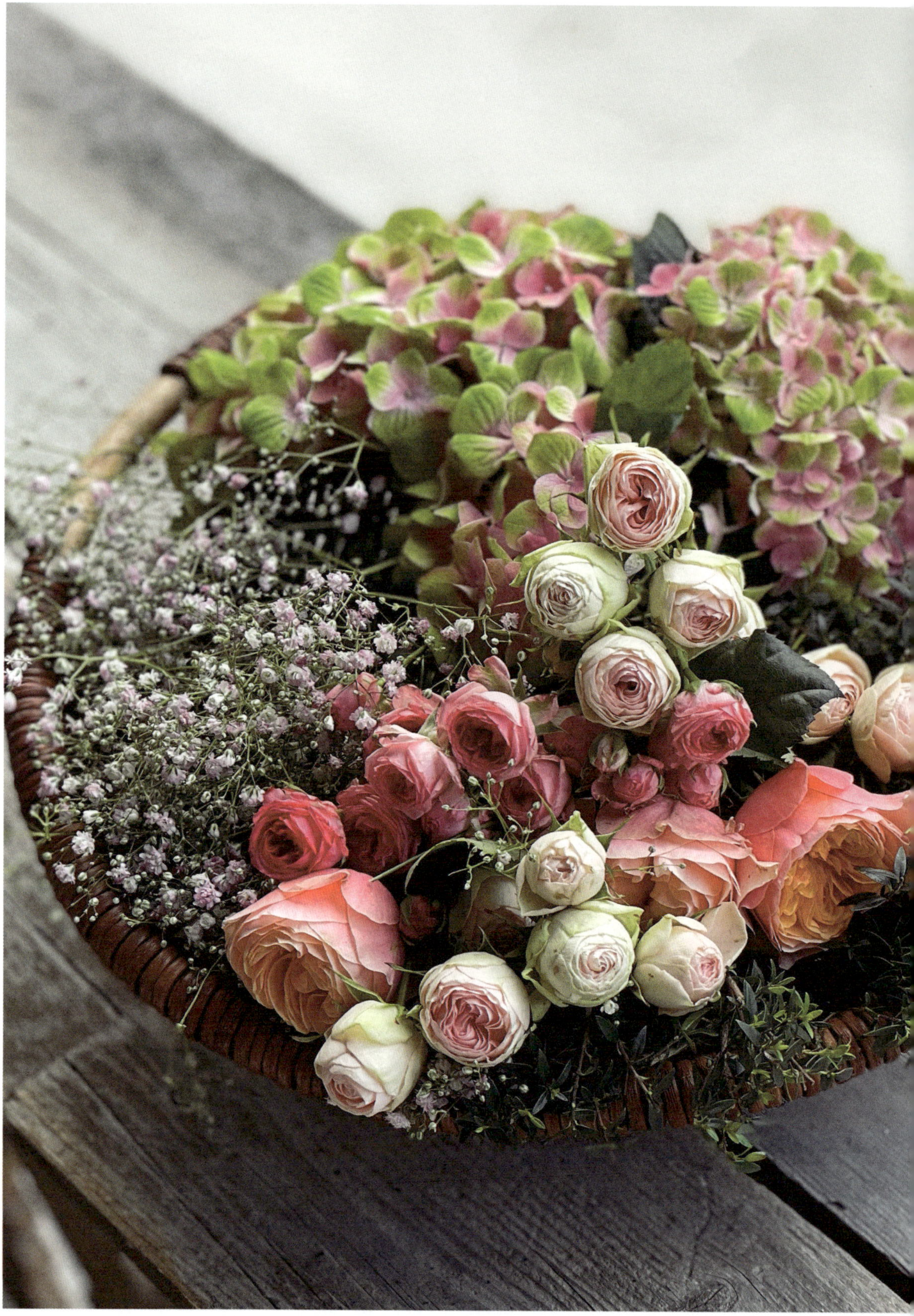

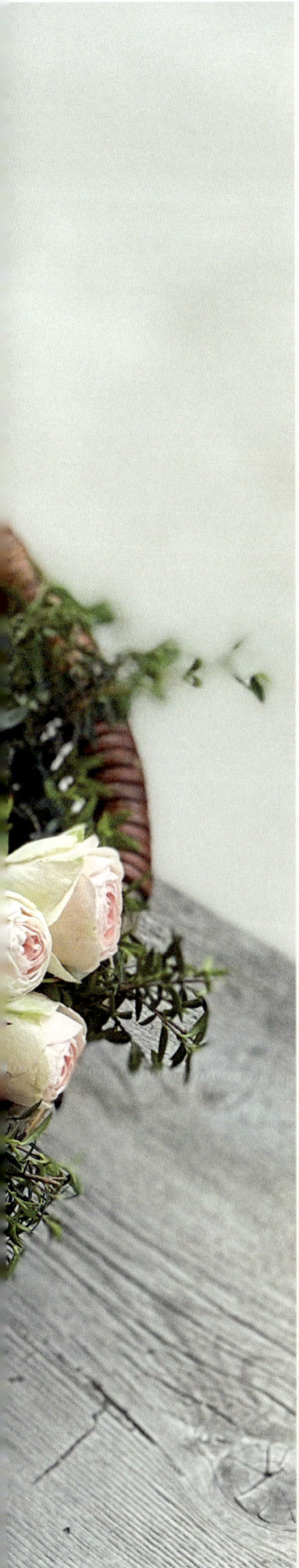

Feiertage & festliche Anlässe

»Wäre jeder Tag ein Feiertag, sich vergnügen wäre so ermüdend wie arbeiten.«

William Shakespeare

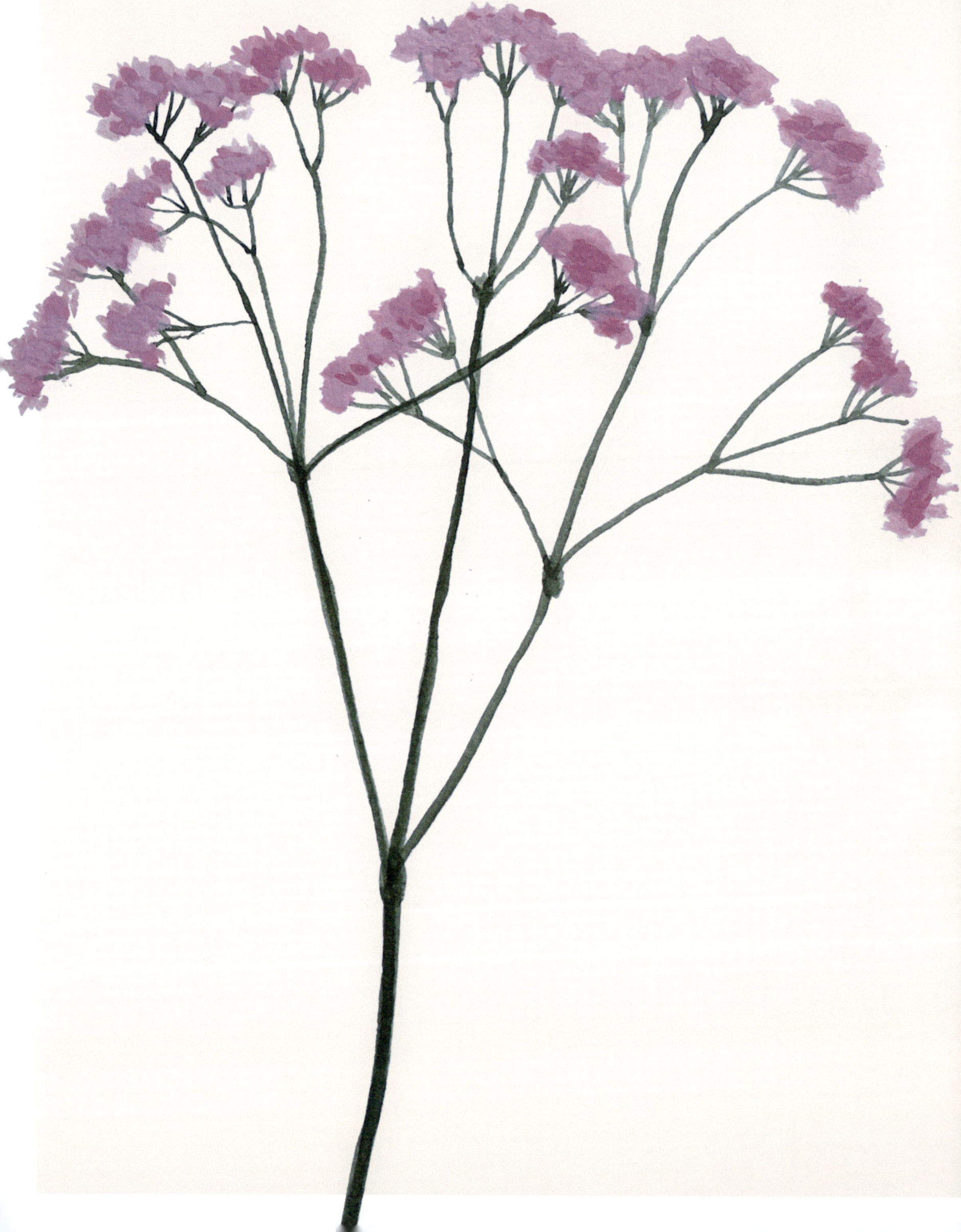

Man soll die Feste feiern, wie sie fallen

An Feiertagen erhalten wir Traditionen aufrecht und ehren damit unsere Herkunft, Kultur und Familien. Wir reflektieren auch unsere sonst oft so automatisierten Abläufe. Es sind Tage, an denen wir ein Stück aus dem Alltag ausbrechen und erfrischende und besinnliche Rituale feiern, die uns Lebens inhalt, Orientierung und Stabilität geben. Feiertage sind wie Stoppschilder, die uns für kurze Zeit innehalten lassen. Immer wiederkehrende Bräuche helfen dabei, dem Leben im Hier und Jetzt Achtsamkeit entgegenzubringen – und genau das kann sehr heilsam sein.

Wir freuen uns darüber, den Feiertagen mit einer schönen Mischung aus selbst gesammelten und gekauften Fundstücken eine ganz persönliche Note zu verleihen. Zeit, die Feiertagslaune einziehen zu lassen – und das gelingt am besten mit Dekoration.

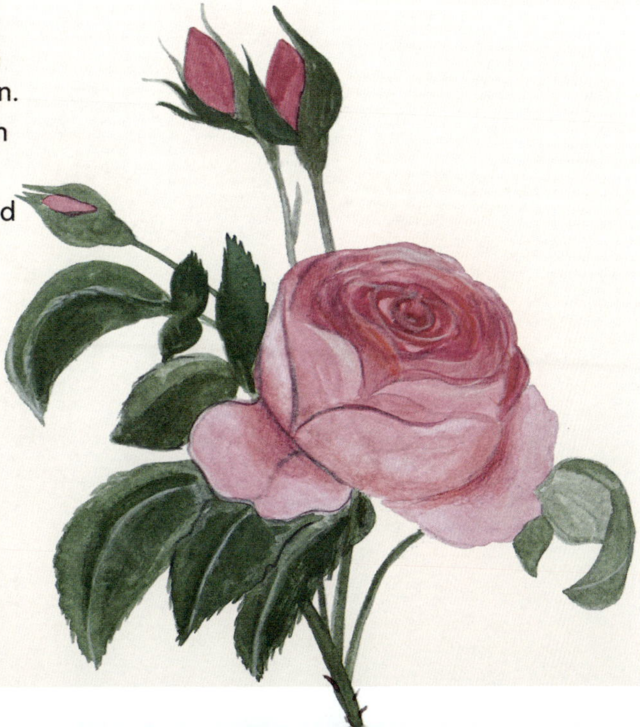

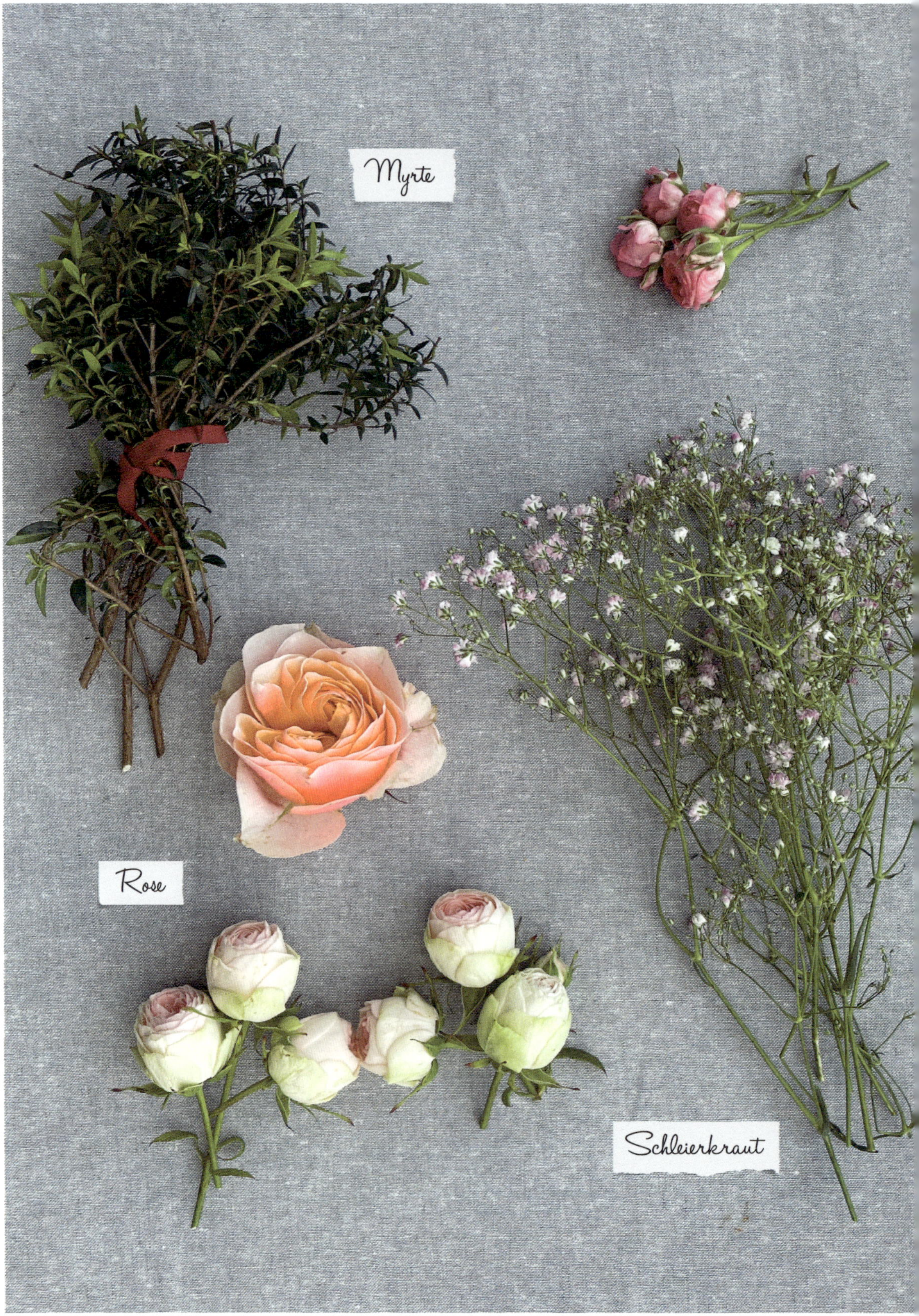
Myrte
Rose
Schleierkraut

Festzeit
auf einen Blick

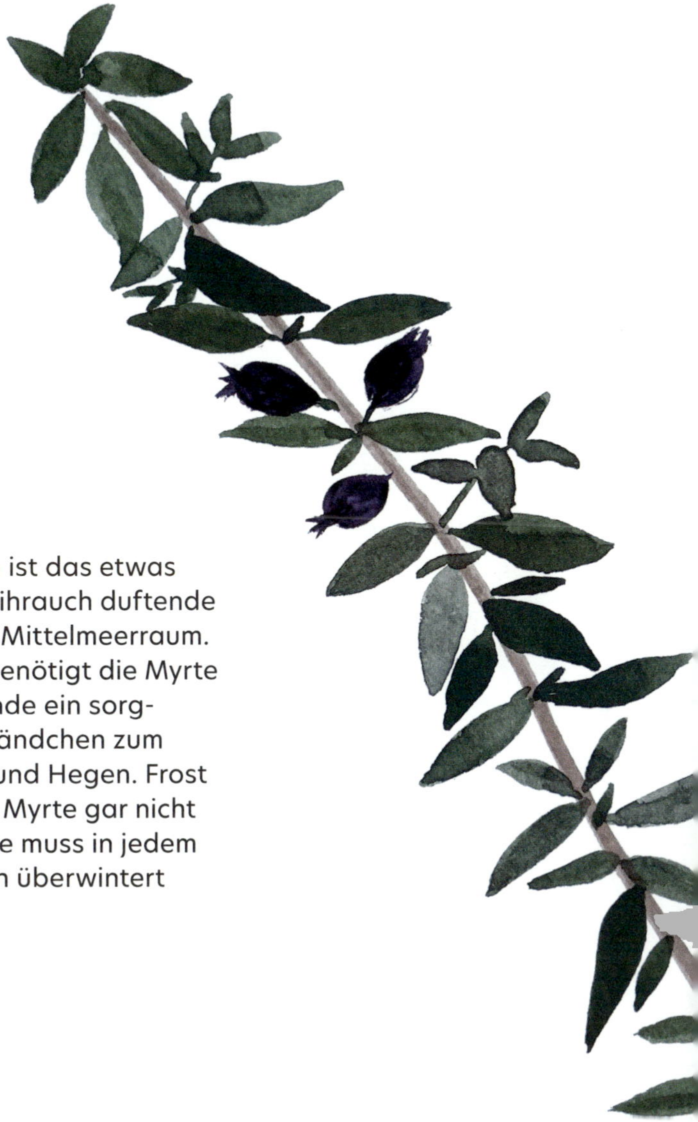

ROSE
Kaum einer Blume wird so viel Bedeutung zugemessen wie der »Königin der Blumen«. Rosen gedeihen am besten auf nährstoffreichen Böden an sonnigen bis halbschattigen Plätzen. Insbesondere Wildrosen betören neben ihrer Schönheit auch mit Duft.

SCHLEIERKRAUT
Das Schleierkraut zählt zur Familie der Nelkengewachse und blüht zart rosa bis weiß. An den zauberhaften Blütenwolken der mehrjährigen Pflanze erfreuen wir uns von Mai bis Juli. Das Schleierkraut bringt Leichtigkeit in jedes Blumenarrangement und ist selten der Hauptdarsteller – es hilft lieber dabei, dass andere Pflanzen groß rauskommen.

MYRTE
Heimisch ist das etwas nach Weihrauch duftende Kraut im Mittelmeerraum. Und so benötigt die Myrte hierzulande ein sorgsames Händchen zum Pflegen und Hegen. Frost kann die Myrte gar nicht leiden, sie muss in jedem Fall innen überwintert werden.

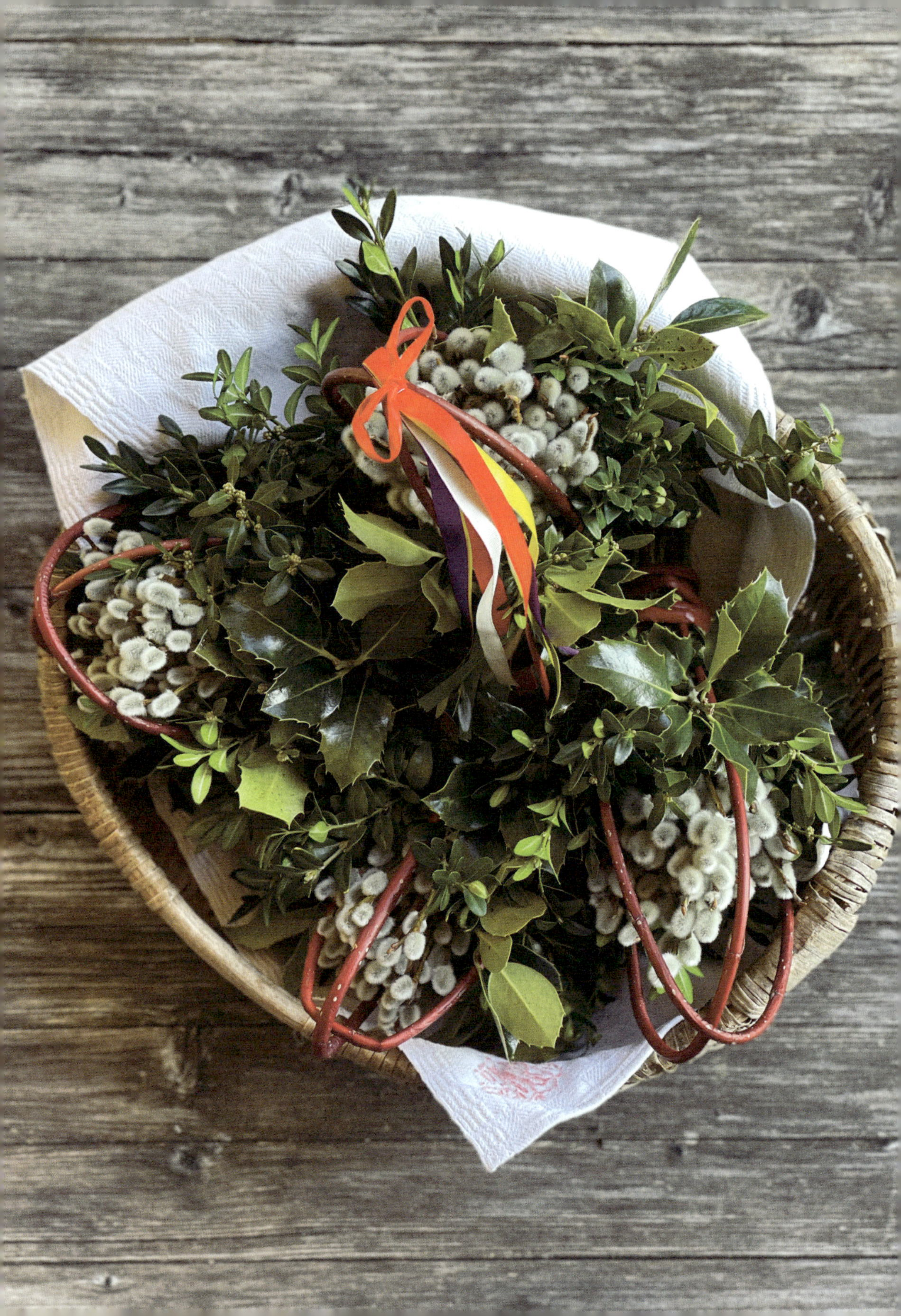

Der Palmbuschen

steht im Zeichen der Tradition

Vielleicht hat der ein oder andere von euch als Kind Palmbuschen ausgetragen? Bei uns am Tegernsee helfen Kinder immer fleißig dabei – und bessern damit ihr Taschengeld auf. Die in der Kirche geweihten Palmbuschen werden dann in der Nachbarschaft und Verwandtschaft ausgetragen und finden gegen einen freiwilligen Betrag einen neuen Besitzer. Meist erhalten die Kinder eine großzügige Spende dafür. Der Palmbuschen wird auch als Fruchtbarkeitsstecken bezeichnet und steht für die Erneuerung in jedem Frühling. Ihm wird nachgesagt, dass er durch die Weihe seine Wirkung um ein Vielfaches verstärkt. Der Palmbuschen vom letzten Jahr wird durch den neuen abgelöst und im Osterfeuer verbrannt.

Am Palmsonntag gedenken wir dem Einzug Jesu Christi nach Jerusalem. Palmzweige wurden dort als heilige Bäume angesehen, und das jubelnde Volk breitete bei seinem Ritt auf einem Esel die Palmzweige vor ihm aus. Auf dieses schöne Ereignis dürfen wir uns jedes Jahr wieder in der Karwoche besinnen, und mit selbst gemachten Palmbuschen können wir dies noch intensiver erleben.

PFLANZEN

Buchs
Palmkatzerl
Weide
Stechpalme

Technik:
Palmbuschen binden

Tegernseer Palmbuschen binden

DAS WIRD BENÖTIGT:

Weidenruten (1 m Länge)
Palmkatzerl (15 cm Länge)
weitere Pflanzenmaterialien
Gartenschere
Messer
Draht
Schraubenzieher
Schleife

SO WIRD'S GEMACHT:

Für den Tegernseer Palmbuschen sind biegsame Weidenruten besonders wichtig. Hier kann etwas nachgeholfen werden, indem man die Ruten einige Tage vor dem Binden komplett einwässert – zum Beispiel in einem großen Gartenfass. Bevor es richtig losgeht, werden alle Materialien auf einem großen Tisch bereitgelegt und in Kategorien aufgeteilt.

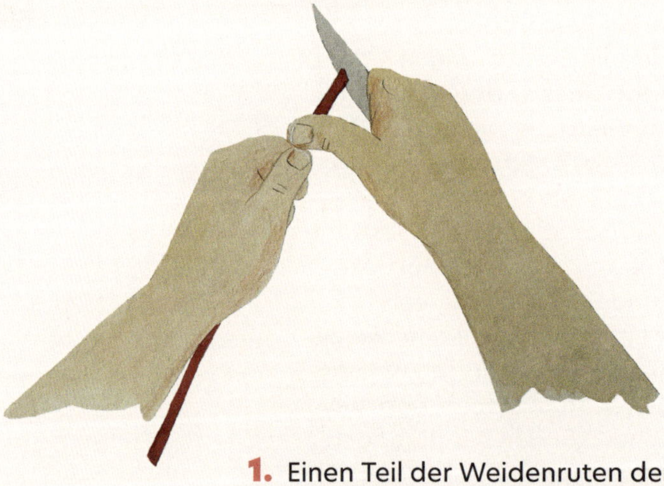

1. Einen Teil der Weidenruten der Länge nach mit einem Messer in zwei teilen – benötigt werden so viele Rutenhälften, wie Palmbuschen gebunden werden sollen. Die geteilten Ruten anschließend zur Seite legen.

2. Eine Handvoll Weidenkätzchen nehmen und darauf achten, dass alle gleich lang sind. Dann kompakt mit Draht zusammenbinden.

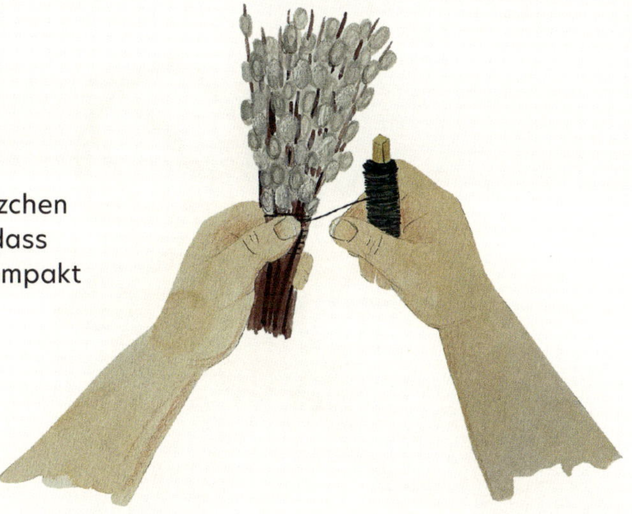

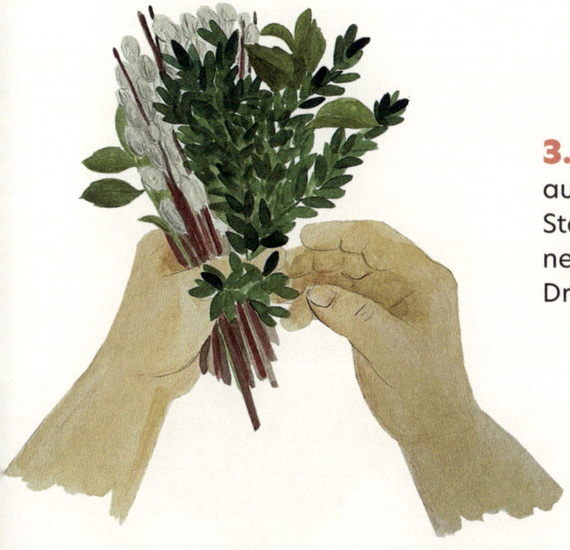

3. Nun rund um den Strauß aus Weidenkätzchen Buchs und Stechpalme gleichmäßig aufnehmen. Sie werden ebenso mit Draht fixiert.

4. Zeit für die Krone: Dafür werden zwei der gewässerten Ruten benötigt. Zuerst eine der Ruten zu einem U formen und die beiden Enden mit der Biegung nach oben am Bund fixieren. →

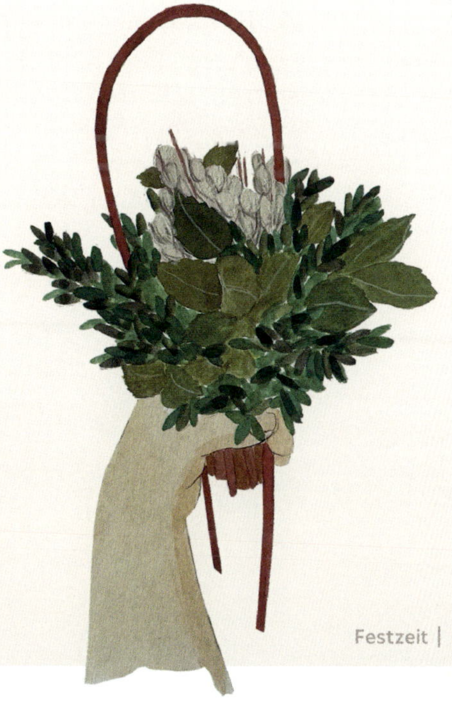

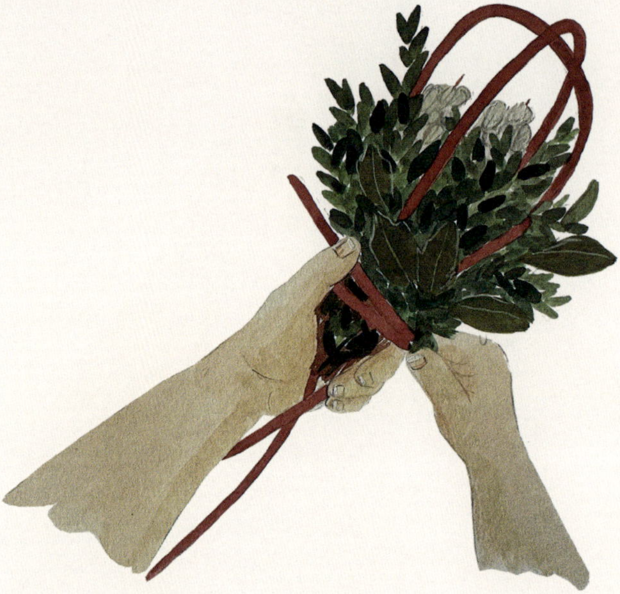

5. Die zweite gewässerte Rute nun im 90-Grad-Winkel über die erste legen und die beiden Enden ebenso zum Bund führen. Gut festhalten und mit einer halbierten Rute nun den Palmbuschen von oben nach unten einige Male fest und gleichmäßig umwickeln. Neben der Stabilität profitiert hier auch die Optik.

6. Das untere Ende der halbierten Rute mithilfe eines spitzen, scharfen Gegenstands – beispielsweise einem Schraubenzieher – im Buschen verschwinden lassen.

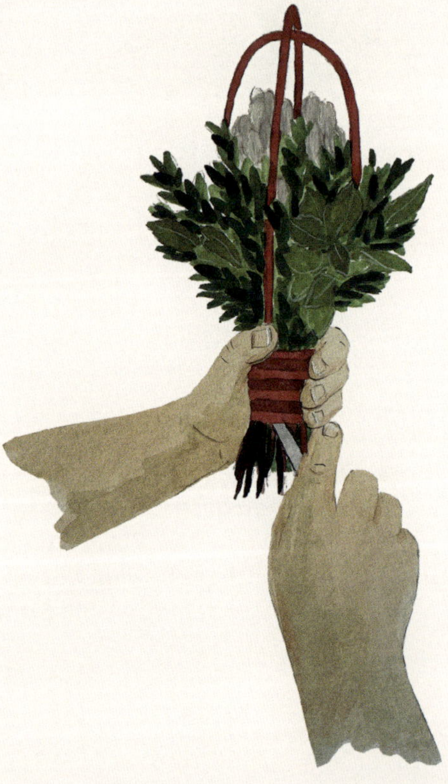

Tegernseer Palmbuschen binden

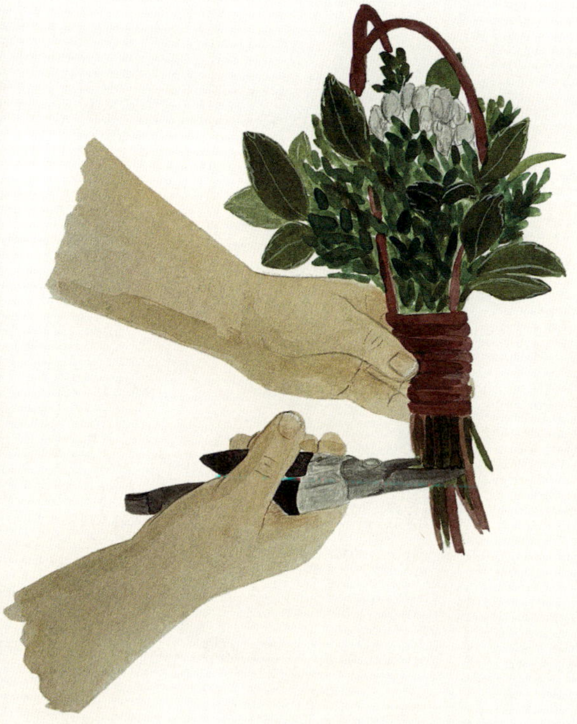

7. Die unten hervorstehenden Enden der Weidenkätzchen mithilfe einer Gartenschere auf dieselbe Länge bringen.

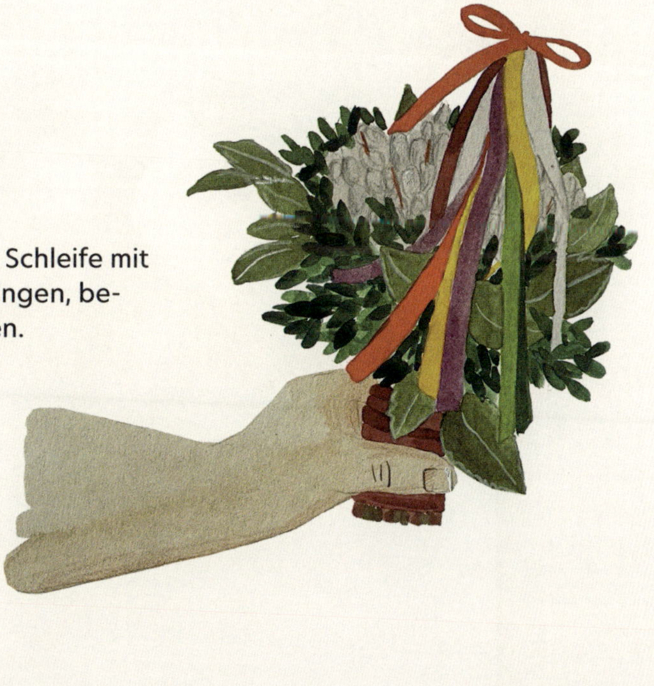

8. Nun noch eine Schleife mit Osterfarben anbringen, bestaunen und freuen.

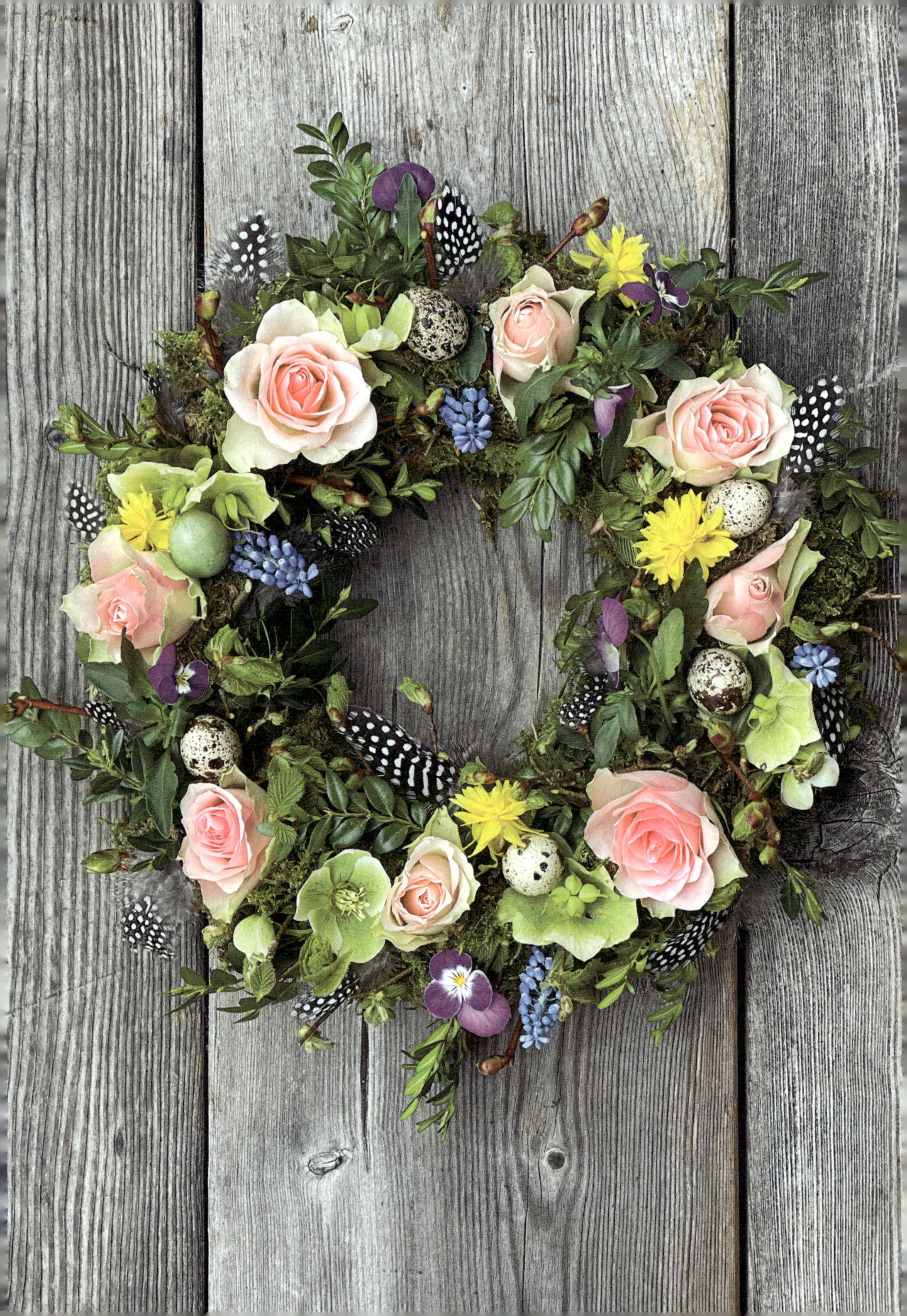

Der fröhliche Osterkranz

schmückt charmant

Ostern ist immer für eine Überraschung gut. Wird es regnen, schneien, oder werden schon die Blumen blühen? Eine alte Bauernregel, die sich über Jahrhunderte bewiesen hat, lautet: »Weihnachten im Klee, Ostern im Schnee.«

Als beweglicher Feiertag fällt Ostern jedes Jahr auf ein anderes Datum. Grundlegend für die Berechnung des Termins ist der erste Sonntag nach dem Frühlingsvollmond.

Ostern versinnbildlicht die Auferstehung Jesu Christi und symbolisiert so auch immer einen Neubeginn – das zeigt uns die Natur jedes Jahr aufs Neue. Deshalb ist die Osterzeit auch ideal, um voller Kraft Neues zu wagen.

PFLANZEN

Rose
Schneerose
Narzisse
Hornveilchen
Traubenhyazinthe
Knospe der Hasel
Moos
Buchs
Wachteleier
Dekofedern

Technik: Kranz stecken

Kranz stecken

DAS WIRD BENÖTIGT:

Pflanzenmaterial
Steckschwamm
Gartenschere

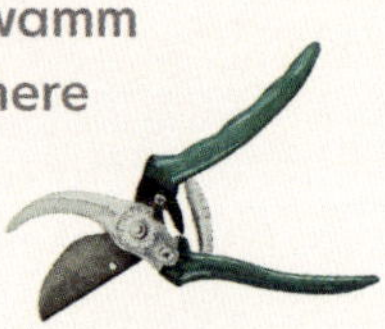

SO WIRD'S GEMACHT:

Das Besondere an diesem Kranz ist, dass er nicht gebunden, sondern mittels eines Steckschwamms gesteckt wird. Das ist wirklich sehr einfach und ergibt am Ende ein wunderschönes Bild. Da der Schwamm viel Wasser hält, ist der Kranz nur für die liegende Position und nicht als Türkranz geeignet.
Pflanzenmaterial und Werkzeug gebrauchsfertig und gut sortiert auf einem großen Tisch bereitlegen. Die Pflanzen mit einer Gartenschere gleichmäßig auf eine Länge von etwa 10 cm schneiden und für ein gleichmäßiges, harmonisches Ergebnis in Haupt- und Füllmaterialien unterteilen. Hauptmaterialien sind die optisch auffälligsten und größten Pflanzen – in unserem Fall die Rose. Als Füllmaterialien können beispielsweise Moos und Buchs verwendet werden.

1. Der Schwamm muss bereits gut gewässert sein, bevor damit gearbeitet wird. Am besten funktioniert das im Waschbecken. Wichtig ist, den Schwamm nicht zu fest ins Wasser zu drücken, sondern ihm Zeit zu geben, sich vollzusaugen. Sobald er nach unten wandert, ist er gebrauchsfertig. Den getränkten Schwamm zur weiteren Bearbeitung dann am besten auf eine wasserdichte Unterlage – etwa ein Zierteller – legen.

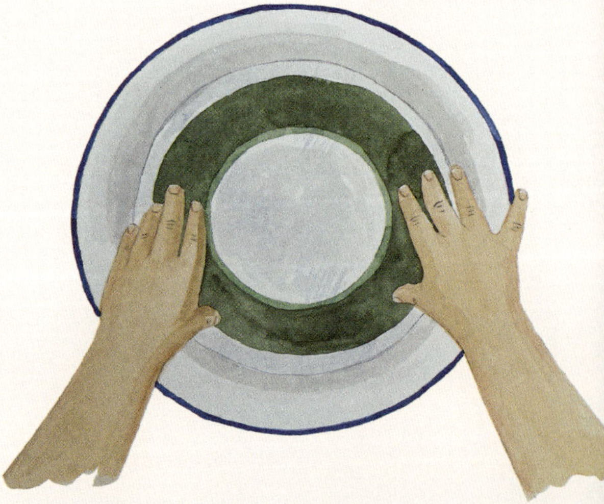

2. Die Hauptmaterialien mit dem Stiel in gleichmäßigen Abständen in den gewässerten Schwamm stecken.

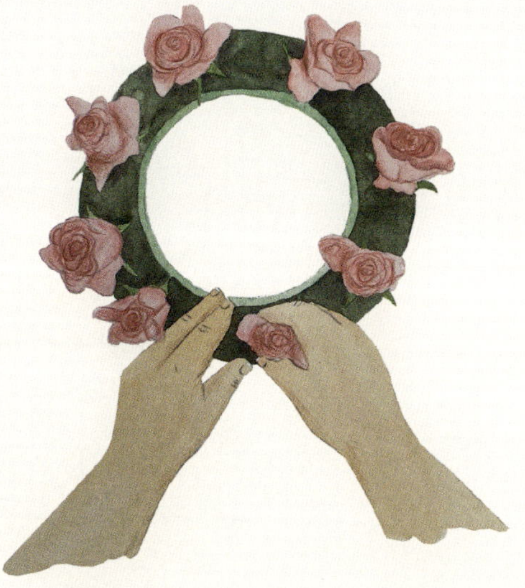

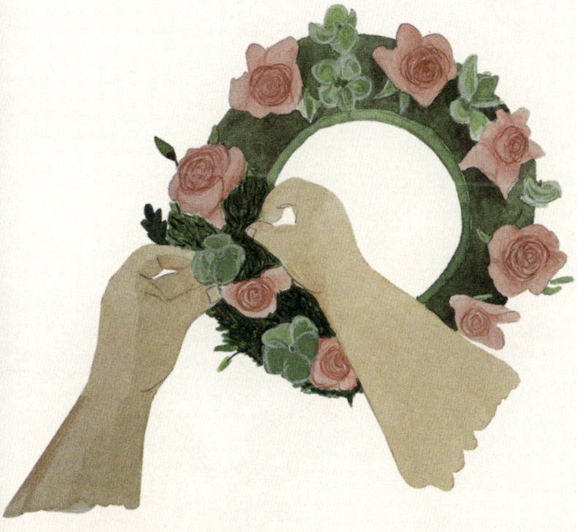

3. Dann nach und nach die Füllmaterialien anbringen. Dafür ein U aus einem Drahtstück formen und die Drahtenden in den Schwamm stecken.

4. So lange fortfahren, bis die gesamte Fläche schön bedeckt ist. Der innere und äußere Rand des Schwammes sollte ebenso mit Pflanzen überdeckt sein – also immer mal wieder von allen Seiten kontrollieren, ob noch Schwamm zu sehen ist.

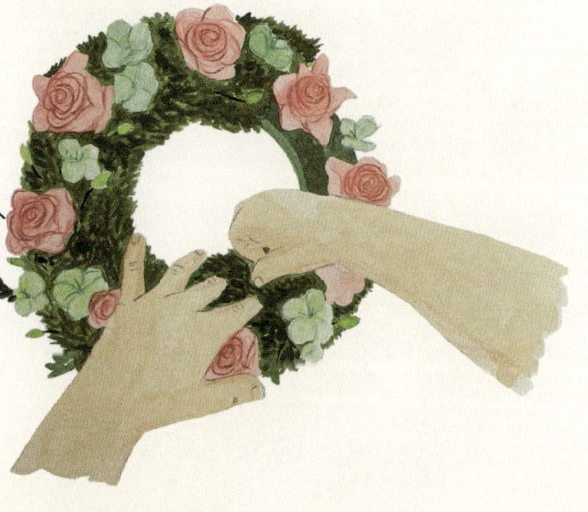

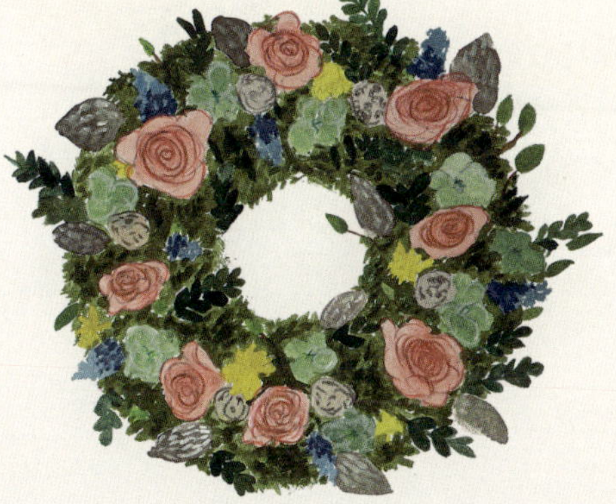

5. Bestaunen und freuen.

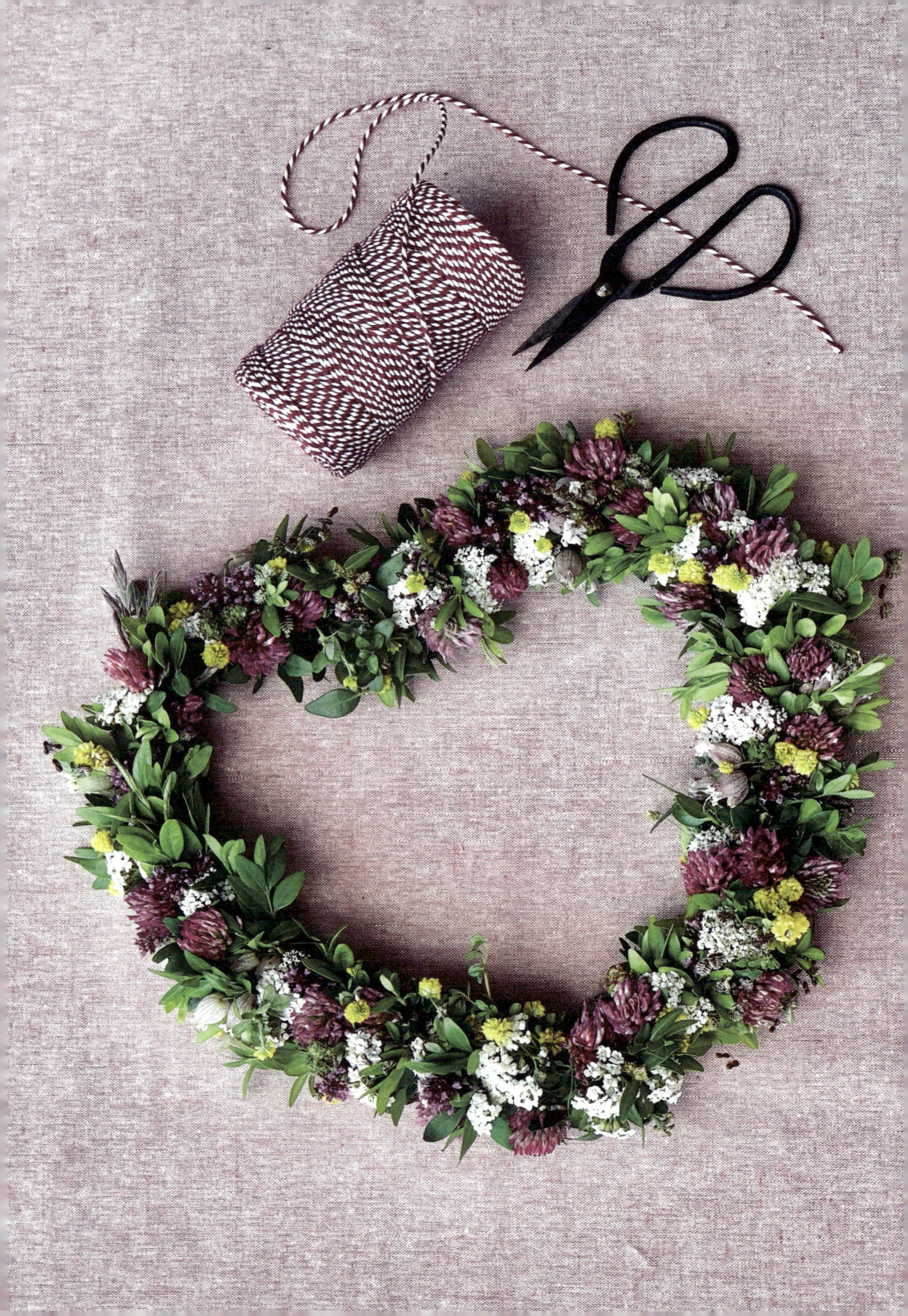

Das Muttertagsherz

lässt Mama-Herzen höherschlagen

Ist das nicht herzig? Unser Blütenherz erwärmt jede Seele. Wie wäre es, wenn ihr das selbst gemachte blühende Wunder zum Muttertag verschenkt? Es passt ideal zur Jahreszeit rund um den Muttertag am zweiten Sonntag im Mai.

Der Muttertag geht auf die Initiative der amerikanischen Frauenrechtlerin Anna Jarvis im Jahre 1908 zurück. Sie wollte an diesem Tag ihre verstorbene Mutter ehren und die Aufmerksamkeit auf die Probleme von Frauen lenken – so forderte sie einen Festtag für alle Mütter. Bis der Muttertag nach Europa kam, dauerte es noch 15 Jahre.

Natürlich könnt ihr das Blütenherz auch zu sämtlichen anderen Anlässen verschenken – und eigentlich braucht es doch auch nicht immer einen Grund für Geschenke. Jeder Mensch freut sich über eine kleine, mit Liebe gemachte Aufmerksamkeit.

PFLANZEN

Rotklee
Gelbklee
Buchs
Schafgarbe

Technik: Kranz binden, Rohling in Herzform

PFLANZEN | **Technik: Kranz binden**

- Mutterkraut
- Apfel
- Frauenmantel
- Salbei (Blatt und Blüte)
- Königskerze
- Rose
- Lavendel
- Dost
- Ringelblume
- Malve

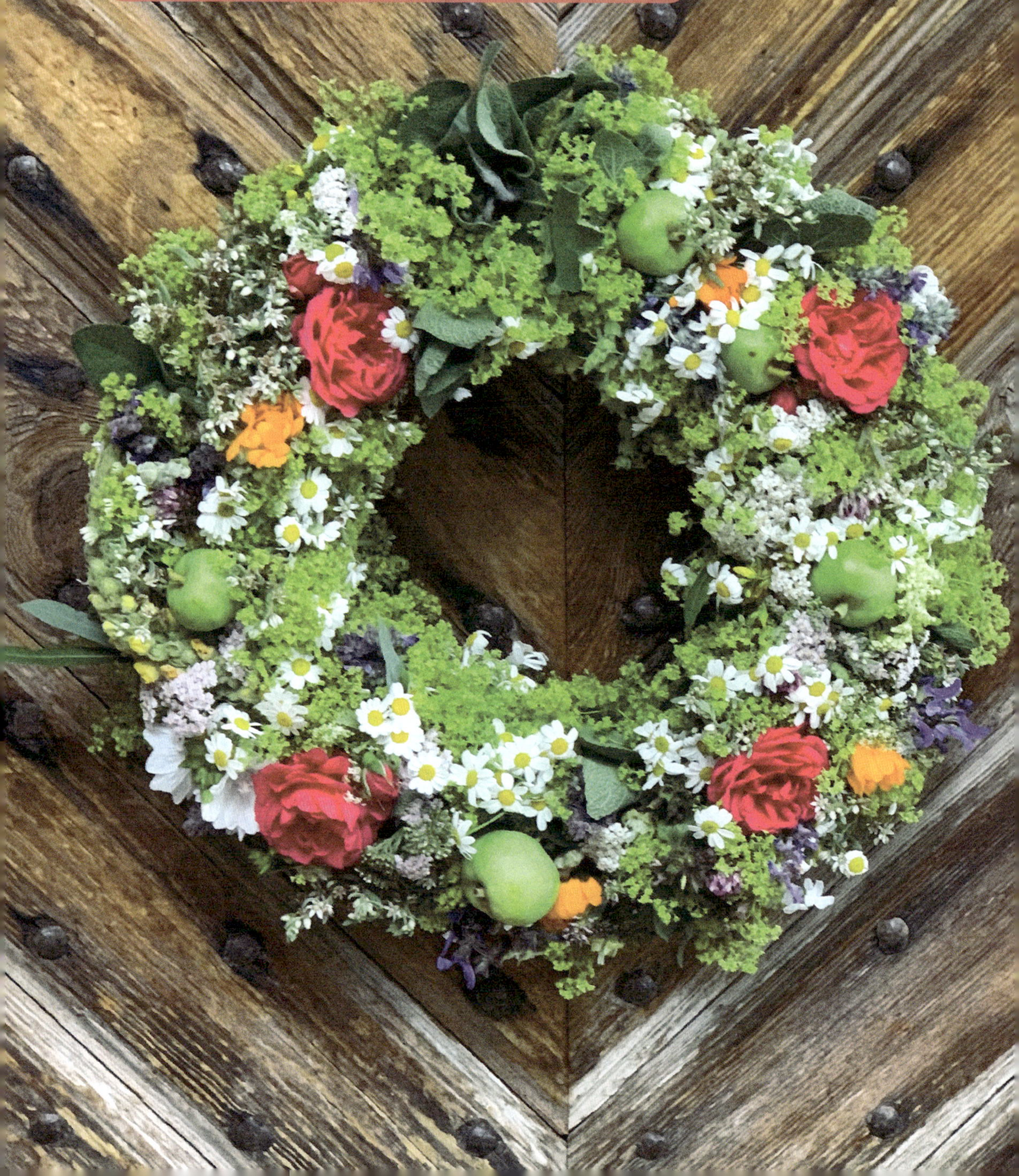

Der Johannikranz

trägt die geballte Kraft der Sonne in sich

Der Johannikranz steht ganz im Zeichen der Sommersonnenwende und des Schutzpatrons Johannes – er ist also sowohl symbolisch als auch optisch ein ausgesprochen kraftvoller Kranz. Er heißt Johannikranz, da er zu Ehren der Geburt von Johannes dem Täufer am 24. Juni gemacht wird – ein Tag, der mit der jährlich zu dieser Zeit gefeierten Sommersonnenwende in enger Verbindung steht.

Die »Sonnwend« – wie sie umgangssprachlich auch genannt wird – ist die Zeit mit dem höchsten Sonnenstand, dem längsten Tag und der kürzesten Nacht im Jahr, sie markiert den kalendarischen Sommeranfang.

Bestimmt verbinden viele von euch diese Zeit mit geselligen Sommerfesten rund um große Sonnwendfeuer – oder ihr habt diese zumindest von der Ferne schon gesehen. Vor allem in den Alpenregionen werden auch heute noch Berggipfel mit Feuer erhellt – und das seit Jahrhunderten: Aufzeichnungen belegen den Brauch des Johannifeuers auf den Gipfeln Tirols seit dem 14. Jahrhundert, in anderen Regionen noch früher.

Früher sprangen Frauen in dieser Nacht mit geflochtenen Gürteln aus Bärlapp und Beifuß über das Feuer, um Fruchtbarkeit und Schutz zu erbitten. Im Rauch des Feuers wurden außerdem Kräuter geweiht, um sie für ihre große Aufgabe vorzubereiten: Sie dienten das ganze Jahr über als Haus- und Stallapotheke. Das Feuer sollte außerdem Dämonen abwehren und schützend auf Wetter und Ernte wirken.

Mit der Sommersonnenwende geht die kraftvollste Blütezeit einher. Samen, die im Frühjahr ausgesät wurden, blühen jetzt. Ganz im Sinne des Sprichworts »Die Idee kommt zur Blüte«.

Kräutern wird nachgesagt, dass sie am Johannestag gesammelt, besonders heilkräftig sind. Unseren Johannikranz machen wir zu Ehren dieser kraftvollen Zeit daher mit speziell zur Sommersonnenwende gepflückten Kräutern und Blumen.

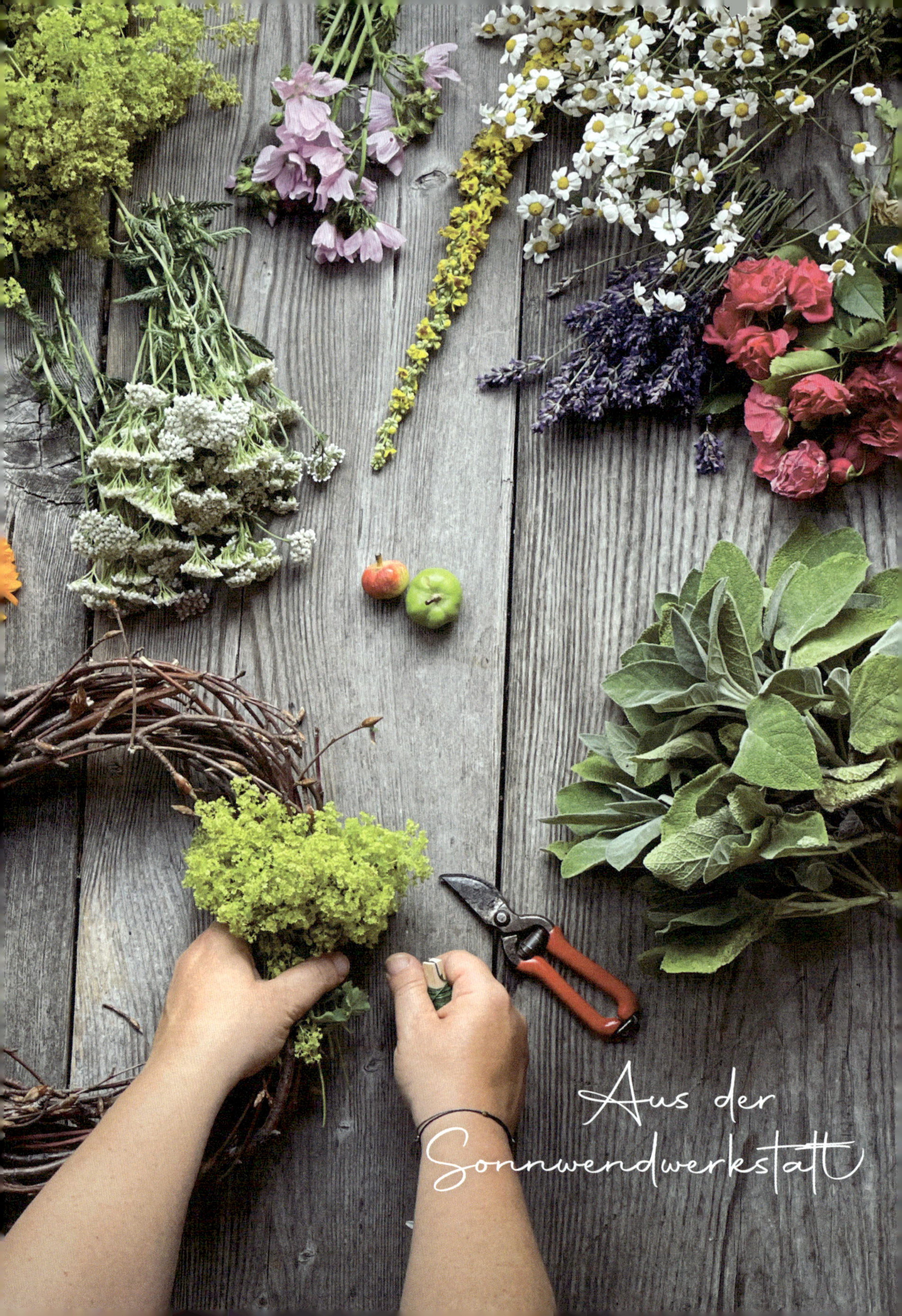
Aus der
Sonnwendwerkstatt

»Sunnawend, Sunnawend,
dass mi nit das Feuer brennt,
dass i bald z'heiraten kumm,
drum taunz i drum herum.«

Aus dem Volksmund

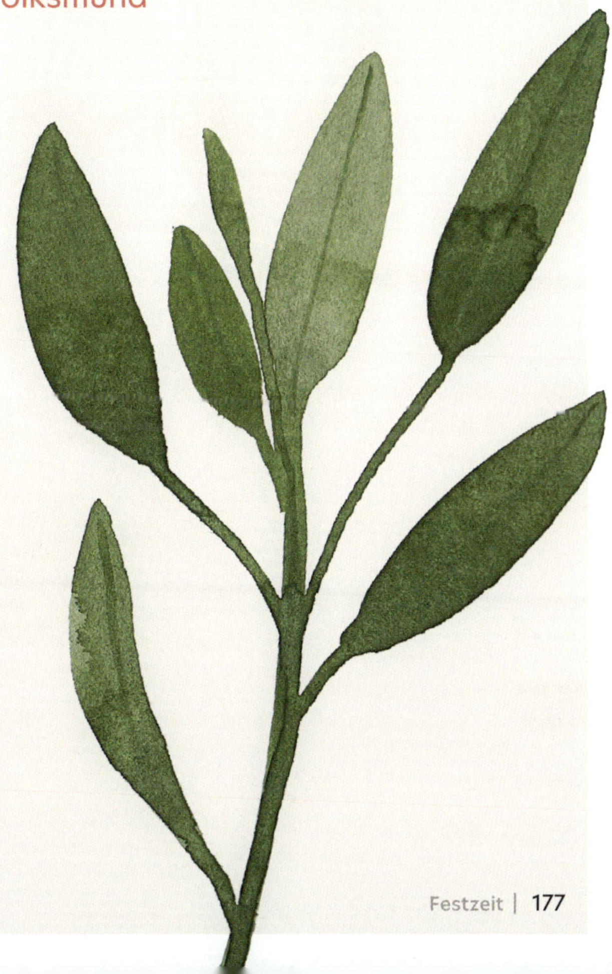

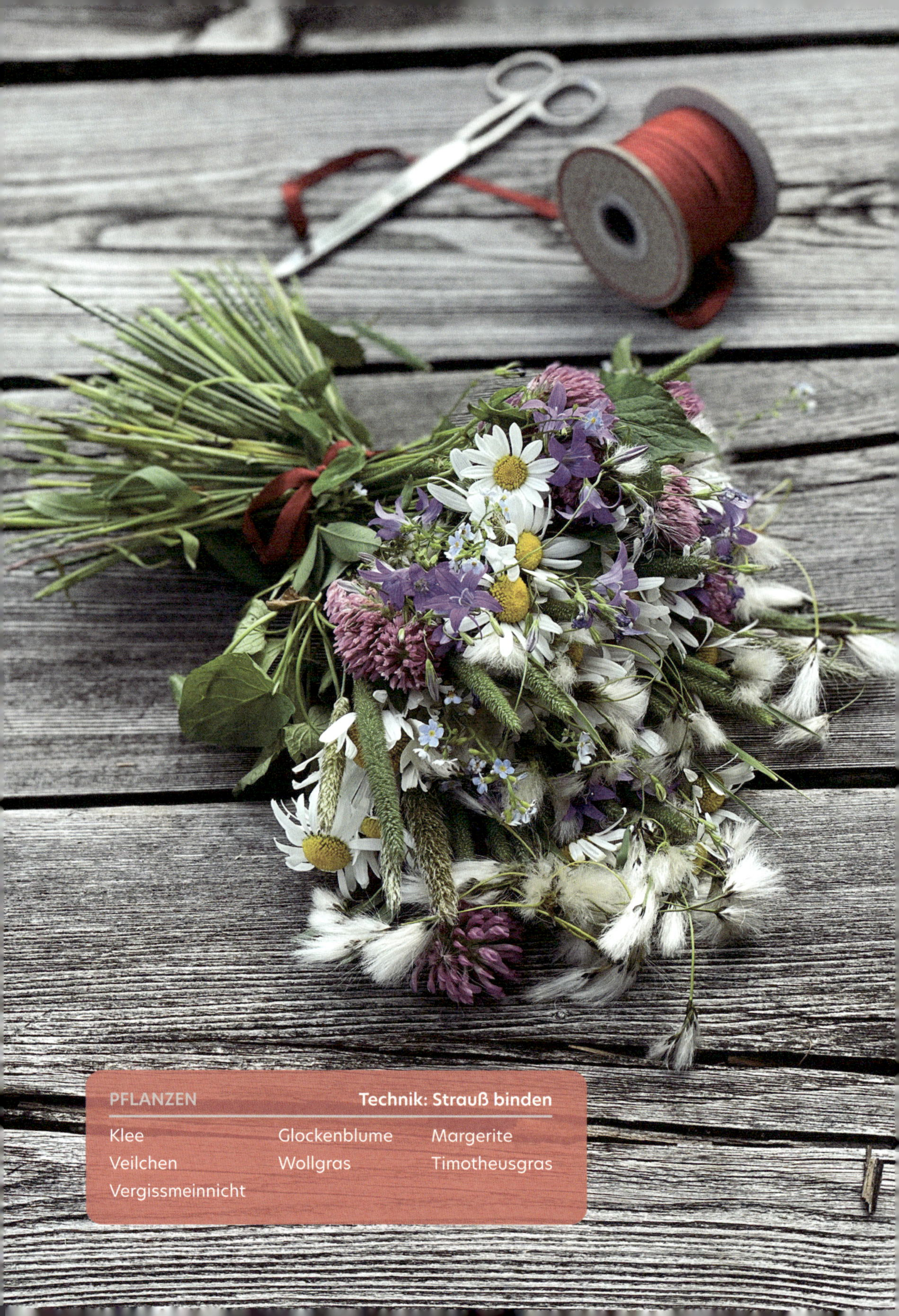

PFLANZEN

Technik: Strauß binden

Klee
Glockenblume
Margerite
Veilchen
Wollgras
Timotheusgras
Vergissmeinnicht

Der Mittsommerstrauß

weist die Zukunft

Der längste Tag im Jahr, bevor sich die Sonne wieder wendet und in Schweden die Nacht wieder überhand gewinnt, ist zwar kein gesetzlicher Feiertag, jedoch ein hoch spiritueller, an dem ganz besondere Kräfte wirken sollen und dem nachgesagt wird, dass sich Himmel und Erde berühren. Traditionell wird an diesem Tag das Mittsommerfest gefeiert, und fast alle schwedischen Geschäfte bleiben geschlossen – die Schweden nehmen ihre Sache also ernst.

Jener Samstag zwischen dem 20. und 26. Juni dient insbesondere der zwischenmenschlichen Kommunikation und dem Kennenlernen anderer Menschen – und so pilgern die Leute gemeinsam ins Freie, essen und feiern. Schon am Vortag wird ein mit Laub und Blumen geschmückter Baumstamm aufgestellt, um den getanzt wird. Die Frauen tragen Blumenschmuck im Haar, in dem vor allem Margeriten nicht fehlen dürfen.

Unverheiratete Frauen haben bei der Vorbereitung auf den Festtag eine große Aufgabe: Sie pflücken bestimmte Wildblumen und -kräuter, die sie über Nacht unter das Kopfkissen legen. Im Traum soll ihnen ihr Zukünftiger begegnen. Doch verraten werden darf der Traum nicht, sonst geht er nicht in Erfüllung. Auch heute wird dieser Brauch vielerorts noch praktiziert, und natürlich handelt es sich nicht um irgendwelche Kräuter und Blumen, sondern exakt um sieben Sorten: Klee, Veilchen, Vergissmeinnicht, Glockenblumen, Wollgras, Margeriten und Timotheusgras.

Kranken soll der Mittsommertag Hoffnung vermitteln: Dem nordischen Volksmund nach soll das Fest Menschen mit offener geistiger Haltung bei gesundheitlichen Problemen helfen. Schon am Morgen werden deshalb Blumen und frischer Tau gesammelt, die sämtliche Leiden kurieren sollen.

Doch eines darf man rund um die Mittsommertage auf keinen Fall tun: in einem schwedischen Gewässer baden, denn dort geht der Wassergeist Neck um diese Zeit herum und lockt Unachtsame in den Tod.

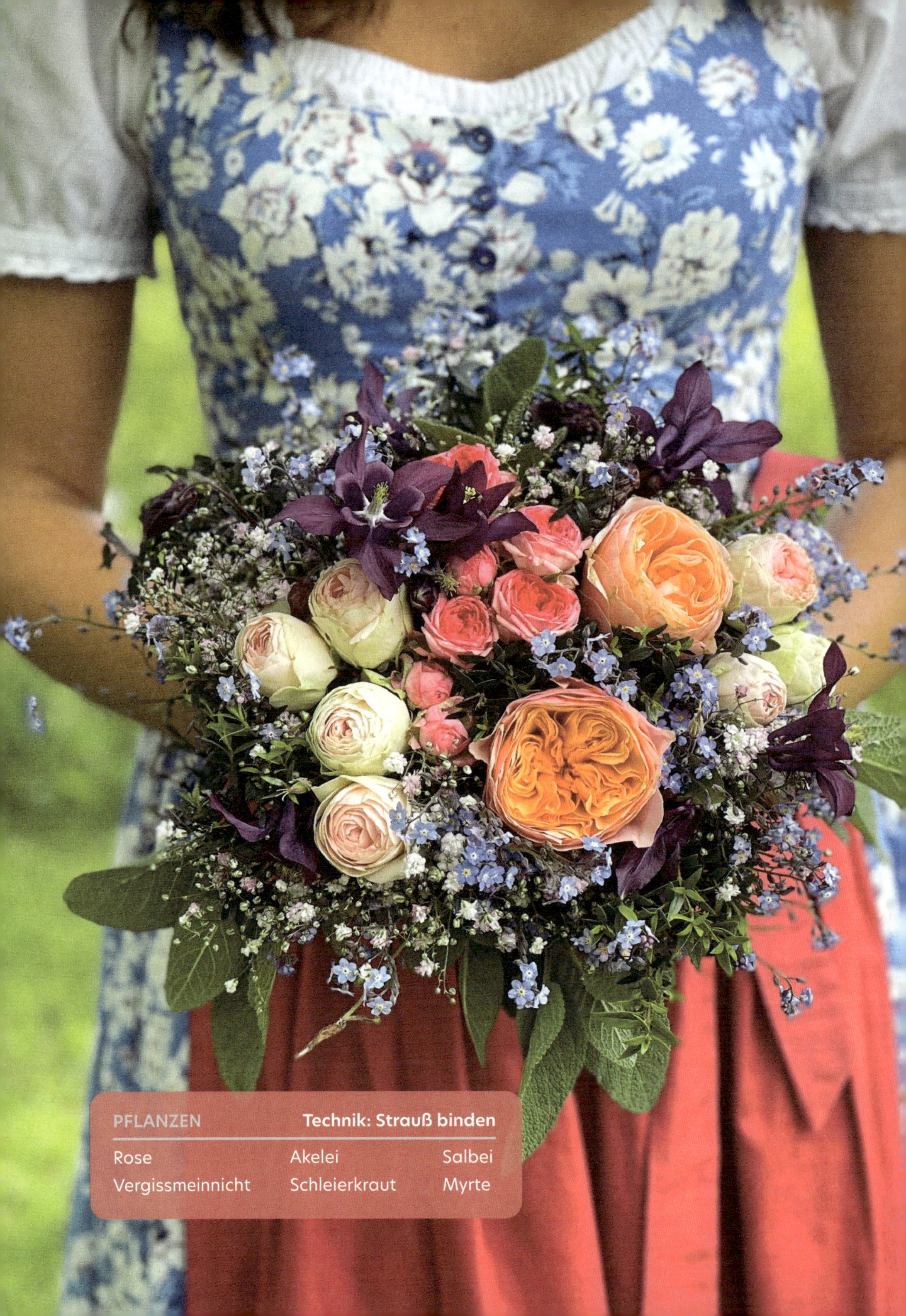

PFLANZEN		Technik: Strauß binden
Rose	Akelei	Salbei
Vergissmeinnicht	Schleierkraut	Myrte

Der festliche Rosenstrauß

lässt gebührend feiern

Zum Geburtstag, zur Sponsion oder zum Hochzeitstag: Ein Strauß mit Rosen versprüht feierlichen Charme und ist zu vielen Anlässen das richtige Geschenk.

Die Rose – seit der Antike als »Königin der Blumen« bezeichnet – versinnbildlicht Schönheit, Liebe, Leidenschaft und Vollkommenheit. Es ist ein Genuss, ihr beim Wachsen zuzusehen – wie sich die Blütenköpfe nach und nach mit ihrer Fülle an Blütenblättern öffnen. Schon im Orient war klar, dass Duftrosen die Sinne betören und uns direkt ins Herz sprechen. Jeder Rosenfarbe wohnt eine ganz eigene tiefe Bedeutung inne. So steht Rot für die Liebe und Verlockung und Violett für Lust und Innigkeit. Weiß blühende Rosen signalisieren Reinheit, Unberührtheit und Jungfräulichkeit. Die Farbe Gelb bedeutet für die Liebe nichts Gutes: »Lass uns Freunde bleiben.«

Ursprünglich stammt die Rose aus dem Orient und gelangte mit den Kreuzrittern und Seefahrern nach Europa. Heute gibt es ungefähr 30 000 verschiedene Rosenarten durch unterschiedliche Kreuzungen aus aller Welt. Das ist doch wirklich eine Menge!

Hundsrose und Feldrose sind bei uns hingegen immer schon heimisch. Für opulente Sträuße und Dekorationen bevorzugen wir zumeist andere Rosenarten – aber schenkt doch unseren ansässigen Rosen auch ein wenig Aufmerksamkeit. Ihre zarten Blüten sind so lieblich anzusehen, und ihr natürlicher Duft vermag es, uns für einen Augenblick Zeit und Raum vergessen zu lassen.

Rosen sollen aus dem Lächeln des Liebesgottes Amor entwachsen sein. Auch dem Beschenkten werden sie mit Sicherheit ein Lächeln auf die Lippen zaubern – und das ist es doch, was das Leben lebenswert macht: bewusste Glücksmomente.

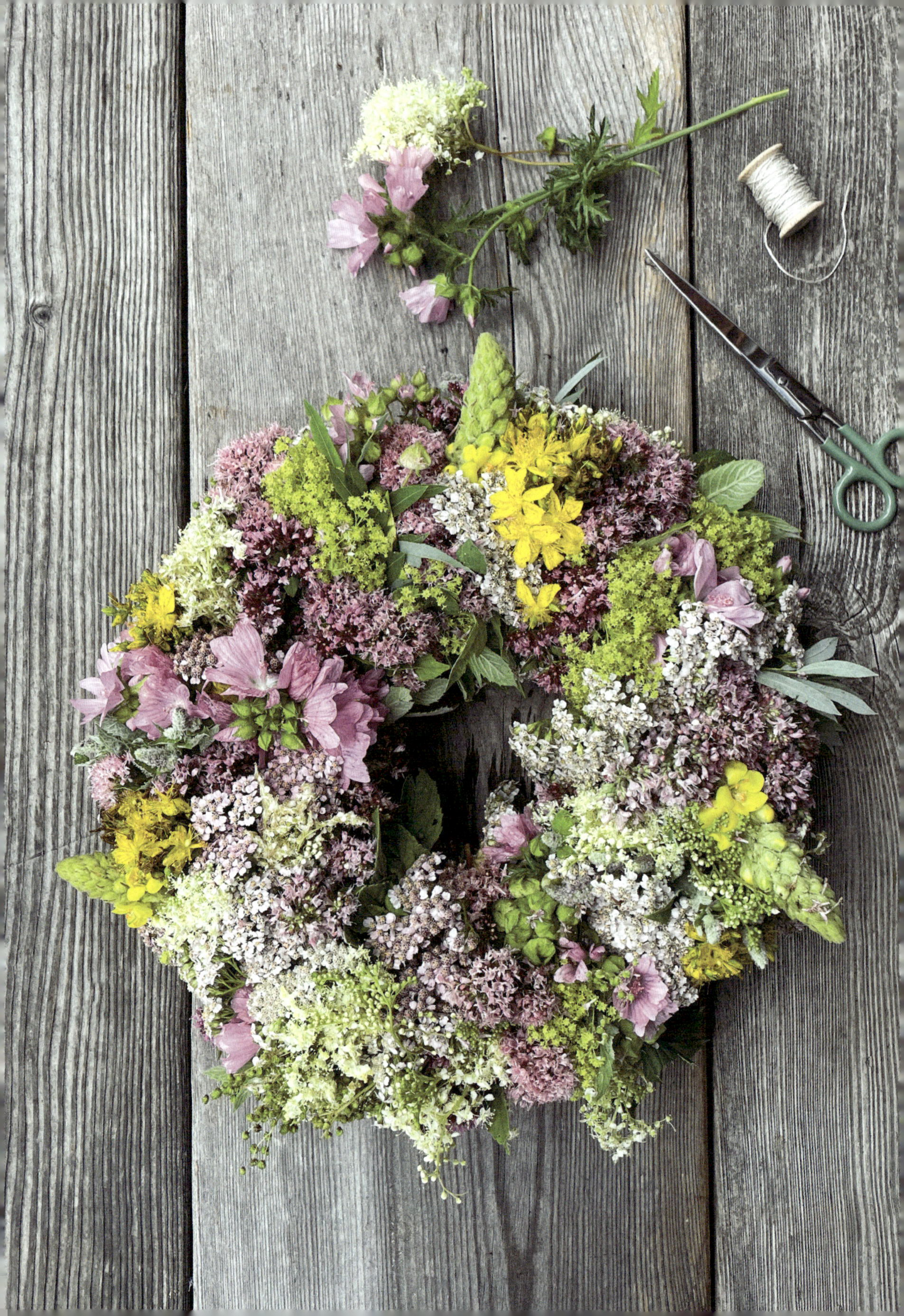

Der gesegnete Kranz

schützt Haus und Hof

Rund um Maria Himmelfahrt ist die Hochzeit der Kräuterernte, denn dann sind die Kräuter am heilkräftigsten. Schon in vorchristlicher Zeit wurden Heilkräuter als Dank für ihre Heilkraft und zum Erbitten von Schutz geopfert. Eine Zeit lang war das jedoch verboten: Während der Christianisierung wurde die Kräuterweihe als Hexenwerk hingestellt. Doch stellt euch vor: Der Brauch wurde dennoch weitergeführt.

Später hat die Kräuterweihe auch in der christlichen Tradition Einzug erhalten. Eine Legende erzählt, dass das Grab von Maria drei Tage nach ihrem Tod leer gewesen, sie mit Leib und Seele in den Himmel aufgestiegen sei und es dort nach Rosen, Lilien und Heilkräutern gerochen haben soll. Von Papst Pius XII wurde der 15. August im Jahre 1950 zum katholischen Festtag Maria Himmelfahrt erhoben. In vielen Regionen ist er auch heute noch ein gesetzlicher Feiertag – und der Brauch der Kräuterweihe immer noch untrennbar damit verbunden.

Für unseren Kräuterbuschen benötigen wir 7, 9, 77 oder 99 Heilkräuter, so sagt es der Brauch. Je nach Region schwankt die Anzahl, doch handelt es sich stets um eine symbolträchtige Zahl: Die 7 steht für die sieben Schöpfungstage, die 9 für 3 x 3 und somit für die Dreifaltigkeit.

PFLANZEN

Dost
Königskerze
Schafgarbe
Johanniskraut
Weide
Frauenmantel
Mädesüß
Malve
Minze

Technik: Kranz binden

Unseren Maria-Himmelfahrts-Kranz haben wir aus neun Kräutern zusammengestellt. Die Auswahl bleibt euch selbst überlassen, doch grundsätzlich kommen nur starke Heilkräuter infrage. Die geweihten Kräuter sollen schließlich über das ganze Jahr hinweg gegen sämtliche Krankheiten wirken und vor Flüchen schützen.

Heilkräuter waren die Hausapotheke unserer Vorfahren. Bei Krankheit wurde ein Teil davon mit Weihrauch vermischt und damit geräuchert, bei einem heranziehenden Gewitter wurden sie als Schutz gegen Blitzschlag ins Herdfeuer geworfen, und während der Raunächte wurden in einer Glutpfanne Haus und Hof ausgeräuchert. Die Kräuter stärken in jedem Fall unser Immunsystem und tun Körper und Seele gut.

Zu Maria Himmelfahrt darf die Königskerze nicht fehlen. Sie ist eine stolze und aufrechte Pflanze und wird nicht umsonst als Königin bezeichnet. Als Wetterorakelpflanze wurde an ihren Blütenkränzen früher der Schneefall abgelesen und kalkuliert, wie lange der Winter noch bleiben würde. An ihrer Neigung versuchte man zu erkennen, wie das Wetter werden würde: Zeigte die Spitze nach Westen, drohte schlechtes Wetter, ging sie nach Osten, konnte man sich auf sonnige Tage freuen.

Den Kranz oder auch Buschen könnt ihr nach der Segnung an einem dunklen und luftigen Ort aufhängen und trocknen lassen. Die Kräuter können anschließend für Tee, Salben, Bäder, Waschungen und Tinkturen verwendet werden. Solltet ihr die Kräuter über das Jahr hinweg nicht benötigen oder zum nächsten 15. August etwas davon übrig haben, könnt ihr ein Ritual gestalten und sie dem Feuer übergeben.

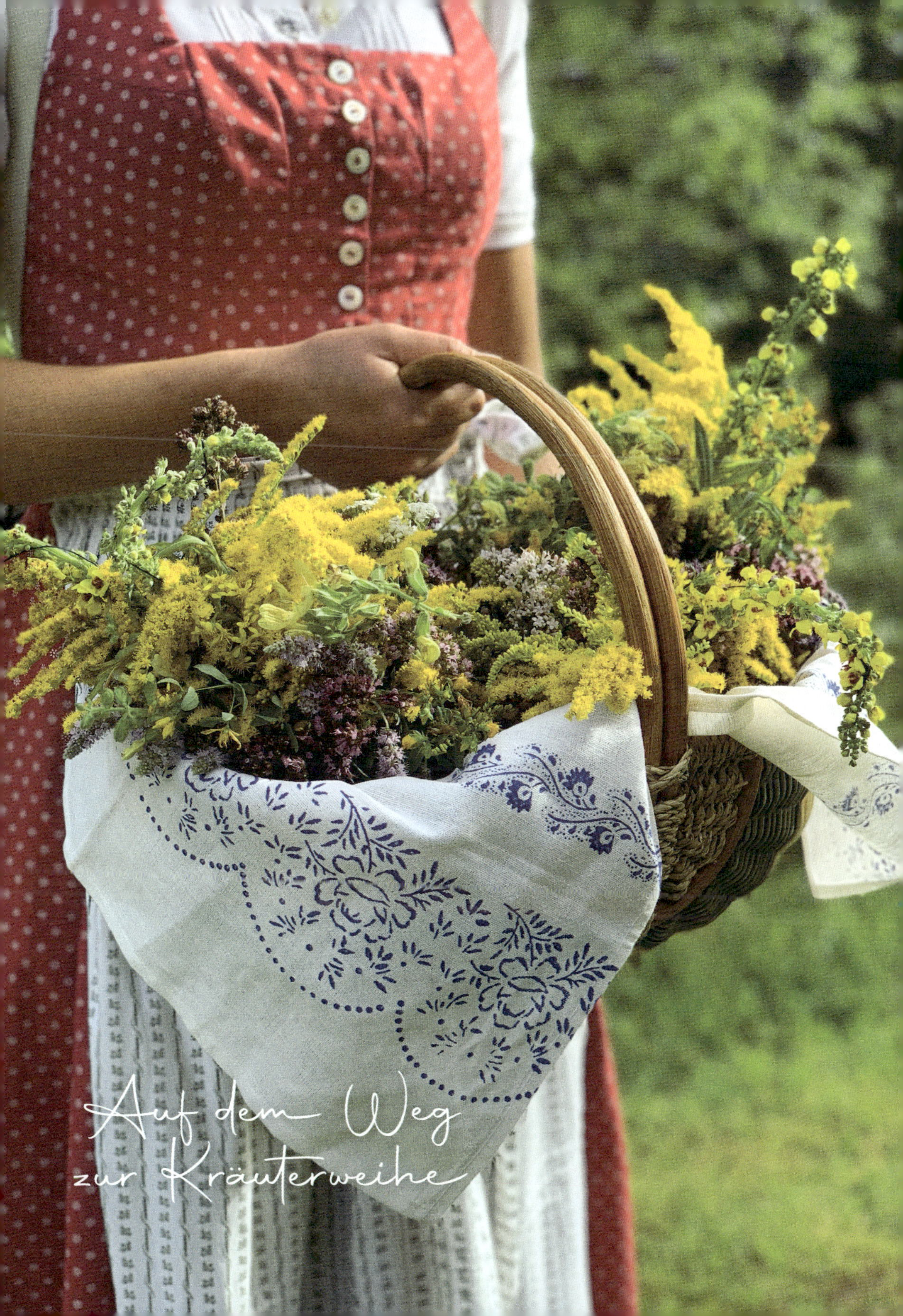

Auf dem Weg zur Kräuterweihe

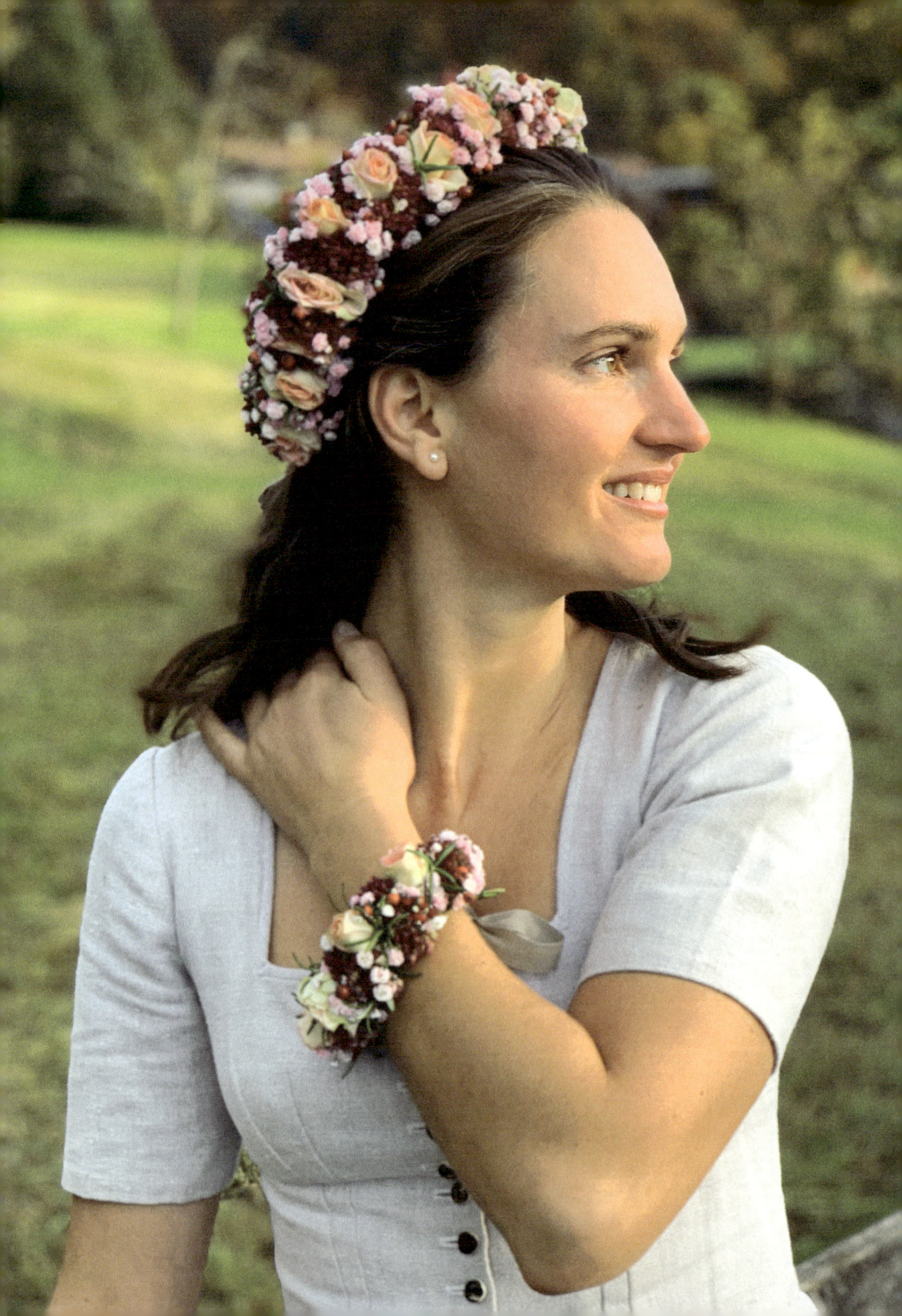

Der farbenfrohe Haarkranz

ziert die schönsten Tage im Leben

An besonderen Tagen im Leben darf der besondere Haarschmuck nicht fehlen. Einen selbst gebundenen Kranz zu tragen, macht stolz – kleine sowie große Mädchen.

Die rosaroten Blüten der Fetten Henne leuchten gegen Ende des Sommers wie kleine Sterne. Der klassische Spätblüher kommt auch längere Zeit ohne Wasser aus – wie passend, dass der Fetten Henne Genügsamkeit und Bescheidenheit nachgesagt wird.

Wer dem rosa Traum farblich nicht die Überhand gewähren möchte, kann den Rosmarin etwas mehr ins Rampenlicht rücken oder andere Blütenfarben miteinbringen. Rosmarinsträuße oder -kränze zur Hochzeit zu tragen, war bis ins 17. Jahrhundert ein üblicher Brauch, der eine glückliche Ehe einleiten sollte, und selbst heute noch tragen manche Bräute Rosmarin am Festtag im Schuh.

Die kleinen Hagebutten, die wir hier verwendet haben, sind die Früchte der Büschelrose. Neben ihrer Fülle punkten sie im Haarkranz vor allem mit ihrer Langlebigkeit.

PFLANZEN

Rosmarin
kleines Röschen
Fette Henne
Schleierkraut
Dost
kleine Hagebutte

Technik:
Haarkranz binden

Haarkranz binden

DAS WIRD BENÖTIGT:

Pflanzenmaterialien
Bindedraht oder Papierbindedraht
Schleifenband
Papierschere
Gartenschere

SO WIRD'S GEMACHT:

Einen Haarkranz zu binden, erscheint auf den ersten Blick etwas kompliziert – doch es ist gar nicht schwer, solange darauf geachtet wird, einen stabilen Unterbau zu haben und etwas feiner als bei einem großen Kranz zu arbeiten. Die Pflanzen werden zuerst nach Kategorien geordnet und auf einem großen Tisch aufgelegt. Alle Stiele werden auf eine Länge von etwa 7 cm gekürzt.

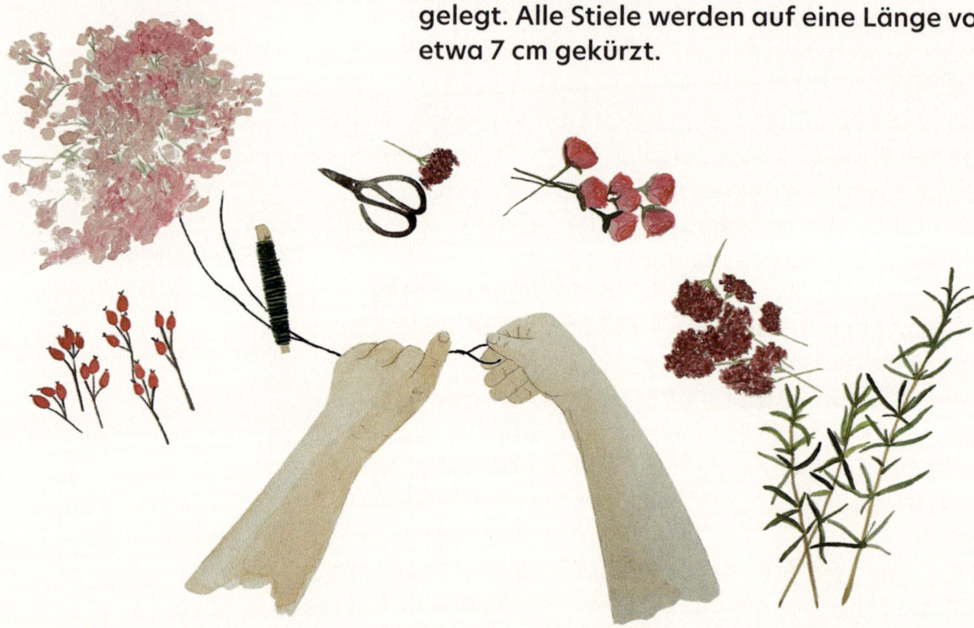

1. Als Basis für den Kranz wird eine Unterkonstruktion aus Papierbindedraht oder normalem Blumenbindedraht geformt. Diese sollte an beiden Enden mit Schlaufen abschließen, damit am Schluss ein schönes Schleifenband an den Kranz angebracht werden kann. Dafür ungefähr 130 cm Draht abschneiden und diesen in der Mitte knicken. Das geknickte Ende in die rechte Hand nehmen, eine circa 4 cm lange Schlaufe formen und den Draht über die gesamte Restlänge hinweg eindrehen.

2. Zwei bis drei verschiedene Pflanzen bündeln und mit einem dünnen Draht nahe der Schlaufe anbringen. Wichtig ist, dass die Blumen immer nach außen zeigen, damit die Innenseite schön am Kopf anliegen kann. Den Draht ungefähr dreimal um den Stiel wickeln und darauf achten, dass das Drahtende gut im Pflanzenmaterial versteckt wird – sodass man sich nicht daran sticht, sobald man das Kränzchen am Kopf trägt.

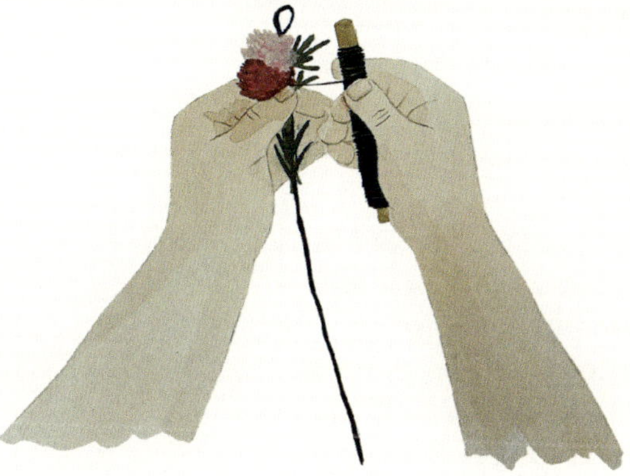

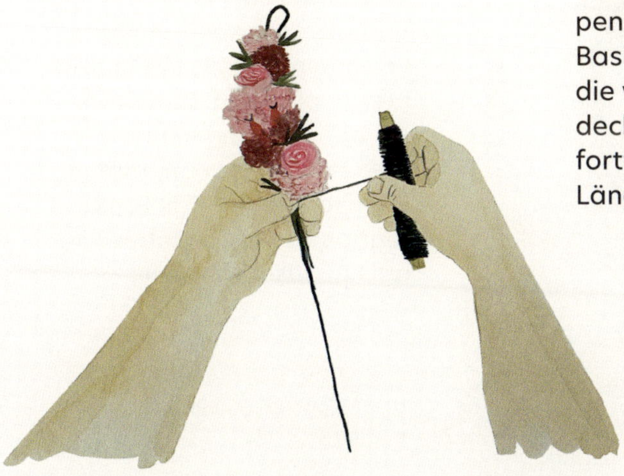

3. Das nächste Bündel schnappen und es wiederum an der Basis anbringen – so, dass damit die vorherige Bindestelle verdeckt wird. Bündel für Bündel fortfahren, bis die gewünschte Länge erreicht ist. →

4. Nun die zweite Schlaufe bilden. Dafür etwa 4 cm vom Basisdraht nach oben knicken und durch Verdrehen fixieren.
Die Drahtenden wieder gut im Kranz vernähen, sprich abwechselnd unter und ober den bestehenden Drahtschlaufen durchfädeln. Sobald es gut hält, die Drahtenden abschneiden.

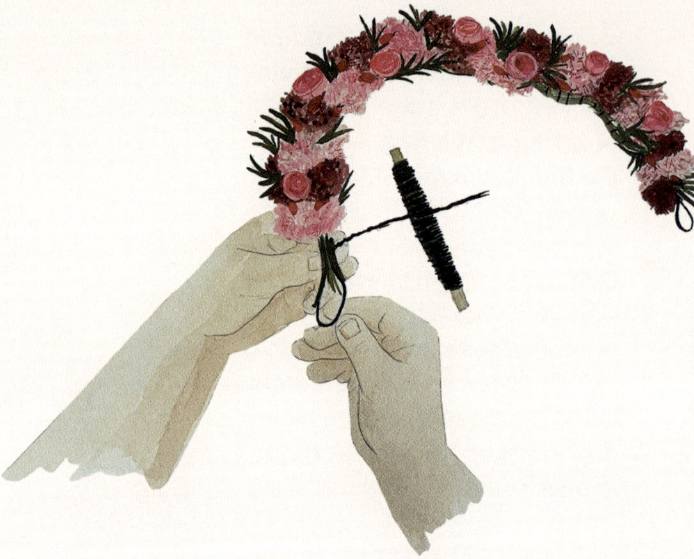

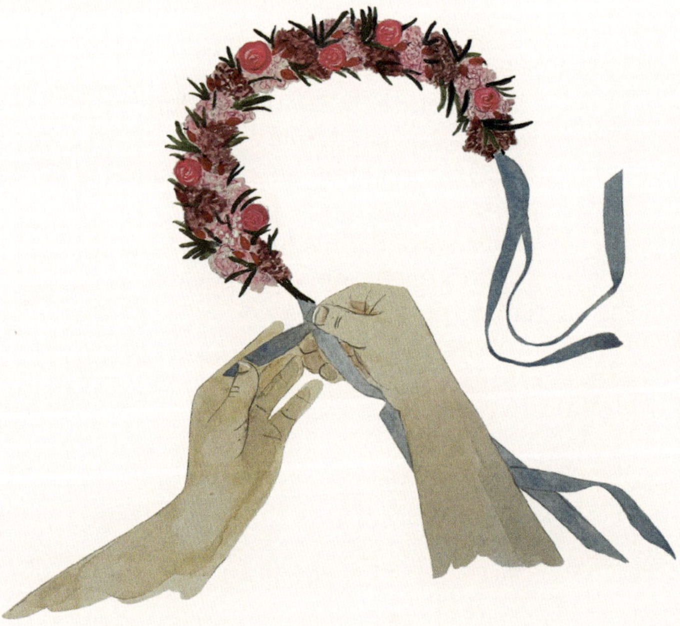

5. Nun kommen die Schleifenbänder zum Einsatz: Links und rechts jeweils ein Band einfädeln, sodass die Enden gleich lang sind. Den Kranz um den Kopf legen und die beiden Schleifen am Hinterkopf verknoten. Das Schlaufenband zuvor gegebenenfalls etwas kürzen.

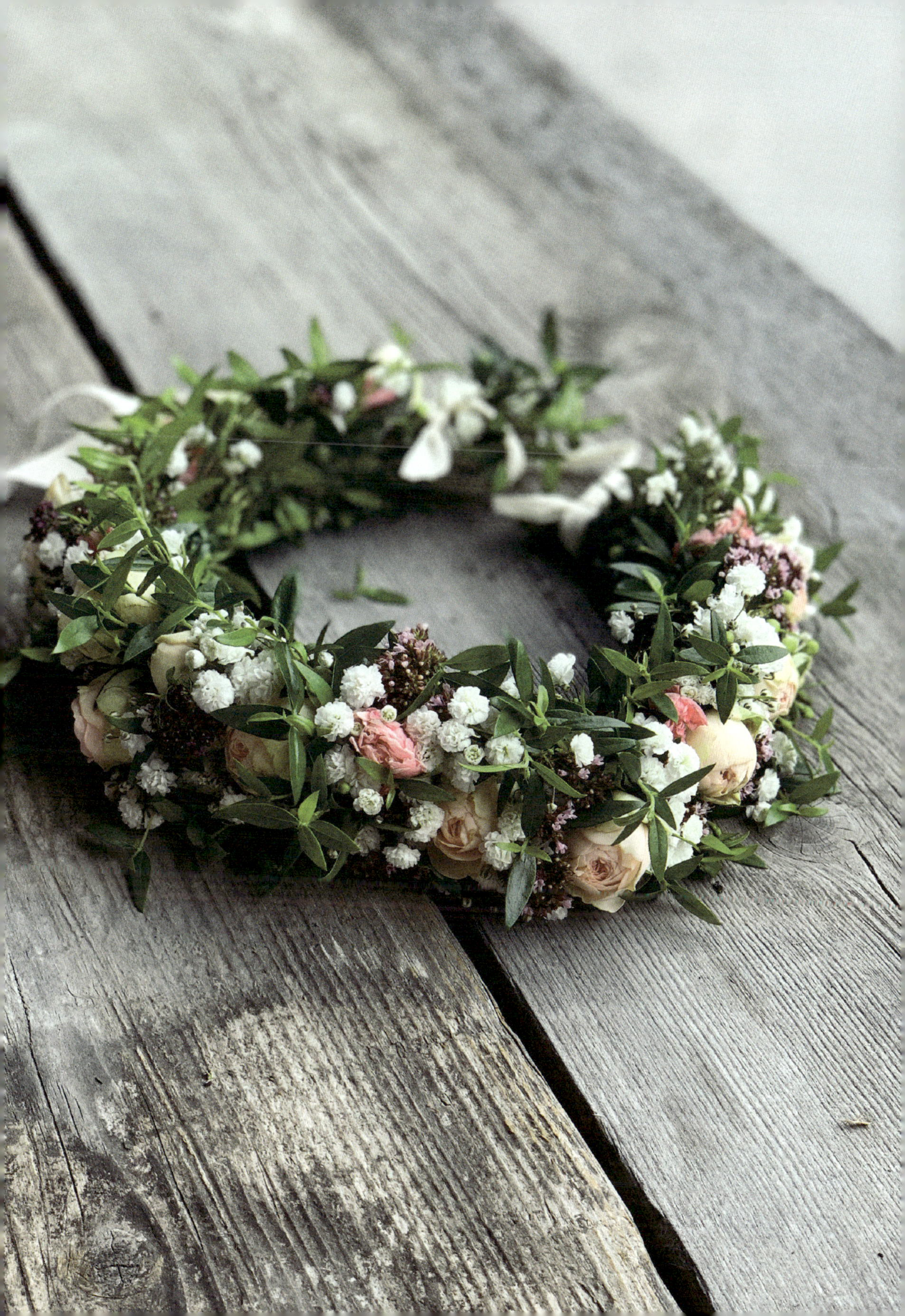

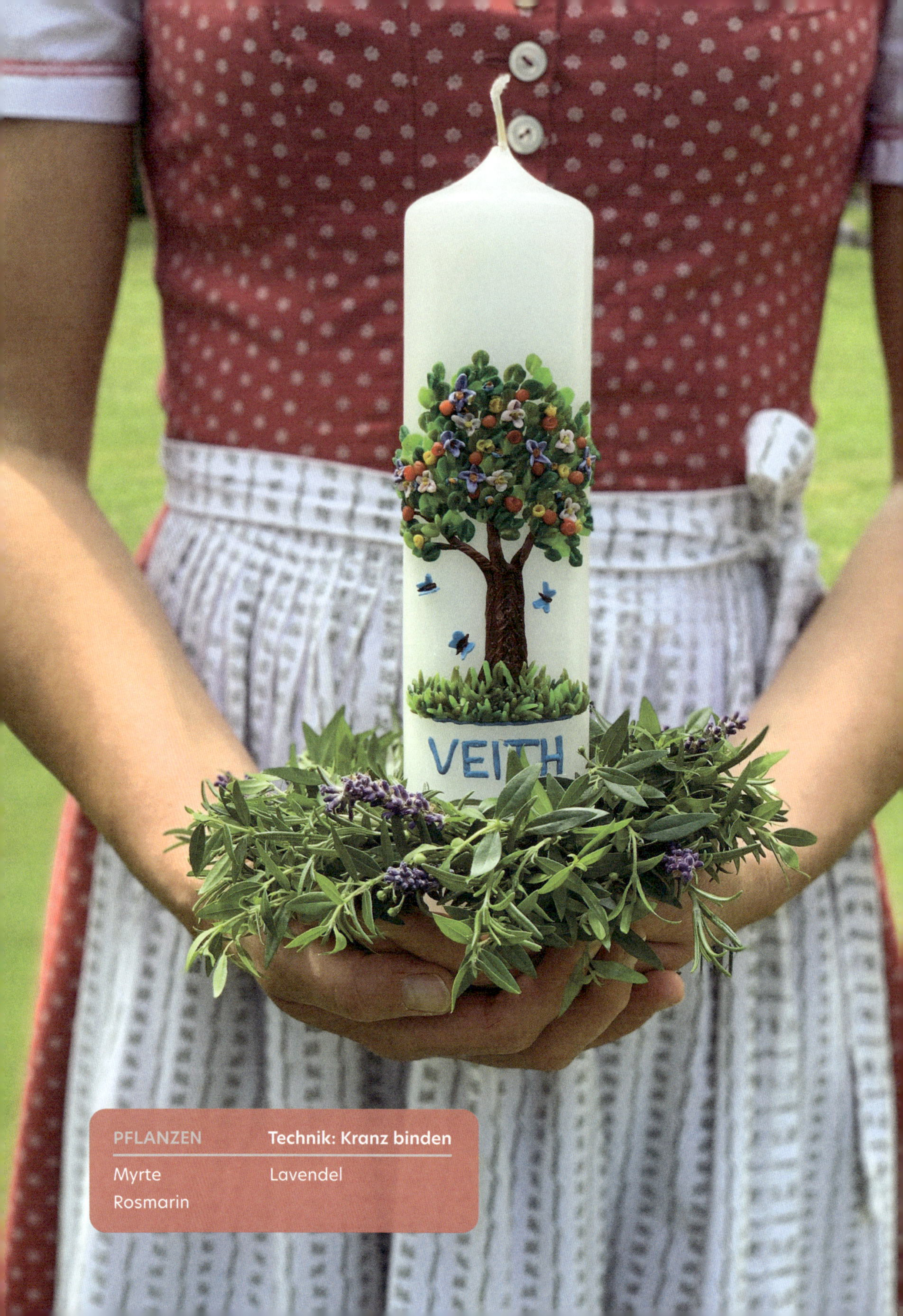

PFLANZEN	**Technik: Kranz binden**
Myrte	Lavendel
Rosmarin	

Der Taufkranz

bringt Segen

Als Glücks- und Segensbringer kommt der Myrte im festlichen Taufkranz eine bedeutende Rolle zu. Es wird ihr nachgesagt, dass sie den »Atem des Lebens« übermittelt. Sie steht als Sinnbild für Liebe und Unsterblichkeit, aber auch für Zärtlichkeit, Jungfräulichkeit und Neuanfang.

Einer arabischen Legende nach stammt das aromatische Myrtenkraut aus dem Garten Eden. Heimisch ist es im Mittelmeerraum – und so sollen griechische Auswanderer als Ausdruck ihrer Heimatverbundenheit stets Myrtenzweige bei sich getragen haben.

Dem Rosmarin wird zugeschrieben, dass er Krankheiten, Geister und Zauber abwehren könne. Zu diesem Zweck wurde Kindern früher in gefährlichen Zeiten ein Rosmarinkranz umgelegt. Auch heute steht er vielen Menschen hilfreich zur Seite – etwa bei Kreislaufproblemen, rheumatischen Beschwerden und sämtlichen Wehwehchen rund um den Magen-Darm-Trakt.

Ein Sprichwort besagt: »Was Rosmarin für den Geist, ist Lavendel für die Seele.« Der Lavendel betört vor allem mit seinem Duft und kann in schwierigen Situationen beruhigend und ausgleichend wirken. Unter anderem steht er für Reinheit und Unversehrtheit und komplementiert für Täuflinge damit die Attribute von Myrte und Rosmarin.

Das Binden des Taufkranzes funktioniert wie bei den anderen gebundenen Kränzen – nur im Miniaturformat. Als Rohling könnt ihr hierfür einen biegbaren Ast verwenden oder wie beim Haarkranz (Seite 188) einfach nur mit Draht arbeiten.

PFLANZEN **Technik: Kranz stecken und Naturmaterialien andrahten**

Rose	Erika	Fette Henne
Salbei	Hauswurz	Moos
Hagebutte	Apfel	Kiefernzapfen
Latsche	Stechpalme	Efeu
Kastanie	Schlehe	Tanne

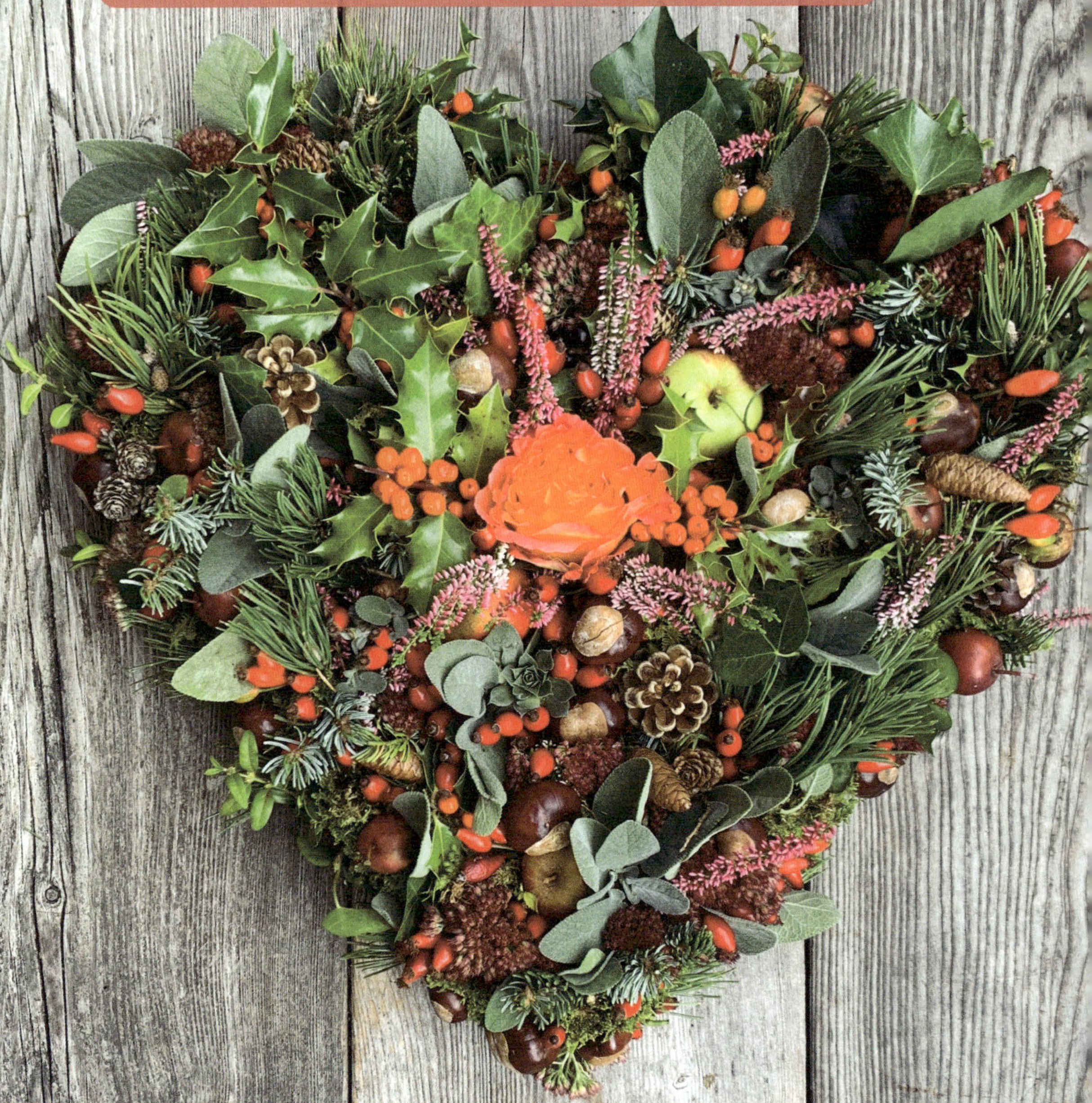

Der Allerheiligen Grabschmuck

lässt lieben Verstorbenen gedenken

Allerheiligen: Zeit, um sich mit der Familie am Friedhof zu versammeln. Die Gräber unserer Lieben sollen zu diesem Anlass natürlich besonders schön aussehen.

Der 1. November ist ein gesetzlicher Feiertag und erinnert an die heiligen Märtyrer. Zum ersten Mal wurde er im Jahre 610 gefeiert, der Feiertag Allerseelen, am 2. November, kam im Jahre 998 hinzu. Verstorbenen wird seitdem besonders an diesen beiden Tagen gedacht. Wir sind dazu eingeladen, uns in dieser Zeit zurückzunehmen und uns auf die eigenen Wurzeln zu besinnen.

Unseren Vorfahren und nahestehenden Verwandten zu Ehren zieren wir die Gräber mit Immergrün, Moos, Flechten und Kerzen – und vor allem an diesem Festtag besonders schmuckvoll.

Die Kiefernzapfen verleihen dem Grabschmuck eine schöne Symbolik: Die Kiefer steht nämlich dafür, alten Schmerz zum Fließen zu bringen. Sie wächst auf bis zu 2000 Metern und trotzt jedem Wetter. Kiefernzapfen könnt ihr beim Spaziergang immer wieder mitnehmen, sodass ihr ausreichend auf Vorrat habt. Die gesammelten und getrockneten Zapfen können dann oft jahrelang verwendet werden, ohne dass sie an Schönheit einbüßen.

Die Hauswurz geben wir hier auch besonders gerne dazu. Sie wird als Götterpflanze bezeichnet, da sie sich in ihrer Wuchsart von der Erde abwendet und gen Himmel reckt. Wir sehen die Hauswurz daher auch als Bindeglied zwischen uns und den Verstorbenen. Ihr botanischer Name *Sempervivum* heißt übersetzt »ewiges und immerwährendes Leben«. Deshalb passt sie auch so gut zu diesem Tag, der dafür da ist, sich mit den verstorbenen Menschen in Verbindung zu setzen. Allerheiligengebinde dienen als Botschafter unserer Herzenswünsche, und diese selbst vorzubereiten, lässt uns gedanklich näher bei unseren Lieben sein. Am schön gestalteten Grab finden wir dann Raum, um Trauer und Abschiedsschmerz auszuleben und den Verlust besser zu verarbeiten.

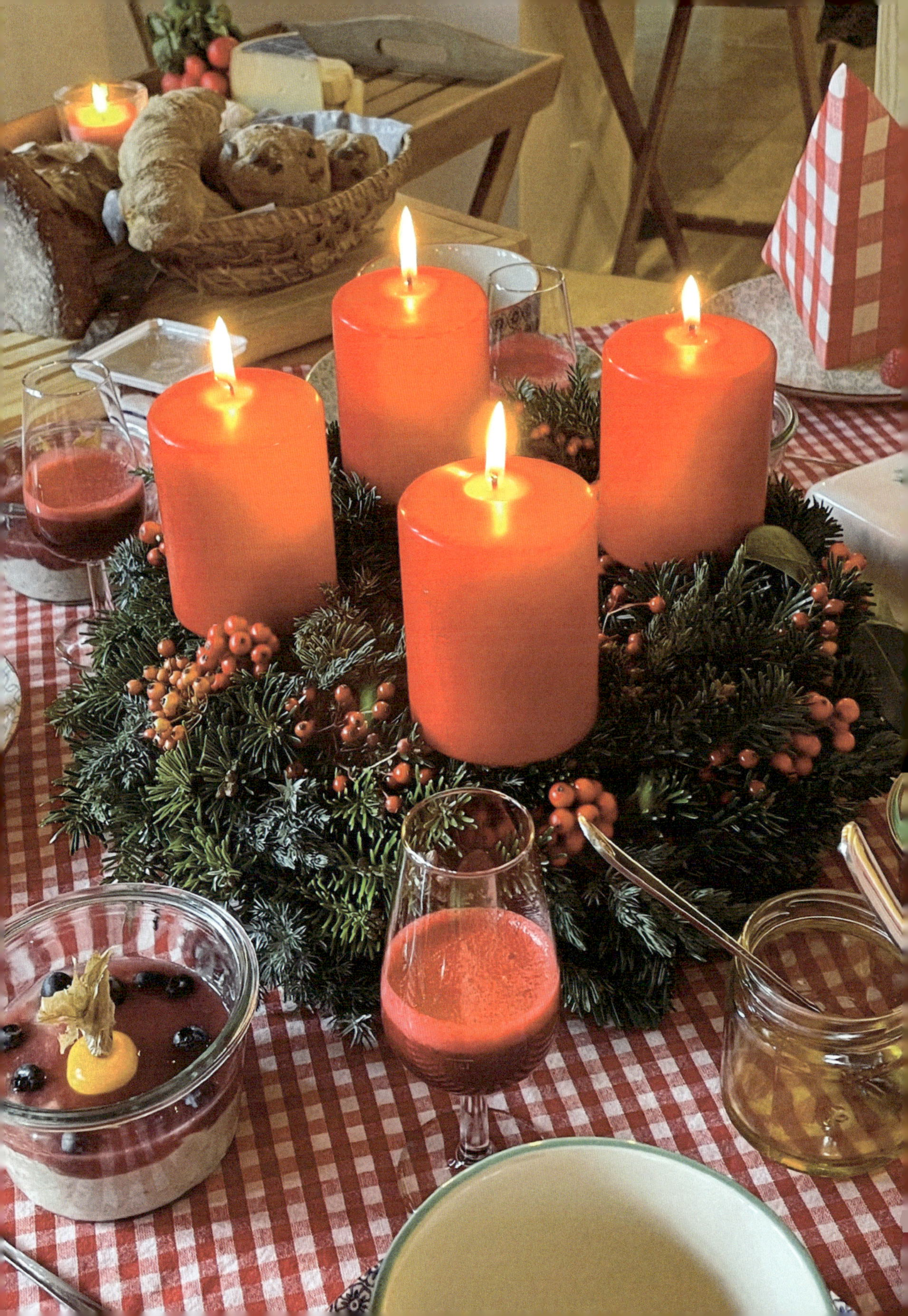

Der Adventskranz

riecht nach Weihnachten

Advent, Advent – die wohl besonderste Zeit im ganzen Jahr! Stille kehrt ein, man besinnt sich auf das Wesentliche und kommt nach Hause – zu unseren Familien und an unseren Ursprung.

So sollte es zumindest sein ... Die »stade« Zeit ist nämlich bekanntlich oft gar nicht so still. Auch heißt es: »Wenn die stade Zeit vorbei ist, wird es auch wieder ruhiger.«

Wir haben festgestellt: Wenn wir die Adventszeit von Beginn an aktiv und bewusst erleben, indem wir kreative Hausdekoration gestalten, finden wir besser zur herbeigesehnten Stille und Besinnung. Wenn wir unseren selbst gemachten Adventskranz bestaunen, ein Lichtlein nach dem anderen anzünden und die Aromen der Nadeln und Zapfen genießen, bleibt die Zeit stehen und Adventsglanz kehrt ein – auch wenn es nur für einen Moment ist.

Holt auch ihr euch bereits zu Beginn der Adventszeit diesen Zauber und Wartezeit-Versüßer ins Haus – ihr werdet es nie mehr ohne dieses schöne Ritual und die besondere Weihnachtsgemütlichkeit haben wollen.

Stellt euch vor, den ersten Adventskranz gab es schon im Jahre 1839. Die Idee wurde in einem evangelischen Waisenhaus geboren, weil die Kinder ständig fragten, wann endlich Weihnachten sei. Der Theologe Johann Hinrich Wichern hing am ersten Advent ein

PFLANZEN

Tanne
Wacholder
Stechpalme
Hagebutte

Technik: Kranz binden und Kerzen anbringen

Wagenrad mit je einer Kerze pro Tag bis Heiligabend auf. Den Sonntagen verlieh er vier große weiße Kerzen und den Wochentagen kleine rote. Mit der Zeit wurde der Brauch auch in den katholischen Kirchen übernommen und zu vier Kerzen abgewandelt. Was für eine schöne Idee, an der wir uns heute noch erfreuen und die Klein und Groß Orientierung in der dunklen Zeit des Jahres schenkt.

Der ein oder andere wird sich bestimmt fragen, wo man passende Tannen- oder Fichtenzweige – auch »Daxen« genannt – für den selbst gebastelten Adventskranz bekommt. Auf traditionellen Märkten gibt es diese meist ab November zu kaufen, auch Bauernhöfe machen oft einen Ab-Hof-Verkauf mit schönen Zweigen – am Straßenrand habt ihr bestimmt schon das ein oder andere Schild damit gesehen. Auch Floristen haben sie zum Teil lagernd, oder ihr wendet euch direkt an Forstunternehmen. Vielleicht habt ihr aber auch bei eurem Waldspaziergang geeignetes Schnittgut gesichtet? Meist haben die Waldarbeiter nichts dagegen, wenn ihr etwas von den Resten mitnehmt.

Es heißt, dass die Zweige, die bei abnehmendem Mond geschnitten wurden, am besten halten und am wenigsten nadeln. Falls ihr auf dieses i-Tüpfelchen achten könnt, unbedingt ausprobieren.

Kerzen anbringen

DAS WIRD BENÖTIGT:

Basiskranz
Kerzenhalter
Kerzen
Dekorationsmaterial nach Wahl

SO WIRD'S GEMACHT:

Für den Adventskranz einfach an die Anleitung des Basiskranzes (Seite 136) halten und dann nach Belieben mit Schleifen und weihnachtlicher Dekoration schmücken.

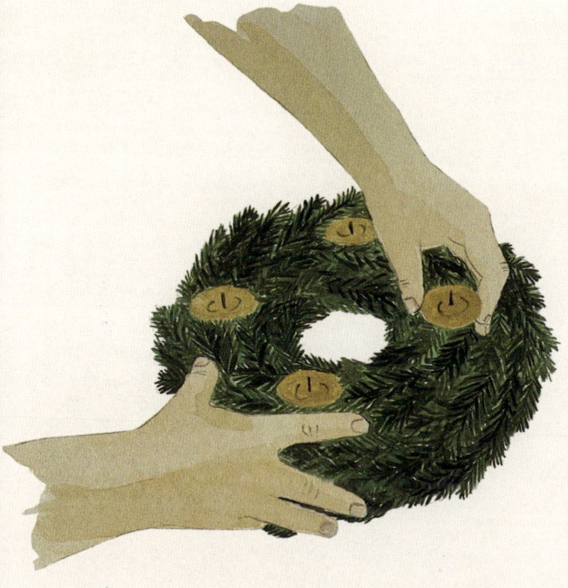

1. Die Kerzen bringt ihr auf Kerzenhaltern an. Teilt euch den Kranz am besten gedanklich in vier gleich große Teile ein, damit ihr die Kerzenhalter schön gleichmäßig anbringt. Sie haben einen spitzen Stab auf der Unterseite, sodass ihr sie gut in den Kranz stecken könnt und sie von alleine halten.

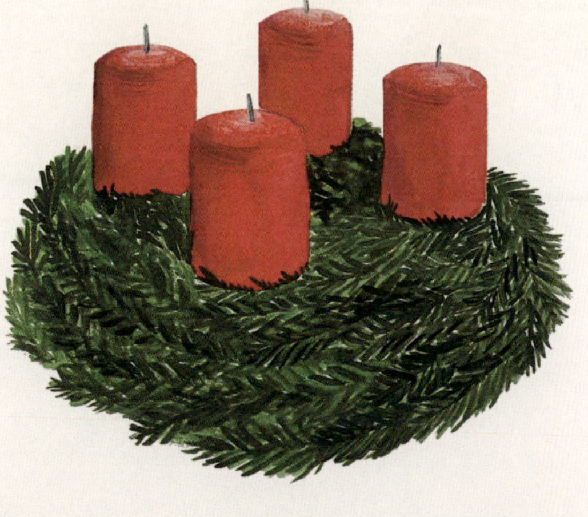

2. Bestaunen, freuen und am wichtigsten: Zeit nehmen.

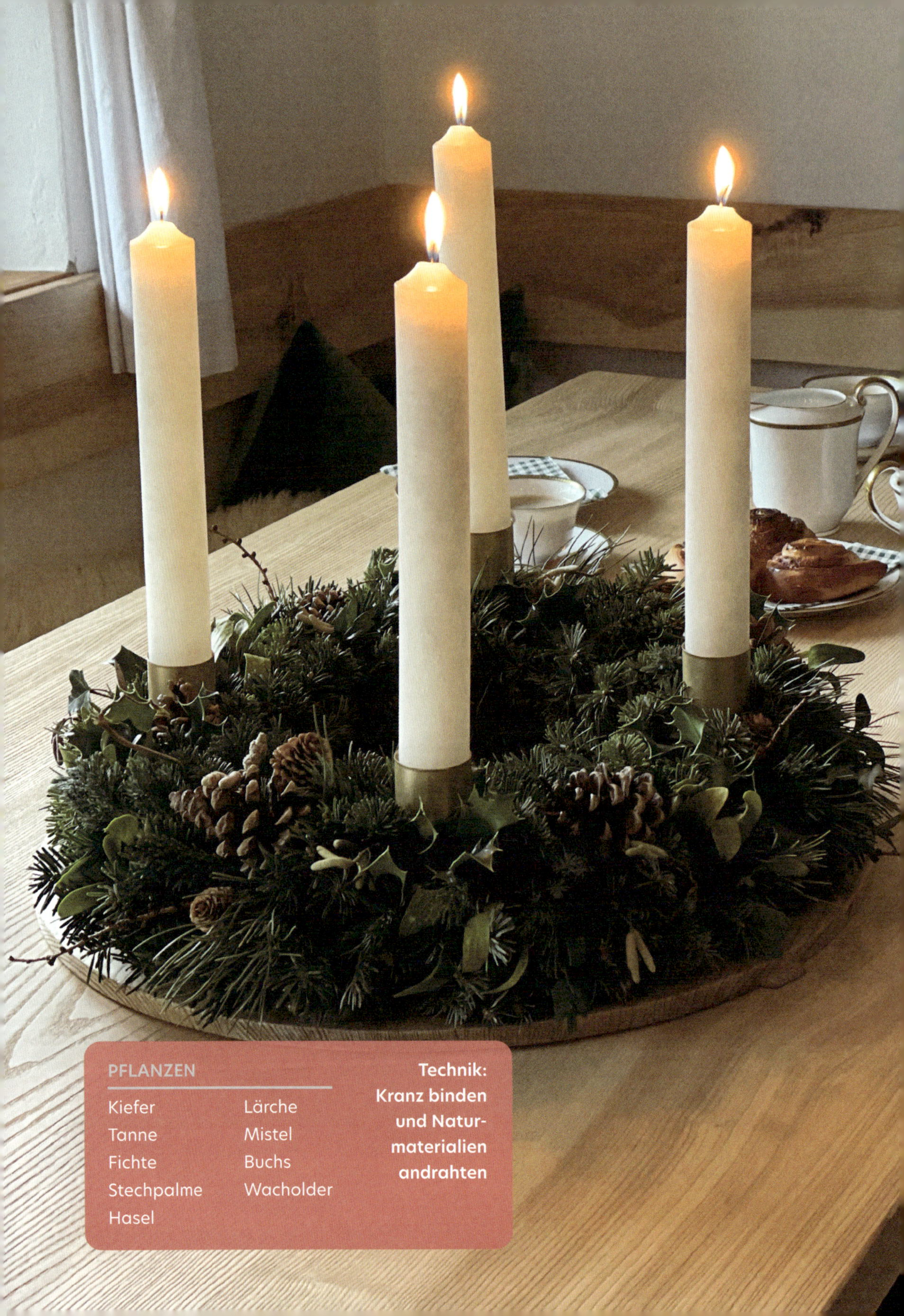

PFLANZEN

Kiefer	Lärche
Tanne	Mistel
Fichte	Buchs
Stechpalme	Wacholder
Hasel	

Technik: Kranz binden und Naturmaterialien andrahten

Der Rauhnachtskranz

geleitet ins neue Jahr

Zwischen der Christnacht und dem Dreikönigstag liegen die traditionellen Rauhnächte, zwölf Tage und Nächte, denen eine besondere mystische Bedeutung zugetragen wird. Man erzählt, dass in diesen Nächten die Grenzen zu anderen Welten offen sind, Tiere sprechen können, die Wintergeister Ausgang haben. Viele althergebrachte Traditionen sollen das Böse vertreiben und bereit machen fürs neue Jahr.

Spürt ihr auch den Zauber, der diesen Tagen zwischen dem alten und neuen Jahr innewohnt? Hier finden wir Raum, um in der Vergangenheit zu schwelgen und uns auf die bedeutsamsten Ereignisse des letzten Jahres zu besinnen. Es ist eine Zeit der Rückschau und des Verabschiedens, zugleich aber auch der Visionen und der Neujahrsvorsätze.

Träumen wird in diesen Nächten eine große Bedeutung beigemessen. Sie sollen zukunftsweisend für die kommenden zwölf Monate sein – eine Art Vorausschau, was uns im kommenden Jahr erwarten wird. Es lohnt sich also, seine Träume in den Rauhnächten aufzuschreiben. Die besondere Feinfühligkeit an diesen Tagen wird gut und gern durch Räucherungen unterstützt.

Gläubige Menschen verließen ab Einbruch der Dunkelheit ihr Heim in diesen Nächten nicht, denn die »Percht« – die mächtigste Göttin der Unterwelt – soll mit ihrem Gefolge über das Land ziehen und nach toten Seelen suchen, die auf der Suche nach dem Weg nach oben immer noch auf der Erde herumirren. Die Menschen hatten Angst, die Percht würde liebe Verstorbene, welche sich in diesem Zwischenstadium befinden, mitnehmen und ihr Weiterleben im Jenseits damit verhindern.

Zum Schutz unseres Zuhauses binden wir für die Zeit der Rauhnächte alljährlich einen Kranz aus neun Pflanzen. Die Pflanzen können variieren, doch die Anzahl ist wichtig: Die Zahl 9 – 3 x 3 – symbolisiert die Dreifaltigkeit.

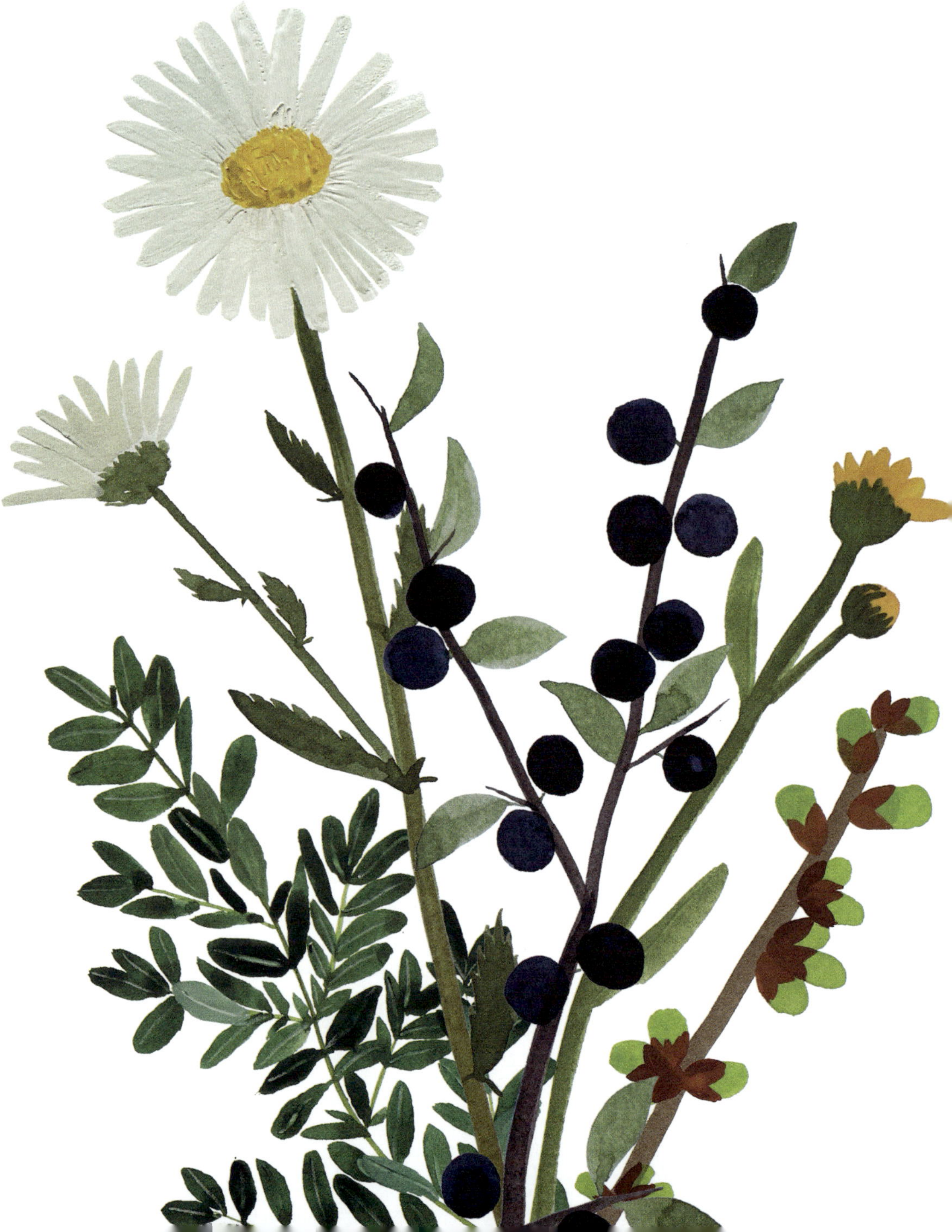

WO FINDE ICH WELCHE PFLANZE?

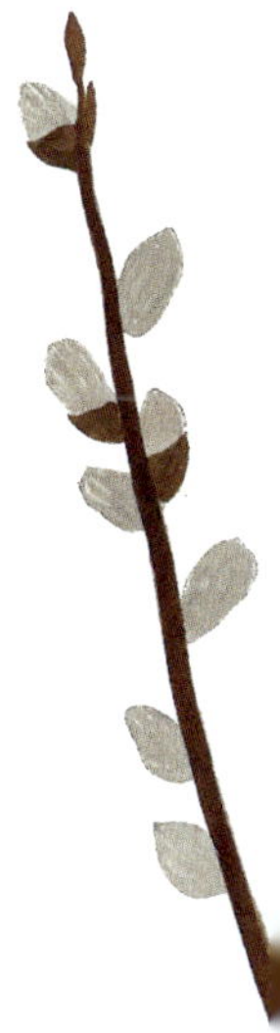

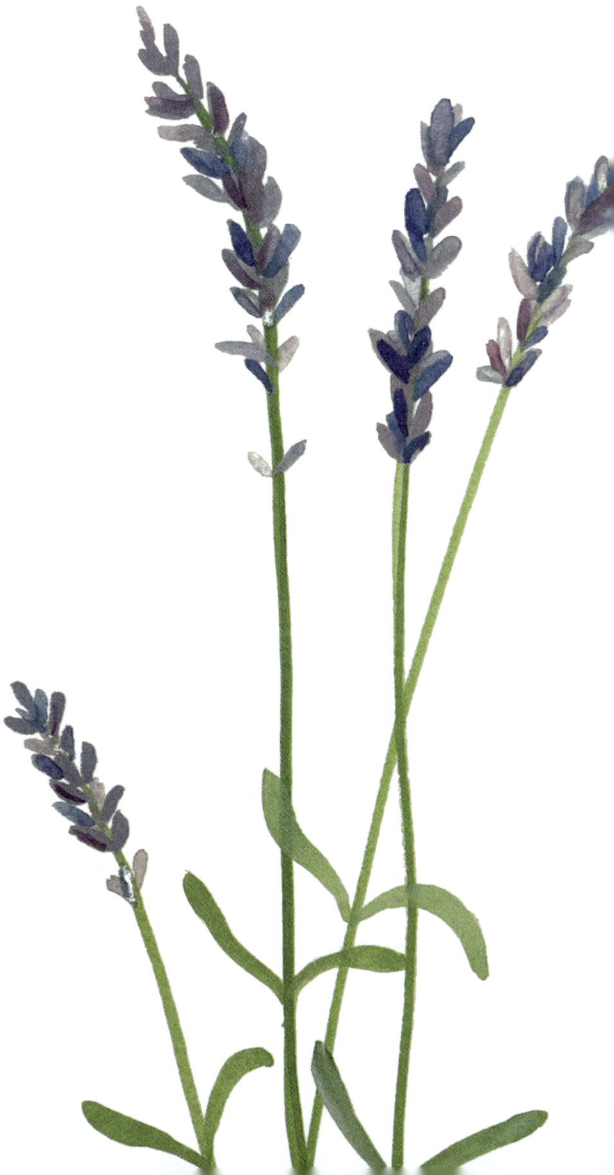

WEITERFÜHRENDE LITERATUR

Bader, Marlis: Räuchern mit heimischen Kräutern. Anwendung, Wirkung und Rituale im Jahreskreis. Frankfurt am Main: Goldmann, 2008.

Dießl, Elisabeth, Halmbacher, Veronika: Unser heimisches Superfood. Im Alpenraum sammeln und selber zubereiten. Salzburg: Servus, 2019.

Friesch, Sabine: Magische Pflanzenwege. Michaels Verlag & Vertrieb GmbH, 2015.

Krøyer, Pia, Kjeldsen, Christina B.: Sammeln, Finden, Schönes schaffen: Nimm die Natur mit in dein Zuhause. Stuttgart: Jan Thorbecke Verlag, 2019.

Meller, Gill: Sammeln Ernten Kochen. München: Knesebeck, 2017.

Osenberg-van Vugt, Ilka: Die geheime Sprache der Blumen. Weisheiten vom Wachsen und Blühen. Verlag am Eschbach, 2020.

Sträter, Nina: Nimm dir Zeit zum Durchatmen. Ein literarischer Waldspaziergang. Coppenrath Verlag, 2020.

Zerling, Clemens: Lexikon der Pflanzensymbolik. Synergia Verlag, 2013.

ÜBER DIE AUTORINNEN

Elisabeth Dießl führt das elterliche Hotel am schönen Tegernsee in die nächste Generation. Als Heil- und TEH-Praktikerin widmet sie sich, wann immer Zeit ist, ihrer großen Leidenschaft: der Natur.

Veronika Halmbacher, Designerin und Illustratorin, verbindet ihre künstlerische Ader mit der Liebe zur Natur. Als ausgebildete TEH-Praktikerin begeistert sie neben der Schönheit auch ganz besonders die Heilwirkung der Natur.

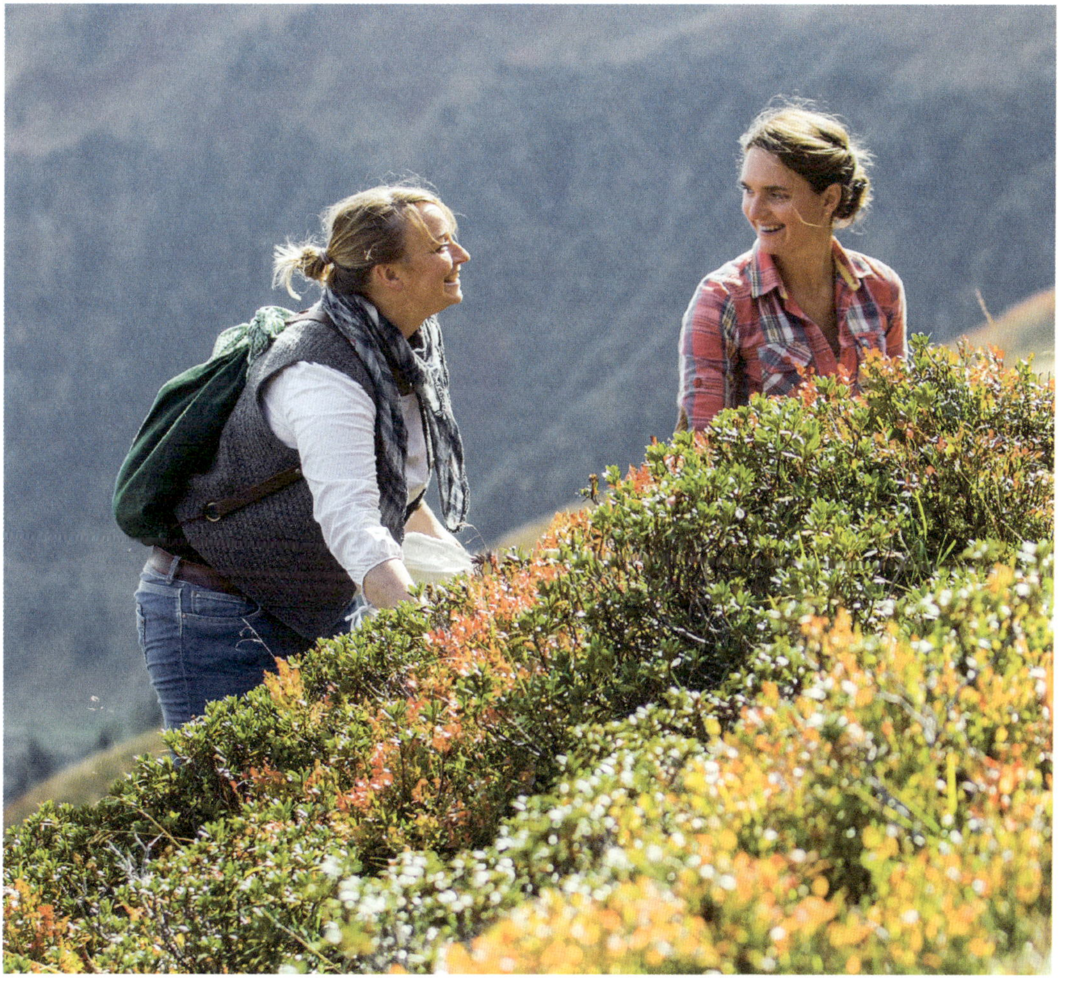

FSC
www.fsc.org
MIX
Papier aus verantwortungsvollen Quellen
FSC® C012536

IMPRESSUM

1. Auflage

Gesetzt aus Hero New und Autography

Medieninhaber, Verleger und Herausgeber:
Red Bull Media House GmbH
Oberst-Lepperdinger-Straße 11–15
5071 Wals bei Salzburg, Österreich

Umschlaggestaltung und Satz: b3K design/
Andrea Schneider, diceindustries
Basislayout: Lisa Haunschmid
Bilder Cover und Innenteil: Veronika Halmbacher,
außer S. 207: Christina Czybik
Illustration: Veronika Halmbacher

201920031
PRINTED IN AUSTRIA

Printed by BUCH THEISS GmbH in Austria
ISBN 978-3-7104-0282-1